Oliver Burkeman
4000 Wochen

Zu diesem Buch

Wir sind geplagt von immer länger werdenden To-do-Listen, überfüllten Postfächern und dem Streben nach optimaler Work-Life-Balance. Gleichzeitig werden wir von allen Seiten bombardiert mit Ratschlägen, wie wir produktiver und effizienter werden können. Aber all diese Techniken machen die Dinge oft nur noch schlimmer. Das Gefühl der Eile wird intensiver, und dennoch scheinen die sinnvollen Dinge des Lebens in weiter Ferne zu liegen. Nur selten machen wir uns dabei die wirkliche Herausforderung bewusst: wie wir die lächerlich wenigen viertausend Wochen unseres Lebens eigentlich nutzen wollen.

Gestützt auf Erkenntnisse aus Philosophie und Psychologie zeigt Oliver Burkeman humorvoll und tiefgründig, wie das Wissen um die Endlichkeit uns dabei helfen kann, nicht nur dem allgegenwärtigen Zeitdruck zu entkommen, sondern auch das eigene kurze Leben sinnvoll zu gestalten.

Oliver Burkeman, geboren 1975 in Großbritannien, ist ein preisgekrönter Feuilletonist. Für den *Guardian* schrieb er viele Jahre eine wöchentliche Kolumne. Seine Arbeiten sind darüber hinaus in der *New York Times*, dem *Wall Street Journal*, *Psychologies* und *New Philosopher* erschienen. Burkeman lebt in den North York Moors, England.

OLIVER BURKEMAN

4000 WOCHEN

DAS LEBEN IST ZU KURZ FÜR ZEITMANAGEMENT

Aus dem Englischen von
Heide Lutosch und Henning Dedekind

PIPER

Mehr über unsere Autorinnen, Autoren und Bücher:
www.piper.de

Von Oliver Burkeman liegen im Piper Verlag vor:
4000 Wochen
Das Glück ist mit den Realisten

ISBN 978-3-492-05816-2
11. Auflage 2026
Die Originalausgabe erschien 2021 unter dem Titel
Four Thousand Weeks : Time Management for Mortals bei Farrar, Straus and Giroux, New York

Piper Verlag GmbH, Georgenstraße 4,
80799 München, *www.piper.de*
Für einen direkten Kontakt und Fragen zum Produkt
wenden Sie sich bitte an: *info@piper.de*
Umschlaggestaltung: zero-media.net, München,
nach einem Entwurf von Matthew Flute
Umschlagabbildung: Xinzheng/Getty Images
Satz: Uhl + Massopust, Aalen
Gesetzt aus der Adobe Caslon
Litho: Lorenz & Zeller, Inning am Ammersee
Druck und Bindung: GGP Media GmbH, Pößneck
Printed in Germany

Für Heather und Rowan

Es ist das Letzte, wofür wir dankbar sind: existiert zu haben. Man weiß, dass das keineswegs selbstverständlich war. Man hätte ebenso gut nicht existieren können. Aber man hat existiert.

DOUGLAS HARDING

Was das Ganze unerträglich macht, ist der eigene Irrglaube, es könnte einen Ausweg geben.

CHARLOTTE JOKO BECK

Inhalt

Einleitung: Am Ende sind wir alle tot 11

Teil I
Die Entscheidung, sich zu entscheiden 25

1 Die Begrenztheit des Lebens akzeptieren 27
2 Die Effizienzfalle 49
3 Der Endlichkeit begegnen 71
4 Gekonnt aufschieben 85
5 Das Wassermelonen-Problem 105
6 Die Lust der Ablenkung 117

Teil II
Jenseits unserer Kontrolle 127

7 Man hat nie wirklich Zeit 129
8 Immer schon im Hier und Jetzt 141
9 Die Wiederentdeckung der Ruhe 161
10 Die Ungeduldsspirale 185

11 Im Bus sitzen bleiben 197

12 Die Einsamkeit des digitalen Nomaden 211

13 Die »Dem-Kosmos-ist's-egal-Therapie« 231

14 Die Leiden des Menschen 245

Nachwort: Jenseits der Hoffnung 261

Zehn Tipps für den Umgang mit der eigenen Endlichkeit 267

Dank 279

Anmerkungen 283

Register 297

Einleitung:

Am Ende sind wir alle tot

Die durchschnittliche menschliche Lebensspanne ist absurd, erschreckend und beleidigend kurz. Um das Ganze einmal in Relation zu setzen: Die ersten modernen Menschen tauchten vor mindestens 200 000 Jahren in den Ebenen Afrikas auf, und Wissenschaftler schätzen, dass das Leben in der einen oder anderen Form noch 1,5 Milliarden Jahre oder länger fortbestehen wird, bis die zunehmende Hitze der Sonne den letzten Organismus endgültig auslöscht. Und Sie? Angenommen, Sie werden 80 Jahre alt, dann haben Sie etwa 4000 Wochen gelebt.

Natürlich kann man auch Glück haben: Wenn man es bis 90 schafft, hat man fast 4700 Wochen gelebt. Vielleicht hat man auch *richtig* Glück, wie etwa Jeanne Calment, eine Französin, die bei ihrem Tod im Jahre 1997 angeblich 122 Jahre alt war, was sie zum ältesten bekannten Menschen machte.[1] Calment behauptete, sie könne sich an eine Begegnung mit Vincent van Gogh erinnern – hauptsächlich, dass er nach Alkohol gestunken habe. Bei der Geburt von Schaf Dolly im Jahre 1996, dem ersten erfolgreich geklonten Säugetier, war sie immer noch da. Biologen sagen voraus, dass Calments Lebenserwartung schon bald ganz alltäglich werden könnte.[2] Doch selbst sie erreichte nur etwa 6400 Wochen.

Wenn man die Angelegenheit in derart nüchterne Worte fasst, wird klar, warum Philosophen von der griechischen Antike bis heute die Kürze des Lebens als das entscheidende Problem der menschlichen Existenz betrachten: Wir besitzen die Fähigkeiten, schier unendlich ehrgeizige Pläne zu schmieden, haben aber praktisch keine Zeit, sie in die Tat umzusetzen. »Nur für eine kurze Spanne Zeit werden wir geboren, und diese uns zugestandene Frist läuft so rasch, ja rasend schnell ab, dass das Leben die Menschen, mit nur wenigen Ausnahmen, verlässt, während sie sich gerade im Leben einrichten«, klagte der römische Philosoph Seneca in einer Schrift, die heute unter dem Titel *Das Leben ist kurz* bekannt ist.[3] Als ich die Rechnung mit den 4000 Wochen zum ersten Mal aufstellte, wurde mir etwas mulmig. Sobald ich mich aber wieder erholt hatte, begann ich, meine Freunde damit zu nerven. Ich bat sie, aus dem Stegreif und ohne Kopfrechnen zu raten, wie viele Wochen der Durchschnittsmensch ihrer Meinung nach zu leben habe. Eine nannte eine Zahl im sechsstelligen Bereich. Ich musste sie darüber aufklären, dass die Dauer der gesamten menschlichen Zivilisation seit den alten Sumerern in Mesopotamien gerade einmal die recht magere sechsstellige Anzahl von 310 000 Wochen beträgt. Auf praktisch jeder halbwegs ernst zu nehmenden Zeitskala »sind wir alle jede Minute tot«, wie der Philosoph Thomas Nagel schreibt.[4]

Daraus folgt, dass Zeitmanagement, im weitesten Sinne des Wortes, das Hauptanliegen eines jeden Menschen sein sollte. Zeitmanagement ist vermutlich alles, was das Leben ausmacht. Doch die moderne Disziplin, die als Zeitmanagement bezeichnet wird, ist – ebenso wie ihr hipper Cousin, die Produktivität – eine deprimierend kleingeistige Angelegenheit, die sich darauf konzentriert, so viele Arbeitsaufgaben wie möglich zu bewältigen, die perfekte Morgenroutine zu entwickeln, oder darauf, sonntags in einem einzigen großen Schwung sämtliche Mahlzeiten für die Woche zu kochen. Solche Dinge sind in gewissem Maße durchaus wichtig, kein Zweifel. Doch sie sind beileibe nicht alles, was zählt. Die Welt strotzt vor Wundern. Offenbar ziehen aber nur wenige Produktivitätsgurus die Möglichkeit in Betracht, dass der eigentliche Sinn all unseres hektischen *Tuns* darin bestehen könnte, mehr von diesen Wundern zu erleben. Außerdem scheint die Welt wie in einer Seifenkiste in Richtung Hölle zu rasen – unser bürgerliches Leben ist aus den Fugen geraten, eine Pandemie hat die Gesellschaft lahmgelegt, und der Planet wird immer heißer – also viel Glück bei der Suche nach einem Zeitmanagementsystem, das noch Raum für eine produktive Auseinandersetzung mit unseren Mitbürgern, mit aktuellen Ereignissen oder mit dem Schicksal der Umwelt lässt. Zumindest hätte man annehmen sollen, dass es eine Handvoll Bücher über Produktivität gibt, die die nackten Fakten hinsichtlich der Kürze des Lebens ernst nehmen, statt so zu tun, als könnten wir das Thema einfach ignorieren. Aber das ist nicht der Fall.

Dieses Buch ist also ein Versuch, das Gleichgewicht wiederherzustellen – und zu sehen, ob wir nicht einige Denkweisen über die Zeit entdecken oder wiedererlangen können, die unserer tatsächlichen Situation gerecht werden: der ungeheuren Kürze und den vielfältigen Möglichkeiten unserer 4000 Wochen.

Das Leben am Fließband

In gewissem Sinne muss man heutzutage natürlich niemandem mehr sagen, dass die Zeit knapp ist. Wir sind beherrscht von unseren überfüllten Posteingängen und den immer länger werdenden Aufgabenlisten, geplagt von dem schlechten Gewissen, dass wir mehr oder andere Dinge erledigen sollten oder beides. Umfragen zeigen zuverlässig, dass wir uns mehr denn je unter Zeitdruck fühlen,[5] doch im Jahre 2013 stellte ein Team niederländischer Wissenschaftler die amüsante Überlegung in den Raum, dass derartige Umfragen das Ausmaß der »Geschäftigkeits-Epidemie« unterbewerten – weil viele Menschen schlicht keine Zeit haben, an Umfragen teilzunehmen.[6] Seitdem die Gig-Economy wächst, wird Geschäftigkeit auch als »Hustle« bezeichnet – unablässige Arbeit gilt somit nicht als Last, die man erdulden muss, sondern als aufregender Lebensstil, mit dem man in den sozialen Medien angeben kann. In Wirklichkeit aber handelt es sich um dasselbe alte Problem, das lediglich auf die Spitze getrieben wurde: den Druck, immer mehr Aktivitäten in eine begrenzte Menge täglicher Zeit zu packen, die einfach nicht mehr werden will.

Dabei ist die Arbeitsbelastung eigentlich nur der Anfang. Bei genauerem Hinsehen wurzeln noch viele weitere Probleme in unserer begrenzten Zeit. Nehmen wir den täglichen Kampf gegen die Ablenkung durch das Internet und das beunruhigende Gefühl, dass unsere Aufmerksamkeitsspanne so stark gesunken ist, dass selbst diejenigen unter uns, die als Kinder Bücherwürmer waren, heute Mühe haben, einen Absatz zu lesen, ohne gleich nach ihrem Handy zu greifen. Was dies letztendlich so problematisch macht, ist die Tatsache, dass wir nicht in der Lage sind, die knappe

Zeit optimal zu nutzen. (Sie würden sich weniger dafür schämen, einen Vormittag auf Facebook zu verschwenden, wenn der Vorrat an Vormittagen unerschöpflich wäre.) Das Problem kann aber auch sein, dass man nicht zu viel, sondern zu wenig zu tun hat, in einem langweiligen Job versauert oder gar nicht beschäftigt ist. In diesem Fall wird die Situation durch die Kürze des Lebens noch wesentlich bedrückender, weil man die begrenzte Zeit auf eine Weise nutzt, die einem nicht behagt. Selbst einige der schlimmsten Erscheinungen unserer Zeit – etwa unsere zunehmend unreflektierte Voreingenommenheit oder Terroristen, die sich über YouTube-Videos radikalisieren – lassen sich auf Umwegen mit denselben Fakten erklären, die aus der Kürze des Lebens entstehen. Weil unsere Zeit und Aufmerksamkeit so begrenzt und damit wertvoll sind, haben die sozialen Medienunternehmen ein Interesse daran, mit allen Mitteln so viel wie möglich davon abzugreifen. Deshalb zeigen sie den Nutzern statt langweiliger und korrekter Inhalte Material, über das sie sich garantiert aufregen.[7]

Dann wären da noch die ganzen zeitlosen menschlichen Dilemmas wie die Frage, wen man heiraten, ob man Kinder haben und welcher Art von Arbeit man nachgehen soll. Stünden uns Tausende von Jahren zur Verfügung, wären solche Entscheidungen weitaus weniger quälend, da wir genügend Zeit hätten, jede Art möglicher Existenz jahrzehntelang auszuprobieren. Zudem wäre kein Katalog unserer zeitbedingten Probleme vollständig ohne die Erwähnung jenes beunruhigenden Phänomens, das allen jenseits der dreißig bestens bekannt ist: Die Zeit scheint sich mit zunehmendem Alter zu beschleunigen – und zwar so lange, bis, den Aussagen von Menschen in ihren Siebzigern und Achtzigern zufolge, die Monate in gefühlten Minuten vorbeiziehen. Man kann sich kaum etwas Grausameres vorstellen: Unsere 4000 Wochen werden nicht nur kontinuierlich weniger, sondern scheinen auch noch schneller zu vergehen, je weniger davon übrig ist.

War unser Verhältnis zu unserer begrenzten Zeit schon immer schwierig, so haben die jüngsten Ereignisse die Dinge noch weiter zugespitzt. Im Jahre 2020, als unser normaler Tagesablauf durch den Corona-Lockdown unterbrochen war, berichteten viele Menschen, sie hätten das Gefühl, die Zeit löse sich völlig auf, was zu dem verwirrenden Eindruck führte, dass ihre Tage gleichzeitig wie im Flug vergingen und sich unendlich in die Länge zogen. Die Zeit trennte uns noch mehr als zuvor: Für diejenigen, die einen Arbeitsplatz und kleine Kinder zu Hause hatten, gab es nicht genug davon; diejenigen, die in Kurzarbeit waren oder arbeitslos, hatten zu viel. Die Menschen arbeiteten zu ungewohnten Zeiten, losgelöst von den Zyklen des Tages und der Dunkelheit, kauerten zu Hause über leuchtenden Laptops oder riskierten ihr Leben in Krankenhäusern und Versandlagern. Es schien, als wäre die Zukunft aufgeschoben worden. Viele Menschen steckten, wie es ein Psychiater formulierte, »in einer neuen Form immerwährender Gegenwart« fest – einer bangen Vorhölle aus Social-Media-Scrolling, flüchtigen Zoom-Telefonaten und Schlaflosigkeit, in der es unmöglich schien, vernünftige Pläne zu schmieden oder sich das Leben über das Ende der nächsten Woche hinaus klar vorzustellen.[8]

Umso frustrierender ist es, wie *schlecht* wir mit unserer begrenzten Zeit umgehen – und dass unsere Bemühungen, das Beste daraus zu machen, nicht nur scheitern, sondern alles nur noch zu verschlimmern scheinen. Seit Jahren werden wir mit Ratschlägen für ein rundum optimiertes Leben überschüttet, in Büchern mit Titeln wie *Extreme Pro-*

ductivity, Die 4-Stunden-Woche und *Smarter, schneller, besser* oder auf Websites voller »Life Hacks«, mit denen sich Alltagsaufgaben um ein paar Sekunden verkürzen lassen. (Man beachte die seltsame Andeutung in dem Begriff »Life Hack«, dass man sich sein Leben am besten als eine Art fehlerhafte Vorrichtung vorstellt, die modifiziert werden muss, damit sie nicht mehr suboptimal funktioniert.) Es gibt zahlreiche Apps und tragbare Geräte, mit denen man seinen Arbeitstag, sein Training und sogar seinen Schlaf optimieren kann, sowie Nahrungsergänzungsmittel wie Soylent, dank derer man keine Zeit mehr mit dem Abendessen vergeuden muss. Das Hauptverkaufsargument für Tausende weiterer Produkte und Dienstleistungen von Küchengeräten bis hin zum Onlinebanking ist, dass sie uns dabei helfen, das meiste aus unserer Zeit herauszuholen, was allgemein als wichtiges Ziel gilt.

Das Problem ist nicht unbedingt, dass solche Techniken und Produkte nicht funktionieren. Es ist vielmehr so, *dass* sie funktionieren – in dem Sinne, dass man mehr erledigt, zu noch mehr Meetings rennt, seine Kinder zu mehr außerschulischen Aktivitäten bringt, mehr Gewinn für seinen Arbeitgeber erwirtschaftet und sich dadurch paradoxerweise nur noch hektischer, angespannter und irgendwie leerer fühlt. In der modernen Welt, so hat der amerikanische Anthropologe Edward T. Hall einmal festgestellt, fühlt sich die Zeit wie ein unaufhaltsames Fließband an, das uns neue Aufgaben so schnell bringt, wie wir die alten abarbeiten können.[9] Wenn man »produktiver« wird, beschleunigt sich das Band nur – bis man irgendwann zusammenbricht: Es ist mittlerweile gang und gäbe, dass vor allem jüngere Erwachsene von einem tiefgreifenden, schweren Burn-out berichten, der sich dadurch auszeichnet, dass sie nicht einmal mehr in der Lage sind, die grundlegenden täglichen Aufgaben zu bewältigen – die lähmende Erschöpfung einer »Generation fein geschliffener Werkzeuge, die vom Embryo an als billige, willige Produktionsmaschinen geschaffen wurden«, wie es der Sozialkritiker Malcolm Harris formuliert.[10]

Das ist die irritierende Wahrheit über die Zeit, die den meisten Ratschlägen zum Umgang mit ihr fehlt. Sie ist wie ein aufmüpfiges Kleinkind: Je mehr man sich bemüht, sie zu kontrollieren, sie nach seinen Vorstellungen zu gestalten, desto mehr entgleitet sie einem. Man denke nur an die ganzen Technologien, die uns helfen sollen, die Zeit zu beherrschen: In einer Welt mit Geschirrspülern, Mikrowellen und Düsentriebwerken müsste sich die Zeit nach jeder vernünftigen Logik dank all der frei gewordenen Stunden weitläufiger und reichhaltiger anfühlen. Doch niemand macht diese Erfahrung tatsächlich. Stattdessen beschleunigt sich das Leben, und alle werden ungeduldiger. Es ist in gewisser Weise viel ärgerlicher, zwei Minuten auf die Mikrowelle zu warten als zwei Stunden auf den Ofen oder zehn Sekunden auf eine langsam ladende Webseite als drei Tage, um dieselben Informationen per Post zu erhalten.

Dasselbe selbstzerstörerische Muster zeigt sich in vielen unserer Versuche, bei der Arbeit produktiver zu werden. Vor einigen Jahren, als ich förmlich in E-Mails erstickte, richtete ich erfolgreich das System »Inbox Zero« ein, stellte jedoch bald fest, dass, wenn man bei der Beantwortung von E-Mails sehr effizient wird, man nur noch mehr E-Mails erhält. Durch die vielen Mails hatte ich das Gefühl, noch mehr zu tun zu haben – und kaufte mir das Buch *Wie ich die Dinge geregelt kriege* von Zeitmanagementguru David Allen, verführt von seinem Versprechen, dass es einem Menschen möglich sei, »eine erdrückende Anzahl von Dingen zu bewältigen« und trotzdem mit klarem Kopf und, wie die Kampfsportler sagen, einem »Geist wie Wasser« produktiv zu arbeiten.[11] Allerdings entging mir der tiefere Sinn hinter Allens Ausführungen – dass es nämlich immer zu viel zu tun geben wird –, also machte ich mich stattdessen daran, ein unmögliches Pensum zu erledigen. Tatsächlich gelang es mir immer besser, meine Aufgabenliste abzuarbeiten, nur um festzustellen, dass wie von Zauberhand immer größere Mengen an Arbeit hinzukamen. (Eigentlich ist es keine Hexerei, sondern simple Psychologie, gepaart mit Kapitalismus. Doch dazu später mehr.)

Nichts von alledem ist so, wie man sich die Zukunft einst vorstellte. Im Jahre 1930 traf der Wirtschaftswissenschaftler John Maynard Keynes in einer Rede mit dem Titel »Wirtschaftliche Möglichkeiten für unsere Enkelkinder« eine berühmte Vorhersage: Innerhalb eines Jahrhunderts müsse dank des wachsenden Wohlstands und des technischen Fortschritts niemand mehr als etwa 15 Stunden pro Woche arbeiten. Die Herausforderung bestehe vielmehr darin, die neu gewonnene Freizeit zu füllen, ohne wahnsinnig zu werden. »Zum ersten Mal seit seiner Erschaffung«, verkündete Keynes seinen Zuhörern, »wird der Mensch mit seinem wirklichen, seinem ständigen Problem konfrontiert sein – wie er seine Freiheit von drängenden wirtschaftlichen Sorgen nutzen kann.«[12] Aber Keynes hatte unrecht. Es stellte sich heraus, dass die Menschen, wenn sie genug Geld verdienen, um ihre Bedürfnisse zu befriedigen, nur neue Dinge finden, die sie brauchen, und neue Lebensstile, die sie anstreben; sie schaffen es nie ganz, mit den Nachbarn gleichzuziehen, denn immer, wenn sie Gefahr laufen, dies zu erreichen, suchen sie sich neue und bessere Nachbarn, mit denen sie wetteifern können. Infolgedessen arbeiten sie immer härter, und schon bald wird Geschäftigkeit zu einem Zeichen von Prestige. Was natürlich völlig absurd ist: In der Geschichte bestand der Sinn des Reichtums fast immer darin, möglichst *wenig* arbeiten zu müssen. Obendrein ist die Geschäftigkeit der Bessergestellten infektiös, denn ein äußerst wirksames Mittel, mehr Geld zu verdienen, besteht für die Spitzenkräfte darin, die Kosten zu senken und die Effizienz in ihren Unternehmen und Branchen zu verbessern. Das bedeutet eine größere Unsicherheit für die unteren Schichten, die dann gezwungen sind, härter zu arbeiten, um über die Runden zu kommen.

Wenn man die falschen Dinge geregelt bekommt

Hier kommen wir nun zum Kern der Sache, zu einem Gefühl, das tiefer geht und das sich schwerer in Worte fassen lässt: das Gefühl, dass trotz all dieser Aktivitäten selbst die relativ Privilegierten unter uns nur selten dazu kommen, die richtigen Dinge zu tun. Wir spüren, dass es wichtige und erfüllende Möglichkeiten gibt, wie wir unsere Zeit verbringen könnten, auch wenn wir nicht genau sagen können, welche das sind – und doch verbringen wir unsere Tage systematisch mit anderen Dingen. Diese Sehnsucht nach mehr Sinn kann viele Formen annehmen: Sie äußert sich zum Beispiel in dem Wunsch, sich einer größeren Sache zu widmen, in der Ahnung, dass dieser besondere Moment in der Geschichte mit all seinen Krisen und Leiden mehr von uns verlangen könnte als das übliche Konsumieren und Ausgeben. Sie steckt auch in der Frustration darüber, einen normalen Job ausüben zu müssen, nur um etwas Zeit für die Dinge zu haben, die man gern tut, oder in dem simplen Wunsch, mehr von der kurzen Zeit, die einem auf Erden vergönnt ist, mit seinen Kindern oder in der Natur zu verbringen, oder wenigstens nicht zu pendeln. Der Umweltschützer und spirituelle Schriftsteller Charles Eisenstein erinnert sich, dass er diese grundlegende »Verkehrtheit« in unserem Umgang mit der Zeit zum ersten Mal als Kind spürte, als er im Amerika der 1970er-Jahre inmitten von materiellem Komfort aufwuchs:

> Das Leben, so wusste ich, sollte fröhlicher sein als das hier, realer, bedeutungsvoller, und die Welt sollte schöner sein. Es war nicht vorgesehen, dass wir den Montag hassen und nur für die Wochenenden und Feiertage leben. Wir sollten nicht die Hand heben müssen, um auf die Toilette gehen zu dürfen. Wir sollten an einem schönen Tag nicht drinnen bleiben müssen, Tag für Tag.[13]

Dieses Gefühl der Verkehrtheit wird durch unsere Versuche, produktiver zu werden, nur noch verstärkt, denn dadurch werden die wirklich wichtigen Dinge immer weiter in den Hintergrund gedrängt. Wir verbringen unsere Tage damit, Aufgaben zu »erledigen«, um sie »abzuarbeiten«, mit dem Ergebnis, dass wir gedanklich in der Zukunft leben und darauf warten, wann wir endlich zu dem kommen, was wirklich wichtig ist – und uns unterdessen darum sorgen, dass wir nicht mithalten können, dass uns vielleicht der Antrieb oder das Durchhaltevermögen fehlt, um mit der Geschwindigkeit Schritt zu halten, mit der sich das Leben jetzt zu bewegen scheint. »Der Zeitgeist ist von freudloser Dringlichkeit«, schreibt die Essayistin Marilynne Robinson, die feststellt, dass viele Menschen ihr Leben damit verbringen, »sich und ihre Kinder darauf vorzubereiten, Mittel für unergründliche Ziele zu sein, die ganz und gar nicht unsere eigenen sind.«[14] Unser Bestreben, immer auf dem neuesten Stand zu sein, mag *jemandes* Interessen dienen; länger zu arbeiten und mit dem zusätzlichen Einkommen mehr Konsumgüter zu kaufen macht uns zu besseren Rädchen in der Wirtschaftsmaschine. Aber es führt nicht zu Seelenfrieden oder dazu, dass wir mehr von unserer begrenzten Zeit für die Menschen und Dinge aufwenden können, die uns selbst am meisten am Herzen liegen.

4000 Wochen ist ein weiteres Buch über die optimale Nutzung unserer Zeit. Doch ist es in der Überzeugung geschrieben, dass das Zeitmanagement, wie wir es kennen, kläglich gescheitert ist, und dass wir aufhören müssen, uns etwas anderes vorzumachen. Dieser seltsame Moment in der Geschichte, in dem sich die Zeit so entgrenzt anfühlt, könnte tatsächlich die ideale Gelegenheit sein, unser Verhältnis zu ihr neu zu überdenken. Frühere Denker haben sich diesen Herausforderungen bereits gestellt, und wenn man ihre Erkenntnisse auf die heutige Zeit anwendet, werden bestimmte Wahrheiten immer deutlicher. Produktivität ist eine Falle. Wenn man immer effizienter wird, hat man es nur noch eiliger, und wenn man versucht, »klar Schiff« zu machen, entsteht nur schneller neue Unordnung. Niemand in der Geschichte der Menschheit hat jemals eine »Work-Life-Balance« erreicht, was auch immer das sein mag, und es gelingt auch ganz sicher nicht dadurch, dass man die »sechs Dinge, die erfolgreiche Menschen vor 7 Uhr morgens tun«, übernimmt. Es wird nie der Tag kommen, an dem man endlich alles im Griff hat – an dem die E-Mail-Flut eingedämmt ist, die To-do-Listen nicht mehr länger werden, man allen Verpflichtungen im Beruf und im Privatleben nachkommt, einem niemand mehr böse ist, weil man eine Frist verpasst oder einen Fehler gemacht hat – und man sich als voll optimierter Mensch endlich den Dingen zuwenden kann, um die es im Leben eigentlich geht. Geben wir uns zunächst einmal geschlagen: Nichts davon wird jemals eintreten.

Und wissen Sie was? Das sind *ausgezeichnete* Neuigkeiten.

TEIL I

Die Entscheidung, sich zu entscheiden

1

Die Begrenztheit des Lebens akzeptieren

Das eigentliche Problem ist nicht unsere begrenzte Zeit. Das eigentliche Problem – jedenfalls hoffe ich, Sie davon überzeugen zu können – besteht darin, dass wir unwissentlich eine Reihe problematischer Vorstellungen davon übernommen haben, wie wir unsere begrenzte Zeit nutzen sollten, und dass wir uns unter Druck gesetzt fühlen, nach diesen Vorstellungen zu leben, obwohl dadurch mit ziemlicher Sicherheit alles nur noch schlimmer wird. Um zu verstehen, wie es so weit kommen konnte und wie wir ein besseres Verhältnis zur Zeit gewinnen können, müssen wir die Uhr zurückdrehen – in die Zeit, als es noch keine Uhren gab.

Alles in allem muss man dankbar sein, dass man nicht als Bauer im England des frühen Mittelalters geboren wurde. Zunächst einmal wäre es viel unwahrscheinlicher gewesen, dass man das Erwachsenenalter erreicht hätte; aber selbst wenn man es geschafft hätte, wäre das Leben, das vor einem gelegen hätte, von Knechtschaft geprägt gewesen. Man hätte seine mühsamen Tage damit verbracht, das Land zu bewirtschaften, auf dem man mit Erlaubnis des örtlichen Grundherrn leben durfte, und ihm dafür einen erdrückenden Anteil an den Erträgen oder den daraus erzielten Einkünften abgetreten. Auch die Kirche hätte regelmäßige Abgaben verlangt, und man hätte viel zu große Angst vor der ewigen Verdammnis gehabt, um sich zu widersetzen. Nachts hätte man sich in seine Einzimmerhütte zurückgezogen, nicht nur mit dem Rest der Familie (die sich, wie man selbst, selten gebadet oder die Zähne geputzt hätte), sondern auch mit den Schweinen und Hühnern, die man nachts ins Haus brachte; Bären und Wölfe streiften noch immer durch die Wälder und holten sich die Tiere, die nach Sonnenuntergang draußen blieben. Seuchen waren ein weiterer ständiger Begleiter: Die bekannten Krankheiten reichten von Masern und Grippe bis hin zu Beulenpest und Antoniusfeuer, einer durch verschimmeltes Getreide verursachten Lebensmittelvergiftung, bei der die Betroffenen im Delirium das Gefühl hatten, dass ihre Haut verbrannte oder sie von unsichtbaren Zähnen gebissen wurden.[1]

Die Zeit, bevor es Zeitpläne gab

Bestimmte Probleme hätte man jedoch mit ziemlicher Sicherheit nicht gehabt: Zeitprobleme. Selbst an den anstrengendsten Tagen wäre einem vermutlich nicht in den Sinn gekommen, dass man »zu viel zu tun« hat, dass man sich beeilen muss oder dass das Leben zu schnell verläuft, geschweige denn, dass man die Work-Life-Balance falsch eingeschätzt hat. Umgekehrt hätte man sich an ruhigeren Tagen nie gelangweilt. Und obwohl der Tod ein ständiger Begleiter war und das Leben weitaus häufiger verfrüht endete als heute, hätte man nicht das Gefühl gehabt, die Zeit sei knapp bemessen. Man hätte keinen Druck verspürt, Wege zu finden, sie zu »sparen«. Man hätte sich auch nicht schuldig gefühlt, wenn man sie vergeudet hätte: Wenn man am Nachmittag eine Pause vom Getreidedreschen gemacht hätte, um sich einen Hahnenkampf auf dem Dorfanger anzusehen, hätte man sich nicht als Drückeberger während der »Arbeitszeit« gefühlt. Das lag nicht daran, dass damals alles langsamer ging, dass die mittelalterlichen Bauern entspannter waren oder sich eher in ihr Schicksal fügten. Es lag daran, dass sie, soweit wir wissen, die Zeit insgesamt nicht als abstraktes Gebilde – als Ding – empfanden.

Wenn das verwirrend klingt, dann deshalb, weil unser moderner Zeitbegriff so tief verwurzelt ist, dass wir vergessen, dass es sich dabei eigentlich um eine *Denkweise* handelt; wir sind wie die sprichwörtlichen Fische, die keine Ahnung haben, was Wasser ist, weil es sie vollständig umgibt. Mit etwas gedanklichem Abstand erscheint unsere Perspektive jedoch recht sonderbar. Wir stellen uns die Zeit als etwas vor, das von uns und der Welt um uns herum getrennt ist, »eine unabhängige Welt mathematisch messbarer Sequenzen«, wie es der amerikanische Kulturkritiker Lewis Mumford formulierte.[2] Um zu verstehen, was er damit meint, denke man an eine zeitbezogene Frage – zum Beispiel, wie man den morgigen Nachmittag gestalten will oder was man im letzten Jahr erreicht hat. Ohne dass es einem anfangs bewusst ist, stellt man sich wahrscheinlich einen Kalender, einen Zollstock, ein Maßband, die Zahlen auf einem Zifferblatt oder irgendeine andere abstrakte Zeitleiste vor. Dann misst man sein reales Leben an diesem imaginären Maßstab, indem man seine Aktivitäten mit dem Zeitstrahl im Kopf abgleicht. Edward T. Hall hat mit seinem Bild von der Zeit als Fließband, das ständig an uns vorbeizieht, denselben Punkt angesprochen. Jede Stunde, jede Woche oder jedes Jahr ist wie ein Behälter, der auf dem Band transportiert wird und den wir füllen müssen, wenn wir das Gefühl haben wollen, unsere Zeit gut zu nutzen. Wenn es zu viele Aktivitäten gibt, die nicht bequem in die Behälter passen, empfinden wir Stress; wenn es zu wenige sind, langweilen wir uns. Wenn wir mit den vorbeiziehenden Behältern Schritt halten, beglückwünschen wir uns dazu, dass wir »auf dem Laufenden sind«, und haben das Gefühl, unsere Existenz zu rechtfertigen; wenn wir zu viele Behälter ungefüllt vorüberziehen lassen, glauben wir, dass wir sie vergeudet haben. Wenn wir Behälter mit der Aufschrift »Arbeitszeit« für Freizeitzwecke verwenden, könnte unser Arbeitgeber verärgert sein. (Er hat für diese Behälter bezahlt; sie gehören ihm!)

Für die mittelalterlichen Bauern gab es schlicht keinen Grund für eine derart abwegige Vorstellung. Bei Sonnenaufgang standen sie auf, und wenn die Dämmerung hereinbrach, legten sie sich schlafen. Die Länge ihrer Tage hing von den Jahreszeiten ab. Es bestand keine Notwendigkeit, die Zeit als etwas Abstraktes und vom Leben Getrenntes zu betrachten: Man melkte die Kühe, wenn sie gemolken werden mussten, und erntete das Getreide, wenn Erntezeit war, und jeder, der versucht hätte, irgendetwas davon einem äußeren Zeitplan zu unterwerfen – zum Beispiel, indem er probiert hätte, das Melken eines Monats an einem einzigen Tag zu erledigen oder die Ernte vorzuverlegen –, wäre zu Recht für verrückt erklärt worden. Es bestand auch nicht der Zwang, »alles zu bewältigen«, denn die Arbeit eines Bauern endet nie: Es wird immer wieder ein nächstes Melken und eine nächste Ernte geben, sodass es gar keinen Sinn hat, auf einen hypothetischen Zeitpunkt der Vollendung hinzuarbeiten. Historiker nennen diese Art zu leben »Aufgabenorientierung«, weil sich der Lebensrhythmus organisch aus den Aufgaben selbst ergibt und nicht aus einer abstrakten Zeitachse, wie es uns heute zur zweiten Natur geworden ist. (Es ist verlockend, sich das mittelalterliche Leben als langsam vorzustellen, doch trifft eher zu, dass das Konzept des »langsamen« Lebens den meisten Menschen damals sinnlos erschienen wäre. Langsam im Vergleich wozu?) Wenn man in der Zeit vor den Uhren erklären wollte, wie lange etwas dauerte, konnte man es nur mit einer konkreten anderen Tätigkeit vergleichen. Im Mittelalter sprach man etwa von einer »Miserere whyle« – der ungefähren Zeit, die man brauchte, um Psalm 50, das sogenannte *Miserere,* aus der Bibel zu rezitieren – oder alternativ von einer »pissing whyle«, was wohl keiner weiteren Erklärung bedarf.[3]

Man kann sich durchaus vorstellen, dass diese Lebensweise als weitläufig und fließend empfunden wurde, durchdrungen von etwas, das man ohne Übertreibung als eine Art Magie bezeichnen kann. Trotz der vielen realen Entbehrungen ihres Daseins könnten unsere Bauern in der Welt um sie herum eine strahlende, Ehrfurcht gebietende Dimension gespürt haben. Unbeeindruckt von der Vorstellung, dass die Zeit »abläuft«, erlebten sie möglicherweise ein gesteigertes Bewusstsein für die Lebendigkeit der Dinge – das Gefühl der Zeitlosigkeit, das der Franziskanerpater und Autor Richard Rohr »Leben in tiefer Zeit« nennt.[4] In der Abenddämmerung vernahmen die mittelalterlichen Landbewohner vielleicht das Flüstern der Geister im Wald, zusammen mit den Bären und Wölfen; beim Pflügen der Felder fühlten sie sich vielleicht als winziger Teil einer alles umfassenden Geschichte, in der ihre entfernten Vorfahren für sie fast so lebendig waren wie ihre eigenen Kinder. Das alles lässt sich mit einiger Gewissheit behaupten, weil wir bis heute gelegentlich auf Inseln tiefer Zeit stoßen – in jenen Momenten, in denen wir, um den Schriftsteller Gary Eberle zu zitieren, »in ein Reich gleiten, in dem es genug von allem gibt, in dem wir nicht versuchen, eine Leere in uns selbst oder in der Welt zu füllen«.[5] Die Grenze zwischen dem Selbst und dem Rest der Wirklichkeit verschwimmt, und die Zeit steht still. »Die Uhr bleibt natürlich nicht stehen«, schreibt Eberle, »aber wir hören sie nicht ticken.«[6] Bei manchen Menschen geschieht dies im Gebet, in der Meditation oder bei der Betrachtung herrlicher Landschaften; ich bin mir ziemlich sicher, dass mein kleiner Sohn seine gesamte Kindheit in einem solchen Zustand verbracht hat und ihn erst jetzt langsam verlässt. (Solange wir sie nicht an einen Zeitplan gewöhnen, sind Babys die ultimativen rein »aufgabenorientierten« Wesen, was zusammen mit dem Schlafmangel die Andersartigkeit der ersten Monate mit einem Neugeborenen erklären mag: Man wird aus der Zeit der Uhr in die tiefe Zeit gezogen, ob man will oder nicht.) Der Schweizer Psychologe Carl Jung, der 1925 Kenia besuchte, machte sich im ersten Licht der Morgendämmerung auf eine Wanderung, als auch er plötzlich in die Zeitlosigkeit eintauchte:

> Auf einem niedrigen Hügel in dieser weiten Savanne erwartete uns eine Aussicht sondergleichen. Bis an den fernsten Horizont sahen wir riesige Tierherden: Gazellen, Antilopen, Gnus, Zebras, Warzenschweine usw. Langsam strömend, grasend, die Köpfe nickend bewegten sich die Herden – kaum dass man den melancholischen Laut eines Raubvogels vernahm. Es war die Stille des ewigen Anfangs, die Welt, wie sie immer schon gewesen, im Zustand des Nicht-Seins … Ich entfernte mich von meinen Begleitern, bis ich sie nicht mehr sah und das Gefühl hatte, allein zu sein.[7]

Das Ende der Ewigkeit

Allerdings hat es einen großen Nachteil, wenn man der abstrakten Zeitvorstellung derart geringe Beachtung schenkt: Die Möglichkeiten, etwas zu erreichen, sind erheblich eingeschränkt. Man kann ein Kleinbauer sein, der sich bei seinem Zeitplan nach den Jahreszeiten richtet, aber man kann auch nicht viel mehr sein als ein Kleinbauer (oder ein Baby). Sobald man die Aktivitäten von mehr als einer Handvoll Menschen koordinieren will, braucht man eine zuverlässige, verbindliche Methode zur Zeitmessung. Es wird allgemein angenommen, dass die ersten mechanischen Uhren von mittelalterlichen Mönchen erfunden wurden, die mit ihren Morgengebeten beginnen mussten, während es noch dunkel war, und eine Möglichkeit suchten, das gesamte Kloster zum gewünschten Zeitpunkt zu wecken. (Eine frühere Strategie war, dass ein Mönch die ganze Nacht wach blieb und die Bewegungen der Sterne verfolgte; ein System, das nur funktionierte, wenn es nicht bewölkt war und der Mönch, der die Nachtschicht übernahm, nicht einnickte.) Wenn die Zeit auf diese Weise standardisiert und sichtbar gemacht wird, führt das unweigerlich dazu, dass die Menschen sie als etwas Abstraktes betrachten – mit einer eigenständigen Existenz, die von den konkreten Aktivitäten getrennt ist, mit denen man seine Zeit verbringt. »Zeit« ist das, was tickt, während sich die Zeiger um das Ziffernblatt der Uhr bewegen. Die Industrielle Revolution wird in der Regel auf die Erfindung der Dampfmaschine zurückgeführt, aber wie Lewis Mumford in seinem 1934 erschienenen Werk *Technics and Civilization* aufzeigt, wäre sie ohne die Uhr wahrscheinlich auch nicht möglich gewesen. Gegen Ende des 18. Jahrhunderts strömten die Bauern vom Land in die englischen Städte und nahmen Arbeit in Werken und Fabriken an, in denen jeweils Hunderte von Menschen mit festen Arbeitszeiten, nicht selten sechs Tage die Woche, koordiniert werden mussten, um die Maschinen am Laufen zu halten.

Wenn man abstrakt über Zeit nachdenkt, liegt es nahe, sie als Ressource zu betrachten, als etwas, das gekauft und verkauft und so effizient wie möglich genutzt werden muss, wie Kohle oder Eisen oder jeder andere Rohstoff. Früher wurden die Arbeiter für eine vage definierte »Tagesarbeit« oder im Akkord bezahlt und erhielten einen bestimmten Betrag pro Heuballen oder pro geschlachtetes Schwein. Im Laufe der Zeit wurde es jedoch zunehmend üblich, nach Stunden bezahlt zu werden, und der Fabrikbesitzer, der die Arbeitszeit seiner Arbeiter effizient nutzte, indem er so viel Arbeit wie möglich aus jedem Beschäftigten herausholte, konnte einen größeren Gewinn erzielen als derjenige, der dies nicht tat. Tatsächlich befanden manche streitsüchtigen Unternehmer, dass Arbeiter, die sich nicht genügend anstrengten, buchstäblich des Diebstahls schuldig seien. »Ich bin von etlichen Leuten furchtbar betrogen worden«, schimpfte der Eisenmagnat Ambrose Crowley aus der englischen Grafschaft Durham in einem Memo aus den 1790er-Jahren, in dem er seine neue Politik des Lohnabzugs für die Zeit ankündigte, die mit »Rauchen, Singen, Lesen von Zeitungsberichten, Streit, Disputen, allem, was meinem Geschäft fremd ist«, oder »Herumlungern« verbracht wurde.[8] Nach Crowleys Ansicht waren seine untätigen Angestellten Diebe, die sich widerrechtlich an den vorbeilaufenden Behältern vom Fließband bedienten.

Man darf nicht glauben, wie Mumford bisweilen anzudeuten scheint, dass die Erfindung der Uhr die alleinige Wurzel all unserer modernen Zeitprobleme ist. (Ich werde auch bestimmt nicht für eine Rückkehr zum Lebensstil der mittelalterlichen Bauern plädieren.) Aber es wurde eine Schwelle überschritten. Vorher war die Zeit nur das Medium, in dem sich das Leben entfaltete, der Stoff, aus dem das Leben gemacht war. Nachdem »Zeit« und »Leben« in den Köpfen der meisten Menschen getrennt worden waren, wurde die Zeit zu einem Gut, das man nutzte – und diese Veränderung bildete die Grundlage für all die typisch modernen Erscheinungen, wie wir heute mit der Zeit zu kämpfen haben. Sobald die Zeit eine Ressource ist, die man nutzen muss, verspürt man den äußeren oder inneren Zwang, sie gut zu nutzen, und tadelt sich selbst, wenn man meint, sie vergeudet zu haben. Wenn man sich zu vielen Anforderungen gegenübersieht, geht man leicht davon aus, dass die einzige Antwort darin bestehen muss, die Zeit besser zu nutzen, indem man effizienter wird, sich mehr anstrengt oder länger arbeitet – als wäre man eine Maschine –, anstatt sich zu fragen, ob die Anforderungen selbst vielleicht unangemessen sind. Die Verlockung ist groß, Multitasking zu betreiben, d.h. dieselbe Zeit für zwei Aufgaben gleichzeitig zu nutzen, wie der deutsche Philosoph Friedrich Nietzsche als einer der Ersten feststellte: »Man denkt mit der Uhr in der Hand, wie man zu Mittag isst, den Blick auf die Börsenzeitung gerichtet«, beklagte er 1887 in einem Aufsatz.[9] Außerdem projiziert man seine Gedanken über das eigene Leben zunehmend intuitiv in eine imaginäre Zukunft, sodass man sich besorgt fragt, ob sich die Dinge so entwickeln werden, wie man sie sich wünscht. Bald ist das Selbstwertgefühl völlig davon abhängig, wie man die Zeit nutzt: Sie ist nicht mehr nur das Wasser, in dem man schwimmt, sondern wird zu etwas, das man beherrschen oder kontrollieren muss, um sich nicht schuldig, panisch oder überfordert zu fühlen. Der

Titel eines Buches, das neulich auf meinem Schreibtisch lag, fasst die Dinge gut zusammen: *Master Your Time, Master Your Life.*[10]

Das Grundproblem besteht darin, dass diese Einstellung zur Zeit ein abgekartetes Spiel ist, bei dem man niemals das Gefühl haben kann, gut genug zu sein. Anstatt unser Leben einfach so zu leben, wie es sich in der Zeit entfaltet – einfach nur zu *sein,* könnte man sagen –, wird es schwierig, nicht jeden Moment in erster Linie nach seinem Nutzen für ein zukünftiges Ziel zu bewerten oder für eine zukünftige Oase der Entspannung, die man zu erreichen hofft, wenn sämtliche Aufgaben endlich »erledigt« sind. Oberflächlich betrachtet erscheint dies als vernünftige Art zu leben, vor allem in einem hyperkompetitiven Wirtschaftsklima, in dem man das Gefühl hat, ständig seine Zeit so sinnvoll wie möglich nutzen zu müssen. (Es spiegelt auch die Art und Weise wider, in der die meisten von uns erzogen wurden: künftige Vorteile über gegenwärtige Freuden zu stellen.) Letztendlich aber geht das nach hinten los. Es reißt uns aus der Gegenwart und führt zu einem Leben, in dem wir ständig in die Zukunft blicken, uns Sorgen machen, ob alles gut gehen wird, und alles im Hinblick auf einen späteren, erhofften Nutzen erleben, sodass wir nie ganz zur Ruhe kommen. Und das macht es fast unmöglich, »tiefe Zeit« zu erfahren, jenes Gefühl von zeitloser Zeit, das darauf beruht, den abstrakten Maßstab zu vergessen und stattdessen wieder in die Lebendigkeit der Realität einzutauchen.

In dem Maße, in dem sich diese moderne Denkweise durchsetzte, so heißt es bei Mumford, »diente die Ewigkeit allmählich nicht mehr als Maßstab und Mittelpunkt menschlichen Handelns«.[11] An ihre Stelle traten die Diktatur der Uhr, des Zeitplans und der Google-Kalender-

Benachrichtigung, Marilynne Robinsons »freudlose Dringlichkeit« und das ständige Gefühl, dass man eigentlich mehr erledigen müsste. Das Problem bei dem Versuch, die Zeit zu beherrschen, besteht darin, dass man am Ende von der Zeit beherrscht wird.

Bekenntnisse eines Produktivitätsfreaks

Dieses Buch widmet sich der Erkundung einer vernünftigeren Art, mit der Zeit umzugehen, und bietet dazu einen Werkzeugkasten mit praktischen Gedanken von Philosophen, Psychologen und spirituellen Lehrern, die alle den Kampf um die Beherrschung der Zeit abgelehnt haben. Ich glaube, dass damit ein Leben skizziert wird, das weitaus friedlicher und sinnvoller ist – und das, wie sich herausgestellt hat, langfristig auch eine nachhaltigere Produktivität ermöglicht. Doch verstehen Sie mich nicht falsch: Ich habe jahrelang versucht, Herr über meine Zeit zu werden, und bin dabei gescheitert. Tatsächlich waren die Symptome bei der Subspezies, zu der ich gehörte, besonders eklatant. Ich war ein »Produktivitätsfreak«. Sie wissen bestimmt, dass es Menschen gibt, die sich für Bodybuilding, Mode, Klettern oder Poesie begeistern. Produktivitätsfanatiker streichen mit Leidenschaft Punkte von ihrer Aufgabenliste. Es ist also in etwa dasselbe, nur unendlich trauriger.

Meine Abenteuer mit »Inbox Zero« waren nur die Spitze des Eisbergs. Ich habe zahllose Stunden – und eine ganze Menge Geld, vor allem für schicke Notizbücher und Filzstifte – in dem Glauben vergeudet, dass ich den Kampf mit der Zeit ein für alle Mal gewinnen könnte, wenn ich nur das richtige Zeitmanagementsystem finden, die richtigen Gewohnheiten pflegen und genügend Selbstdisziplin aufbringen würde. (Diese Illusion wurde dadurch begünstigt, dass ich eine wöchentliche Zeitungskolumne über Produktivität schrieb, die mir einen Vorwand bot, mit neuen Techniken zu experimentieren, weil ich dies schließlich aus beruflichen Gründen tat; ich war wie ein Alkoholiker, der praktischerweise als Weinexperte tätig ist.) Einmal versuchte ich, den ganzen Tag in 15-Minuten-Blöcke einzuteilen, ein anderes Mal verwendete ich eine Küchenuhr, um ausschließlich in Zeitabschnitten von 25 Minuten zu arbeiten, die von fünfminütigen Pausen unterbrochen wurden. (Diese Methode hat einen offiziellen Namen, Pomodoro-Technik, und ist online zum Kult geworden.) Ich gliederte meine Listen in A-, B- und C-Prioritäten. (Man kann sich leicht vorstellen, wie viele Aufgaben mit B- und C-Priorität ich erledigt bekam.) Ich versuchte, meine täglichen Handlungen mit meinen Zielen und meine Ziele mit meinen Grundwerten in Einklang zu bringen. Die Anwendung dieser Techniken vermittelte mir oft das Gefühl, als stünde ich kurz davor, ein goldenes Zeitalter ruhiger, ungestörter Produktivität und sinnvoller Aktivitäten einzuläuten. Aber dazu kam es nie. Stattdessen wurde ich nur noch gestresster und unglücklicher.

Ich erinnere mich, wie ich eines Wintermorgens im Jahre 2014 auf einer Parkbank in der Nähe meines Hauses in Brooklyn saß, angesichts der Menge unerledigter Aufgaben noch nervöser war als sonst und mir plötzlich klar wurde, dass nichts davon jemals funktionieren würde. Es würde mir nie gelingen, genug Effizienz, Selbstdisziplin und Anstrengung aufzubringen, um das Gefühl zu erzwingen, alles im Griff zu haben, all meinen Verpflichtungen nachzukommen und mir keine Sorgen um die Zukunft machen zu müssen.

Ironischerweise brachte mir die Erkenntnis, dass diese Strategie zur Erlangung des Seelenfriedens nutzlos war, sofortigen Seelenfrieden. (Denn wenn man erst einmal davon überzeugt ist, dass etwas, das man versucht hat, unmöglich ist, wird es viel schwieriger, sich ein eigenes Versagen vorzuwerfen.) Was ich zu diesem Zeitpunkt noch nicht verstanden hatte, war, *warum* all diese Methoden zum Scheitern verurteilt waren: Ich versuchte, ein Gefühl der Kontrolle über mein Leben zu erlangen, das immer unerreichbar bleiben würde.

Obwohl ich mir dessen weitgehend nicht bewusst war, diente meine Produktivitätsbesessenheit versteckten emotionalen Zwecken. Zum einen half sie mir, das Gefühl der Unsicherheit zu bekämpfen, das für die moderne Arbeitswelt typisch ist: Wenn ich sämtlichen Anforderungen sämtlicher Herausgeber gerecht werden und gleichzeitig verschiedene Nebenprojekte in Angriff nehmen könnte, würde ich mich vielleicht eines Tages beruflich und finanziell endlich sicher fühlen. Zugleich aber bewahrte mich meine Produktivität auch vor gewissen beunruhigenden Fragen darüber, was ich mit meinem Leben anfangen sollte und ob nicht vielleicht größere Veränderungen notwendig wären. Wenn ich genug arbeiten könnte, so hatte mein Unterbewusstsein offenbar gefolgert, bräuchte ich mich nicht zu fragen, ob es überhaupt so gesund war, einen derart großen Teil meines Selbstwertgefühls von der Arbeit abzuleiten. Und solange ich immer kurz davor stand, meine Zeit zu beherrschen, konnte ich den Gedanken vermeiden, dass das, was das Leben wirklich von mir verlangte, darin bestehen könnte, das Streben nach Kontrolle aufzugeben und stattdessen in das Unbekannte einzutauchen. In meinem Fall bedeutete das, dass ich mich auf eine langfristige Beziehung einließ und später mit meiner

Frau die Entscheidung traf, eine Familie zu gründen – zwei Dinge, die ich mit allen erdenklichen Erledigungssystemen nicht hinbekommen hätte. Die Vorstellung, dass ich mich irgendwann zu einer Person »optimieren« könnte, die solche Entscheidungen ohne Angst treffen kann, weil sie sich für den Prozess verantwortlich fühlt, war beruhigender. Ich wollte nicht akzeptieren, dass dies nie geschehen würde – dass Angst Teil des Geschäfts war und dass die Erfahrung dieser Angst mich nicht vernichten würde.

Aber (keine Sorge!) wir wollen uns hier nicht mit meinen persönlichen Angelegenheiten aufhalten. Die universelle Wahrheit hinter meinen spezifischen Problemen ist, dass die meisten Menschen auf die eine oder andere Weise viel Energie darauf verwenden, die Realität, in der sie sich befinden, nicht vollständig zu erfahren. Wir wollen nicht die Angst spüren, die aufkommen könnte, wenn wir uns fragen, ob wir auf dem richtigen Weg sind oder welche Vorstellungen von uns selbst wir vielleicht aufgeben sollten. Wir wollen nicht riskieren, in Beziehungen verletzt zu werden oder beruflich zu scheitern; wir wollen nicht akzeptieren, dass es uns vielleicht nie gelingen wird, es unseren Eltern recht zu machen oder bestimmte Dinge zu ändern, die wir an uns selbst nicht mögen – und wir wollen ganz sicher nicht krank werden und sterben. Die Einzelheiten sind von Mensch zu Mensch verschieden, aber der Kern ist derselbe. Wir schrecken vor der Vorstellung zurück, dass dies alles ist – dass dieses Leben, mit all seinen Mängeln und unausweichlichen Schwachstellen, seiner extremen Kürze und unserem begrenzten Einfluss auf seinen Verlauf, das einzige Leben ist, mit dem wir es versuchen können. Stattdessen kämpfen wir mental gegen den Lauf der Dinge an, damit wir, um es mit den Worten des Psychotherapeuten Bruce Tift zu sagen,

»nicht bewusst daran teilhaben müssen, wie es ist, sich klaustrophobisch, gefangen, machtlos und von der Realität eingeengt zu fühlen«.[12]

Dieser Kampf gegen die quälenden Zwänge der Realität wird von manchen Psychoanalytikern der alten Schule als »Neurose« bezeichnet und nimmt zahllose Formen an, von Arbeitssucht und Bindungsangst bis hin zu Co-Abhängigkeit und chronischer Schüchternheit. Unser gestörtes Verhältnis zur Zeit entspringt größtenteils diesem Bemühen, die schmerzhaften Zwänge der Realität zu vermeiden. Die meisten unserer Strategien, produktiver zu werden, machen alles nur noch schlimmer, weil sie in Wirklichkeit nur dazu dienen, das Vermeiden zu unterstützen. Schließlich ist es schmerzhaft, sich vor Augen zu führen, wie begrenzt die eigene Zeit ist, denn das bedeutet, dass schwierige Entscheidungen anstehen und dass man keine Zeit mehr für all das hat, wovon man einmal geträumt hat. Es ist auch schmerzhaft zu akzeptieren, dass man nur eine begrenzte Kontrolle über die Zeit hat, die einem zur Verfügung steht: Vielleicht hat man einfach nicht die Ausdauer, das Talent oder andere Ressourcen, um all die Aufgaben zu erfüllen, von denen man glaubt, dass man sie erfüllen sollte. Anstatt uns unseren Grenzen zu stellen, wenden wir Vermeidungsstrategien an, um uns weiterhin grenzenlos zu fühlen. Wir treiben uns selbst zu Höchstleistungen an, indem wir Fantasien von der perfekten Work-Life-Balance nachjagen; oder wir führen Zeitmanagementsysteme ein, die versprechen, dass wir für alles Zeit haben, sodass keine schwierigen Entscheidungen getroffen werden müssen. Oder wir prokrastinieren, was ein weiteres Mittel ist, das Gefühl der allmächtigen Kontrolle über das eigene Leben aufrechtzuerhalten – wenn man ein schwieriges Projekt gar nicht erst in Angriff nimmt, kann man sich die negative Erfahrung des Scheiterns ersparen. Wir füllen unseren Geist mit Geschäftigkeit und Ablenkung, um uns emotional zu betäuben. (»… wie wir selbst der schweren Tagesarbeit hitziger und besinnungsloser frönen, als nötig wäre, um zu leben, weil es uns nötiger scheint, nicht zur Besinnung zu kommen«, schrieb Nietzsche. »Allgemein ist die Hast, weil jeder auf der Flucht vor sich selbst ist.«[13])

Oder wir planen zwanghaft, weil die Alternative darin besteht, uns vor Augen zu führen, wie wenig Kontrolle wir wirklich über die Zukunft haben. Darüber hinaus streben die meisten von uns nach einer spezifisch individualistischen Art der Zeitbeherrschung – das Ideal unserer Kultur ist, dass man allein über seinen Zeitplan bestimmen und tun sollte, was immer man möchte und wann immer man will –, weil es beängstigend ist, der Wahrheit ins Auge zu sehen, dass fast alles, was sich zu tun lohnt, von der Ehe und der Kindererziehung bis hin zu Wirtschaft und Politik, von der Zusammenarbeit mit anderen abhängt und man sich daher den emotionalen Unsicherheiten von Beziehungen aussetzen muss.

Die Realität zu leugnen funktioniert jedoch nie. Es mag eine gewisse unmittelbare Erleichterung bringen, da man so weiterhin glauben kann, irgendwann in der Zukunft endlich das Gefühl der völligen Kontrolle zu haben. Doch das Gefühl, dass man genug tut – dass man genug *ist* –, stellt sich auf diese Weise nicht ein, denn der Begriff »genug« wird als eine Art grenzenloser Kontrolle definiert, die man als Mensch nicht erlangen kann. Stattdessen führt der endlose Kampf zu mehr Stress und einem weniger erfüllten Leben. Je mehr man beispielsweise glaubt, es könnte einem gelingen, »alles unter einen Hut zu bringen«, desto mehr Verpflichtungen geht man automatisch ein und stellt sich dadurch immer seltener die Frage, ob jede neue Verpflichtung wirklich einen Teil der eigenen Zeit wert ist – und so füllen sich die Tage unweigerlich mit Aktivitäten, auf die man im Grunde keinen besonderen Wert legt. Je mehr man sich beeilt, desto frustrierender ist es, wenn man auf Aufgaben (oder Kleinkinder) stößt, die sich nicht beeilen wollen; je zwanghafter man für die Zukunft plant, desto beunruhigter ist man angesichts der verbleibenden Ungewissheiten, von denen es immer ziemlich viele gibt. Und je mehr individuelle Souveränität man über seine Zeit erlangt, desto einsamer wird man.

All das veranschaulicht, was man als *Paradoxon der Begrenzung* bezeichnen könnte, welches sich durch alles Folgende zieht: Je mehr man versucht, seine Zeit gezielt zu managen, um ein Gefühl der totalen Kontrolle und der Freiheit von den unvermeidlichen Zwängen des Menschseins zu erreichen, desto stressiger, leerer und frustrierender wird das Leben. Je mehr man sich stattdessen mit den Tatsachen der Endlichkeit auseinandersetzt – und mit ihnen arbeitet, anstatt gegen sie anzukämpfen –, desto produktiver, sinnvoller und freudvoller wird das Leben. Ich glaube nicht, dass das Gefühl der Unruhe jemals ganz verschwindet; offenbar sind wir sogar in unserer Fähigkeit beschränkt, die eigenen Grenzen zu akzeptieren. Aber ich kenne keine andere Technik des Zeitmanagements, die auch nur halb so effektiv ist wie die direkte Konfrontation mit der Wirklichkeit.

Ein eisiger Hauch von Realität

Eine auf der eigenen Begrenztheit fußende Einstellung zur Zeit bedeutet in der Praxis, dass man seine Tage in dem Bewusstsein organisiert, definitiv nicht für alles Zeit zu haben, was man tun möchte oder was andere von einem erwarten – so kann man zumindest aufhören, sich selbst für Versäumnisse zu bestrafen. Da schwierige Entscheidungen unvermeidlich sind, ist es wichtig, dass man lernt, sie bewusst zu treffen und zu entscheiden, worauf man sich konzentriert und was man vernachlässigt, anstatt sie einfach hinzunehmen – oder sich vorzumachen, dass man sie mit genügend harter Arbeit und den richtigen Zeitmanagementtricks vielleicht gar nicht treffen muss. Es bedeutet auch, der verführerischen Versuchung zu widerstehen, »sich alle Optionen offen zu halten« – was in Wirklichkeit nur eine andere Ausprägung des Versuchs ist, sich als Herr der Lage zu fühlen –, und stattdessen bewusst große, beängstigende, unumkehrbare Verpflichtungen einzugehen, von denen man nicht im Voraus wissen kann, ob sie tatsächlich optimal sind, die sich aber am Ende zuverlässig als erfüllender erweisen. Es bedeutet auch, der »Angst, etwas zu verpassen«, die Stirn zu bieten, weil man erkennt, dass es im Grunde so gut wie sicher ist, etwas zu verpassen – und zwar fast alles. Das ist aber eigentlich kein Problem, denn gerade das »Verpassen« macht unsere Entscheidungen überhaupt erst sinnvoll. Jede Entscheidung, einen Teil der Zeit für etwas zu verwenden, stellt das Opfer all der anderen Möglichkeiten dar, mit denen man diese Zeit hätte verbringen können, es aber nicht getan hat. Dieses Opfer bereitwillig zu bringen bedeutet, vorbehaltlos für das einzutreten, was einem am wichtigsten ist. Ich sollte wohl klarstellen, dass ich noch keine dieser Haltungen perfektioniert habe; ich habe dieses Buch sowohl für meine Leser als auch für mich selbst geschrieben und vertraue dabei auf die Worte des Autors Richard Bach: »Man lehrt am besten, was man am nötigsten zu lernen hat.«[14]

Diese Konfrontation mit der Begrenztheit fördert auch die Wahrheit zutage, dass die Freiheit bisweilen nicht darin besteht, eine größere Souveränität über den eigenen Zeitplan zu erlangen, sondern darin, sich von den Rhythmen der Gemeinschaft einschränken zu lassen – an Formen des sozialen Lebens teilzunehmen, bei denen man nicht genau entscheiden kann, was man tut und wann man es tut. Das führt zu der Einsicht, dass sinnvolle Produktivität oft nicht dadurch entsteht, dass man sich beeilt, sondern dadurch, dass man sich Zeit lässt und sich dem hingibt, was im Deutschen als *Eigenzeit* bezeichnet wird, also der Zeit, die einem Prozess selbst innewohnt.[15] Am radikalsten ist vielleicht, dass wir durch das Erkennen und Akzeptieren der begrenzten Macht über unsere Zeit die Vorstellung infrage stellen, dass Zeit überhaupt etwas ist, das man nutzt. Es gibt eine Alternative: den unmodischen, aber wirkungsvollen Gedanken, sich *von* der Zeit nutzen zu *lassen,* indem man das Leben nicht als Gelegenheit betrachtet, seine vorbestimmten Erfolgspläne zu verwirklichen, sondern auf die Bedürfnisse seines Platzes und seines Augenblicks in der Geschichte reagiert.

Ich möchte klarstellen, dass ich keinesfalls behaupte, unsere Probleme mit der Zeit seien ausschließlich eine Frage des Verstandes oder dass eine einfache Änderung der Sichtweise sie allesamt verschwinden lasse. Zeitdruck entsteht größtenteils durch Kräfte, die wir nicht selbst beeinflussen können: durch eine rücksichtslose Wirtschaft, durch den Verlust sozialer Sicherheitsnetze und familiärer Netzwerke, die früher dazu beitrugen, die Lasten von Arbeit und

Kinderbetreuung zu erleichtern, und durch die sexistische Erwartung, dass Frauen sich im Beruf hervortun müssten und gleichzeitig die meisten häuslichen Pflichten übernähmen. Wie die Journalistin Anne Helen Petersen in einem bekannten Essay über Burn-out in der Generation der Millennials schreibt, kann man solche Probleme nicht »durch Urlaub oder ein Malbuch für Erwachsene, durch ›Anti-Stress-Backen‹ oder die Pomodoro-Technik, einen abendlichen Einkaufsbummel oder ein Früchtemüsli lösen«.[16] Ich will auf Folgendes hinaus: Egal, wie privilegiert oder unglücklich die eigene Situation ist, kann es nur hilfreich sein, sich der eigenen Realität zu stellen. Solange man auf unmögliche Anforderungen an seine Zeit reagiert, indem man versucht, sich einzureden, dass man eines Tages einen Weg finden könnte, das Unmögliche zu tun, kollaboriert man implizit mit diesen Anforderungen. Hat man jedoch erst einmal begriffen, dass sie unmöglich sind, wird man sich ihnen widersetzen und sich stattdessen darauf konzentrieren können, ein möglichst sinnvolles Leben zu führen, egal, in welcher Situation man sich befindet.

Der Gedanke, dass die Erfüllung darin liegen könnte, unsere zeitlichen Grenzen zu akzeptieren, anstatt sie zu leugnen, hätte die Philosophen der griechischen und römischen Antike nicht überrascht. Sie begriffen Grenzenlosigkeit als etwas, das allein den Göttern vorbehalten war; das edelste aller menschlichen Ziele bestand nicht darin, gottgleich zu werden, sondern stattdessen von ganzem Herzen Mensch zu sein. Auf jeden Fall entspricht dies der Realität, und es kann überraschend anregend sein, sich mit ihr auseinanderzusetzen. In den 1950er-Jahren schrieb ein herrlich verschrobener britischer Autor namens Charles Garfield Lott Du Cann ein kurzes Buch, *Teach Yourself to Live,* in welchem er zu einem an der eigenen Begrenztheit orientierten Leben riet. Dem Vorwurf, seine Ratschläge seien deprimierend, begegnete er gereizt: »Deprimierend? Nicht im Geringsten. Nicht deprimierender als eine kalte [Dusche] deprimierend ist… Man ist nicht mehr benebelt und verwirrt von einer falschen und irreführenden Illusion über das eigene Leben – wie die meisten Menschen.«[17] Dies ist eine ausgezeichnete Einstellung, um der Herausforderung zu begegnen, sinnvoll mit seiner Zeit umzugehen. Niemand kann im Alleingang eine Gesellschaft umstürzen, die auf grenzenlose Produktivität, Zerstreuung und Geschwindigkeit ausgerichtet ist. Aber genau hier und jetzt können wir mit der Illusion aufräumen, dass all dies jemals Befriedigung verschaffen wird. Stellen wir uns den Tatsachen. Drehen wir die Dusche auf, machen wir uns auf belebendes, eiskaltes Wasser gefasst und steigen wir hinein.

2

Die Effizienzfalle

Beginnen wir mit der Geschäftigkeit. Diese ist nicht unser einziges Zeitproblem, und nicht alle leiden darunter. Aber sie ist ein besonders anschauliches Beispiel für die Mühe, die wir aufwenden, um gegen unsere natürlichen Begrenzungen anzukämpfen, weil es inzwischen völlig normal geworden ist zu glauben, man müsste unbedingt mehr tun, als man tun kann. »Geschäftigkeit« ist eigentlich eine falsche Bezeichnung für diesen Zustand, denn bestimmte Formen der Geschäftigkeit können durchaus reizvoll sein. Wer würde nicht gern in *Schaffenau* leben, am Schauplatz der kultigen Kinderbücher des amerikanischen Illustrators Richard Scarry aus den 1960er-Jahren? Seine Krämerkatzen und Feuerwehrschweine sind gewiss fleißig; niemand in Schaffenau ist untätig – und wenn doch, dann werden sie von den Behörden sorgfältig versteckt, wie in Pjöngjang. Überfordert sind sie allerdings nicht. Sie strahlen die fröhliche Selbstbeherrschung von Katzen und Schweinen aus, die zwar viel zu tun haben, aber auch die Zuversicht besitzen, dass ihre Aufgaben in die zur Verfügung stehenden Stunden passen – während wir in ständiger Unruhe leben, weil wir befürchten oder mit Sicherheit wissen, dass das nicht der Fall sein wird.

Untersuchungen zeigen, dass dieses Gefühl auf jeder

Stufe der wirtschaftlichen Leiter auftritt.[1] Wenn man zwei Mindestlohnjobs hat, um seine Kinder zu ernähren, ist die Wahrscheinlichkeit groß, dass man sich überfordert fühlt. Ist man hingegen bessergestellt, fühlt man sich aus Gründen, die einem nicht weniger zwingend erscheinen, ebenfalls überfordert: weil man ein schöneres Haus mit höheren Hypothekenzahlungen hat oder weil die Anforderungen des (interessanten, gut bezahlten) Jobs mit dem Wunsch kollidieren, Zeit mit den alternden Eltern zu verbringen, mehr am Leben der Kinder teilzuhaben oder sein Leben dem Kampf gegen den Klimawandel zu widmen. Wie der Juraprofessor Daniel Markovits gezeigt hat, finden selbst die Gewinner unserer leistungsbesessenen Kultur – diejenigen, die es an die Eliteuniversitäten schaffen und dann die höchsten Gehälter einstreichen –, dass ihr Lohn der konstante Zwang ist, mit »erdrückender Intensität« zu arbeiten, um das Einkommen und den Status aufrechtzuerhalten, die ihnen als Voraussetzung für das Leben erscheinen, das sie führen wollen.[2]

Diese Situation erscheint nicht nur unmöglich, sie ist es streng logisch gesehen auch. Es kann nicht sein, dass man mehr tun *muss,* als man tun *kann.* Diese Vorstellung ergibt keinen Sinn: Wenn man wirklich keine Zeit für all das hat, was man tun möchte oder meint, tun zu müssen, oder was andere einem aufdrängen, dann hat man eben keine Zeit – ganz gleich, wie schwerwiegend die Folgen sein mögen, wenn man nicht alles schafft. Somit ist es eigentlich irrational, sich von einer erdrückenden To-do-Liste beunruhigen zu lassen. Man tut, was man kann, man tut nicht, was man nicht kann, und die tyrannische innere Stimme, die darauf besteht, dass man alles tun muss, ist schlichtweg ein Irrtum. Allerdings halten wir selten inne, um die Dinge so rational zu betrachten, denn das würde bedeuten, dass wir uns der schmerzhaften Wahrheit unserer Grenzen stellen müssten. Wir wären gezwungen, uns einzugestehen, dass wir harte Entscheidungen treffen müssen: welche Fehler wir machen, welche Menschen wir enttäuschen, welche gehegten Ziele wir aufgeben und in welchen Rollen wir versagen. Vielleicht kann man seinen gegenwärtigen Job nicht behalten und gleichzeitig genug Zeit für seine Kinder haben; vielleicht bedeutet die Tatsache, dass man sich in der Woche ausreichend Zeit für seine kreative Berufung nimmt, dass man nie ein besonders aufgeräumtes Zuhause haben wird oder so viel Sport treiben kann, wie man sollte, und so weiter. Um diesen unangenehmen Wahrheiten aus dem Weg zu gehen, wenden wir stattdessen die Strategie an, die in den meisten konventionellen Ratschlägen zum Umgang mit der Geschäftigkeit vorherrscht: Wir sagen uns, dass wir einfach einen Weg finden müssen, mehr zu tun – und versuchen, unsere Geschäftigkeit sozusagen dadurch zu bewältigen, dass wir noch geschäftiger werden.

Sisyphos' Posteingang

Dies ist eine moderne Reaktion auf ein modernes Problem, aber sie ist nicht ganz neu. Im Jahre 1908 veröffentlichte der englische Journalist Arnold Bennett einen kurzen und griesgrämigen Ratgeber, dessen Titel zeigt, dass das krampfhafte Bemühen, mehr unterzubringen, bereits seine edwardianische Welt heimsuchte: *How to Live on 24 Hours a Day.*[3] »Kürzlich tobte in einer Tageszeitung ein Kampf um die Frage, ob eine Frau auf dem Lande mit 85 Pfund pro Jahr gut leben kann«, schreibt Bennett. »Ich habe [auch] einen

Aufsatz gesehen, ›Wie man von acht Schilling pro Woche leben kann‹. Aber ich habe noch nie einen Aufsatz gesehen [mit dem Titel], ›Wie man von vierundzwanzig Stunden am Tag leben kann‹.« Der Witz dabei ist, wie absurd es wäre, wenn jemand solche Ratschläge benötigte, denn niemand hat je mehr als 24 Stunden am Tag zum Leben gehabt. Doch die Menschen brauchten sie: Für Bennett und sein Zielpublikum, die Berufstätigen aus den Vorstädten, die mit der Straßenbahn und dem Zug zu ihren Bürojobs in den zunehmend wohlhabenden Städten Englands pendelten, fühlte sich die Zeit allmählich wie ein Gefäß an, das für all das, was es fassen sollte, zu klein war. Er schrieb, so erklärte er, für seine »Leidensgenossen – die unzähligen Seelen, die mehr oder weniger schmerzhaft von dem Gefühl verfolgt werden, dass die Jahre vergehen und vergehen und vergehen und dass sie es noch nicht geschafft haben, ihr Leben in Ordnung zu bringen«. Seine unverblümte Diagnose lautete, dass die meisten Menschen jeden Tag mehrere Stunden vergeudeten, vor allem abends; sie redeten sich ein, dass sie müde seien, obwohl sie genauso gut die Ärmel hochkrempeln und mit all den lebensbereichernden Aktivitäten fortfahren könnten, für die sie angeblich nie Zeit hätten. »Ich schlage vor«, schreibt Bennett, »dass Sie um sechs Uhr den Tatsachen ins Gesicht sehen und zugeben, dass Sie nicht müde sind (denn das sind Sie nicht, das wissen Sie).« Als alternative Strategie schlägt er vor, stattdessen früher aufzustehen; sein Buch enthält sogar eine Anleitung, wie man sich selbst einen Tee aufbrüht, falls man vor den Bediensteten aufsteht.

How to Live on 24 Hours a Day ist ein wunderbar anregendes Buch voller praktischer Vorschläge, die es auch heute noch lesenswert machen. Aber das Ganze beruht auf einer äußerst zweifelhaften Annahme (abgesehen davon, dass man Personal hat, meine ich.) Wie praktisch alle Zeitmanagementexperten, die nach ihm kamen, geht Bennett davon aus, dass man, wenn man seine Ratschläge befolgt, genug von den wirklich wichtigen Dingen erledigen kann, um mit der Zeit im Reinen zu sein. Er schlägt vor, jeden Tag ein bisschen mehr zu tun, bis man den gelassenen und souveränen Zustand erreicht, endlich »genug Zeit« zu haben. Doch das stimmte 1908 nicht, und heute stimmt es noch weniger. Das war es, was ich auf jener Parkbank in Brooklyn zu begreifen begann, und ich halte es immer noch für das beste Gegenmittel gegen das Gefühl von Zeitdruck, einen herrlich befreienden ersten Schritt auf dem Weg, seine Grenzen zu akzeptieren: Das Problem bei dem Versuch, Zeit für alles zu finden, was einem wichtig erscheint – oder auch nur für einen Bruchteil dessen, was einem wichtig erscheint –, ist, dass man es definitiv nie schafft.

Der Grund dafür ist nicht, dass man noch nicht die richtigen Zeitmanagementtricks entdeckt hat oder sich nicht genügend anstrengt, dass man früher aufstehen sollte oder dass man generell unfähig ist. Es liegt daran, dass die zugrunde liegende Annahme falsch ist: Es gibt keinen Grund zu glauben, dass man jemals das Gefühl haben wird, »alles im Griff zu haben« oder Zeit für alles zu haben, was wichtig ist, nur weil man mehr erledigt. Zunächst einmal ist das, was »wichtig« ist, subjektiv, sodass es auch keinen Grund für die Annahme gibt, man habe Zeit für alles, was man selbst, der Arbeitgeber oder die Kultur für wichtig hält. Das andere Problem besteht darin, dass sich die Ziele verschieben, wenn es einem gelingt, mehr zu tun: Mehr Dinge werden als wichtig, sinnvoll oder obligatorisch betrachtet. Erwirbt man sich den Ruf, seine Arbeit in Rekordzeit zu erledigen, bekommt man auch mehr davon. (Chefs sind nicht dumm: Warum sollten sie die zusätzliche Arbeit jemandem zuteilen, der langsamer ist?) Findet man einen Weg, genügend Zeit mit den Kindern *und* im Büro zu verbringen, ohne sich deswegen schuldig zu fühlen, wird man plötzlich neuen sozialen Druck verspüren: mehr Zeit mit Sport zu verbringen oder Elternsprecher in der Schule zu werden – ach, und ist es nicht endlich Zeit, dass man Meditieren lernt? Gründet man endlich die kleine Firma, von der man seit Jahren träumt, dauert es nicht lange, bis man sich nicht mehr damit zufriedengibt, sie klein zu halten. Dasselbe gilt für die Hausarbeit: In ihrem Buch *More Work for Mother* zeigt die Historikerin Ruth Schwartz Cowan, dass Hausfrauen, als sie zum ersten Mal Zugang zu »arbeitssparenden« Geräten wie Waschmaschinen und Staubsaugern bekamen, überhaupt keine Zeit einsparten, weil die Sauberkeitsstandards der Gesellschaft schlichtweg mit den Vorteilen stiegen und diese wieder aufhoben;[4] nun, da man jedes Hemd des Ehemanns nach einmaligem Tragen wieder in einen makellosen Zustand versetzen konnte, befand man, dass man dies auch tun sollte, um zu zeigen, wie sehr man ihn liebte. »Die Arbeit nimmt so zu, dass sie die für ihre Erledigung zur Verfügung stehende Zeit ausfüllt«, schrieb der englische Humorist und Historiker C. Northcote Parkinson 1955 und prägte damit das sogenannte Parkinsonsche Gesetz.[5] Doch das ist nicht nur ein Scherz, und es gilt nicht nur für die Arbeit. Es gilt für alles, was getan werden muss. Tatsächlich ist es die Definition von »was zu tun ist«, die sich erweitert, um die verfügbare Zeit zu füllen.

Die schmerzhafte Ironie des Ganzen wird im Fall der E-Mail besonders deutlich, jener genialen Erfindung des 20. Jahrhunderts, mit der jeder beliebige Mensch auf der Welt uns über ein digitales Fenster, das sich nur wenige

Zentimeter vor unserer Nase oder in unserer Tasche befindet, den ganzen Arbeitstag lang und oft auch am Wochenende belästigen kann, wann immer er will und fast ohne jegliche Kosten für ihn selbst. Die »Eingangsseite« dieses Systems – die Anzahl der E-Mails, die man theoretisch empfangen könnte – ist praktisch unendlich. Die »Ausgangsseite« hingegen, also die Anzahl der Nachrichten, für die man Zeit hat, sie zu lesen, zu beantworten oder zu löschen, ist begrenzt. Wenn man also seine E-Mails immer besser bearbeitet, ist das so, als kletterte man eine unendlich hohe Leiter immer schneller empor: Man fühlt sich immer schneller, doch ganz gleich, wie schnell man vorankommt, man erreicht nie die Spitze. In der griechischen Mythologie bestrafen die Götter König Sisyphos für seine Arroganz, indem sie ihn dazu verdammen, einen riesigen Felsbrocken einen Berg hinaufzurollen, der dann sofort wieder hinunterrollt – eine Prozedur, die er bis in alle Ewigkeit wiederholen muss. In der zeitgenössischen Version würde Sisyphos seinen Posteingang leeren, sich zurücklehnen und tief durchatmen, bevor er ein vertrautes Klingeln vernähme: »Sie haben neue Nachrichten.«

Aber es kommt noch schlimmer, denn hier setzt der Effekt der Torpfostenverschiebung ein: Jedes Mal, wenn man eine E-Mail beantwortet, besteht eine gute Chance, eine Antwort auf diese E-Mail zu provozieren, die wiederum eine weitere Antwort erfordern kann, und so weiter und so fort, bis zum Hitzetod des Universums. Gleichzeitig wird man als jemand bekannt, der schnell auf E-Mails antwortet, sodass es sich für mehr Teilnehmer lohnt, einem eine Nachricht zu schicken. (Im Gegensatz dazu stellen nachlässige E-Mail-Schreiber häufig fest, dass sie durch das Vergessen des Beantwortens am Ende Zeit sparen: Die Leute finden alternative Lösungen für die Probleme, die sie einem aufdrängen wollten, oder die sich abzeichnende Krise, wegen der sie ihre E-Mail geschickt haben, tritt nie ein.) Man kann also nicht nur seine E-Mails nie vollständig abarbeiten, sondern erzeugt durch das »Abarbeiten der E-Mails« tatsächlich mehr E-Mails. Das allgemeine Prinzip, das dabei zum Tragen kommt, könnte man als »Effizienzfalle« bezeichnen. Wenn man sich selbst effizienter macht – entweder durch die Anwendung verschiedener Produktivitätstechniken oder indem man sich noch mehr anstrengt –, hat man im Allgemeinen nicht das Gefühl, »genug Zeit« zu haben, denn unter sonst gleichen Bedingungen steigen die Anforderungen und machen jeden Nutzen zunichte. Anstatt die Aufgaben zu erledigen, schafft man sich neue Aufgaben, die zu erledigen sind.

Für die meisten von uns ist es in aller Regel kaum möglich, die Effizienzfalle ganz zu vermeiden. Schließlich können es sich nur die wenigsten Menschen leisten, *nicht* zu versuchen, sämtliche E-Mails abzuarbeiten, selbst wenn dies zur Folge hat, dass man mehr E-Mails erhält. Dasselbe gilt auch für andere Lebensbereiche: Oft sind wir gezwungen, in derselben Zeit mehr zu erledigen, auch wenn wir uns dadurch stärker belastet fühlen. (Auch Schwartz Cowans Hausfrauen des frühen 20. Jahrhunderts hatten vermutlich das Gefühl, dass sie sich dem gesellschaftlichen Druck nicht entziehen konnten, ihre Häuser immer ordentlicher und sauberer zu halten.) Ich will damit also keinesfalls sagen, dass man sich nie wieder beschäftigt fühlen wird, wenn man erst einmal begriffen hat, worum es hier geht.

Man kann allerdings bewusst die Vorstellung aufgeben, die Herausforderung der Geschäftigkeit jemals dadurch zu bewältigen, dass man immer mehr in seine Zeit hineinpackt, denn das macht die Sache nur noch schlimmer. Investiert man nicht mehr in den Irrglauben, dass man auf diese Weise eines Tages zur Ruhe komme, wird es leichter, in der Gegenwart, inmitten überwältigender Anforderungen, zur Ruhe zu kommen, weil man seine Ruhe nicht mehr von der Bewältigung sämtlicher Anforderungen abhängig macht. Wenn man nicht mehr glaubt, dass es irgendwie möglich wäre, schwierige Entscheidungen im Hinblick auf die Zeit zu vermeiden, wird es leichter, bessere Entscheidungen zu treffen. Man beginnt zu begreifen, dass, wenn zu viel zu tun ist – und das wird immer der Fall sein –, der einzige Weg zu geistiger Freiheit darin besteht, sich von der alle Grenzen verleugnenden Illusion zu verabschieden, alles erledigen zu können, und sich stattdessen auf einige wenige wirklich wichtige Dinge zu konzentrieren.

Die unendliche Liste

All das Gerede über Posteingänge und Waschmaschinen könnte den Eindruck erwecken, dass das Gefühl der Überforderung nur damit zusammenhängt, dass man im Büro oder im Haushalt zu viel zu tun hat. Das Ganze wurzelt jedoch tiefer, denn der Eindruck, »zu viel zu tun« zu haben, entsteht schon allein dadurch, dass man heute auf der Erde lebt, unabhängig davon, ob man ein geschäftiges Leben im herkömmlichen Sinne führt oder nicht. Man kann sich das als »existenzielle Überforderung« vorstellen: Die moderne Welt bietet ein unerschöpfliches Kontingent an lohnenswert erscheinenden Betätigungsmöglichkeiten, und so entsteht unweigerlich eine unüberbrückbare Kluft zwischen dem, was man idealerweise tun möchte, und dem, was man tatsächlich tun kann. Wie der deutsche Soziologe Hartmut Rosa erklärt, wurden die Menschen der Vormoderne von solchen Gedanken nicht sonderlich beunruhigt – zum Teil, weil sie an ein Leben nach dem Tod glaubten: Es gab keinen besonderen Druck, das Beste aus ihrer begrenzten Zeit herauszuholen, denn für sie war diese nicht begrenzt, und das irdische Leben war ohnehin nur ein relativ unbedeutendes Vorspiel für den wichtigsten Teil.[6] Zudem betrachteten sie die Welt als eine sich im Laufe der Geschichte nicht verändernde Welt oder, in einigen Kulturen, als eine, die immer wieder dieselben vorhersehbaren Phasen durchlief. Sie fühlten sich wie eine bekannte Größe: Sie waren damit zufrieden, ihre Rolle im menschlichen Drama zu spielen – eine Rolle, die Tausende und Abertausende vor ihnen gespielt hatten und Tausende weitere nach ihrem Tod spielen würden –, ohne das Gefühl zu haben, dass sie die aufregenden neuen Möglichkeiten ihres speziellen Moments in der Geschichte verpassten. (In einer unveränderlichen oder zyklischen Sicht der Geschichte gibt es niemals aufregende neue Möglichkeiten.) Die säkulare Moderne hingegen ändert dies alles. Wenn die Menschen nicht mehr an ein Leben nach dem Tod glauben, hängt alles davon ab, das Beste aus diesem Leben zu machen. Und wenn die Menschen anfangen, an den Fortschritt zu glauben – an die Vorstellung, dass die Geschichte auf eine immer perfektere Zukunft zusteuert –, empfinden sie viel stärker den Schmerz ihrer eigenen kurzen Lebensspanne, die sie dazu verdammt, fast alles von dieser Zukunft zu verpassen. Und so versuchen sie, ihre Ängste zu unterdrücken, indem sie ihr Leben mit Erfahrungen vollstopfen. In der Einleitung des Übersetzers zu Rosas Buch *Social Acceleration* schreibt Jonathan Trejo-Mathys:

> Je mehr wir unsere Fähigkeiten beschleunigen können, andere Orte aufzusuchen, neue Dinge zu sehen, neue Nahrungsmittel zu probieren, verschiedene Formen der Spiritualität zu praktizieren, neue Aktivitäten zu erlernen, sinnliche Freuden mit anderen zu teilen, sei es beim Tanzen oder beim Sex, verschiedene Formen der Kunst zu erleben und so weiter, je geringer die Diskrepanz zwischen den Erfahrungsmöglichkeiten, die wir in unserem eigenen Leben verwirklichen können, und der Gesamtheit der Möglichkeiten wird, die den Menschen jetzt und in Zukunft zur Verfügung stehen, desto näher kommen wir einem wirklich »erfüllten« Leben im wörtlichen Sinne eines Lebens, das so reich an Erfahrungen ist, wie es nur möglich ist.[7]

Der Rentner, der exotische Reiseziele von seiner Wunschliste abhakt, und die Hedonistin, die ihre Wochenenden mit Vergnügungen vollpackt, sind also genauso überfordert wie der erschöpfte Sozialarbeiter oder der Unternehmensanwalt. Es stimmt, dass die Dinge, mit denen sie überfordert sind, nominell angenehmer sind; es ist sicherlich schöner, eine lange Liste noch zu besuchender griechischer Inseln zu haben als eine lange Liste obdachloser Familien, für die man eine Wohnung finden muss, oder einen riesigen Stapel von Verträgen, die noch korrigiert werden müssen. Dennoch hängt die Aufgabenbewältigung in beiden Fällen davon ab, ob es einem gelingt, mehr zu tun, als man tun kann. Das erklärt, warum es sich häufig als überraschend unbefriedigend erweist, wenn man sein Leben mit angenehmen Aktivitäten vollstopft. Es ist der Versuch, die Erfahrungen, die die Welt zu bieten hat, im Eiltempo zu konsumieren, um das Gefühl zu haben, wirklich gelebt zu haben – tatsächlich aber hat die Welt eine unendliche Anzahl von Erfahrungen zu bieten, sodass man mit einer Handvoll davon kaum dem Gefühl näher kommt, die Möglichkeiten des Lebens ausgeschöpft zu haben. Stattdessen tappt man direkt wieder in die Effizienzfalle. Je mehr wunderbare Erlebnisse man vorzuweisen hat, desto mehr wunderbare Erlebnisse meint man haben zu können oder zu müssen, zusätzlich zu den bereits gemachten, was das Gefühl der existenziellen Überforderung noch verstärkt.

Es versteht sich vielleicht von selbst, dass das Internet all dies noch viel quälender macht, denn es verspricht, dass man seine Zeit besser nutzen kann, während es einem gleichzeitig noch viel mehr Möglichkeiten bietet, seine Zeit zu nutzen – sodass just das Werkzeug, dessen man sich bedient, um das Beste aus seinem Leben zu machen, einem das Gefühl gibt, noch mehr davon zu verpassen. Facebook etwa ist ein äußerst effizientes Mittel, um sich über Veranstaltungen zu informieren, an denen man vielleicht gern teilnehmen würde. Gleichzeitig ist es aber auch eine Garantie dafür, dass man von mehr Veranstaltungen erfährt, an denen man gern teilnehmen würde, als man überhaupt besuchen kann. OkCupid ist eine effiziente Plattform, um Menschen zu finden, mit denen man sich verabreden möchte, erinnert einen aber auch ständig daran, dass es noch andere, potenziell attraktivere Menschen gibt, mit denen man sich stattdessen verabreden könnte. Die E-Mail ist ein unvergleichliches Instrument, um schnell auf eine große Anzahl von Nachrichten zu reagieren – aber ohne E-Mail bekäme man all diese Nachrichten gar nicht erst. Die Technologien, mit denen wir versuchen, »alles zu beherrschen«, scheitern am Ende immer, weil sie das »alles«, was wir zu beherrschen versuchen, noch vergrößern.

Warum man aufhören sollte, »klar Schiff« zu machen

Bisher habe ich so geschrieben, als wäre die Effizienzfalle lediglich eine Frage der Quantität: Man hat zu viel zu tun, also versucht man, mehr unterzubringen, doch das ironische Ergebnis ist, dass man am Ende mehr zu tun hat. Das Schlimmste an dieser Falle ist jedoch, dass sie auch eine Frage der Qualität ist. Je mehr man sich bemüht, alles unterzubringen, desto mehr Zeit verbringt man mit den weniger sinnvollen Dingen. Wenn man sich ein extrem ehrgeiziges Zeitmanagementsystem zulegt, das verspricht, dass man seine komplette To-do-Liste abarbeiten kann, wird man wahrscheinlich nicht einmal dazu kommen, die wichtigsten Punkte auf dieser Liste zu erledigen. Widmet man seinen Ruhestand dem Ziel, so viel wie möglich von der Welt zu sehen, kommt man wahrscheinlich nicht einmal dazu, die interessantesten Teile zu besuchen. Der Grund für diesen Effekt ist ganz einfach: Je fester man daran glaubt, dass es möglich ist, für alles Zeit zu finden, desto weniger Druck verspürt man, sich zu fragen, ob eine bestimmte Aktivität wirklich die optimale Verwendung für einen Teil der eigenen Zeit ist. Wann immer man auf einen potenziellen neuen Punkt auf seiner Aufgabenliste oder in seinem Terminkalender stößt, wird man stark dazu neigen, ihn zu übernehmen, weil man davon ausgeht, dass man keine anderen Aufgaben oder Möglichkeiten opfern muss, um dafür Platz zu schaffen. Da unsere Zeit jedoch in Wirklichkeit endlich ist, erfordert alles, was wir tun, ein Opfer – ein Opfer all der anderen Dinge, die wir in dieser Zeitspanne hätten tun können.

Wenn man nie innehält, um sich zu fragen, ob das Opfer es auch wert ist, werden sich die Tage automatisch nicht nur mit mehr, sondern auch mit trivialeren oder langweiligeren Dingen füllen, weil diese nie die Hürde nehmen mussten, als vorrangig eingestuft zu werden. Häufig handelt es sich dabei um Dinge, die andere Menschen von einem erwarten, um ihnen das Leben zu erleichtern, und gegen die man sich nicht zu wehren versucht hat. Je effizienter man wird, desto mehr wird man zu einem »grenzenlosen Reservoir für die Erwartungen anderer«, wie es der Managementexperte Jim Benson ausdrückt.[8]

In meiner Zeit als bezahlter Produktivitätsfanatiker war es dieser Aspekt des ganzen Szenarios, der mich am meisten beunruhigte. Obwohl ich mich für einen Menschen hielt, der Dinge erledigt, wurde mir schmerzlich bewusst, dass die Dinge, die ich am gewissenhaftesten erledigte, die unwichtigen waren, während die wichtigen aufgeschoben wurden – entweder für immer oder so lange, bis eine dringende Frist mich zwang, sie zu erledigen, und zwar auf einem mittelmäßigen Niveau und in einer hektischen Eile. Die E-Mail der IT-Abteilung meiner Zeitung, in der ich darauf hingewiesen wurde, wie wichtig es sei, dass ich mein Passwort regelmäßig änderte, veranlasste mich zu raschem Handeln, obwohl ich sie auch ganz hätte ignorieren können. (Der Hinweis stand in der Betreffzeile, wo die Worte »BITTE LESEN« im Allgemeinen ein Zeichen dafür sind, dass man sich nicht die Mühe machen muss, das Folgende zu lesen.) Die lange Nachricht eines alten Freundes, der inzwischen in Neu-Delhi lebte, und die Recherchen für den großen Artikel, den ich seit Monaten geplant hatte, blieben hingegen unbeachtet, weil ich mir sagte, dass ich mich auf solche Aufgaben voll und ganz konzentrieren müsse. Ich wollte lieber warten, bis ich ausreichend freie Zeit und weniger kleine, aber dringende Aufgaben hatte, die an meiner Aufmerksamkeit zerrten. Pflichtbewusst und effizient, wie ich war, steckte ich also meine Energie in das Aufräumen, das Abarbeiten kleinerer Aufgaben, um sie vom Tisch zu haben – nur um dann festzustellen, dass dies den ganzen Tag in Anspruch nahm, dass über Nacht wieder neue Aufgaben hinzukamen und dass der Zeitpunkt für die Beantwortung der E-Mail aus Neu-Delhi oder für die Recherche des Meilenstein-Artikels niemals kam. So kann man Jahre vergeuden, indem man systematisch genau die Dinge aufschiebt, die einem am meisten am Herzen liegen.

Erst allmählich habe ich begriffen, was man in solchen Situationen stattdessen braucht, nämlich eine Art Anti-Fähigkeit: nicht die kontraproduktive Strategie, sich selbst effizienter zu machen, sondern die Bereitschaft, diesem Drang zu widerstehen – zu lernen, mit der Angst umzugehen, sich überfordert zu fühlen und nicht alles im Griff zu haben, ohne automatisch darauf zu reagieren, indem man versucht, mehr unterzubringen. Auf diese Weise an seine Tage heranzugehen bedeutet, dass man nicht alles erledigt, sondern sich auf das konzentriert, was wirklich wichtig ist, und dabei das Unbehagen in Kauf nimmt zu wissen, dass sich die Liste der zu erledigenden Aufgaben immer weiter füllt, mit E-Mails, Besorgungen und anderen Aufgaben, von denen man viele vielleicht gar nicht erledigt. Mitunter entschließt man sich trotzdem dazu, sich anzustrengen, um mehr zu schaffen, wenn die Umstände es unbedingt erfordern. Aber das wird nicht der Standardmodus sein, weil man nicht mehr der Illusion unterliegt, eines Tages Zeit für alles zu haben.

Dasselbe gilt für die existenzielle Überforderung: Man muss dem Drang widerstehen, immer mehr Erlebnisse zu konsumieren, denn diese Strategie führt nur dazu, dass man glaubt, noch mehr Erlebnisse zu verpassen. Hat man erst einmal erkannt, dass man praktisch alle Erlebnisse, die die Welt zu bieten hat, verpassen wird, ist es kein Problem mehr, dass man so viele davon noch nicht erlebt hat. Stattdessen kann man sich darauf konzentrieren, die wenigen Dinge, für die man tatsächlich Zeit hat, in vollen Zügen zu genießen – und umso freier ist man, in jedem Augenblick das zu wählen, was am wichtigsten ist.

Die Tücken der Bequemlichkeit

Es gibt noch eine weitere, besonders heimtückische Art und Weise, wie das Streben nach mehr Effizienz heutzutage unser Verhältnis zur Zeit verzerrt: die verführerische Verlockung der *Bequemlichkeit.* Ganze Branchen leben heute von dem Versprechen, uns bei der Bewältigung einer überwältigenden Menge an Aufgaben zu helfen, indem sie uns lästige und zeitraubende Tätigkeiten abnehmen oder diese beschleunigen. Die Kehrseite der Medaille ist jedoch – und das ist eine Ironie, die mittlerweile nicht mehr überraschen sollte –, dass das Leben unmerklich schlechter wird. Wie bei anderen Ausprägungen der Effizienzfalle geht die Freisetzung von Zeit auf diese Weise quantitativ nach hinten los, weil sich die frei gewordene Zeit mit noch mehr Dingen füllt, von denen man meint, sie tun zu müssen – und auch qualitativ, weil wir bei dem Versuch, lästige Erfahrungen auszusondern, am Ende versehentlich Dinge beseitigen, von denen wir gar nicht wissen, dass wir sie schätzen, bis sie weg sind.

Das funktioniert so: Im Start-up-Jargon kann man im Silicon Valley dadurch reich werden, dass man einen »Schmerzpunkt« identifiziert – eines jener kleinen Ärgernisse, die aus (noch mehr Jargon) der »Reibung« des täglichen Lebens entstehen – und dann eine Möglichkeit anbietet, diesen zu umgehen. So beseitigt Uber den »Schmerz«, die Nummer des örtlichen Taxiunternehmens ausfindig machen und anrufen zu müssen oder zu versuchen, auf der Straße ein Taxi anzuhalten; digitale Geldbörsen-Apps wie Apple Pay beseitigen den »Schmerz«, in der Tasche nach der physischen Geldbörse oder dem Bargeld greifen zu müssen. Der Essenslieferdienst Seamless wirbt – zwar augenzwinkernd, aber trotzdem – sogar damit, dass man sich nicht mehr mit Restaurantangestellten aus Fleisch und Blut unterhalten muss, sondern nur noch mit einem Bildschirm kommunizieren kann. Es stimmt, dass auf diese Weise alles reibungsloser abläuft. Aber Geschmeidigkeit ist, wie sich zeigt, eine zweifelhafte Tugend, denn oft sind es gerade die groben Strukturen des Lebens, die es lebenswert machen und dazu beitragen, jene Beziehungen zu pflegen, die für die geistige und körperliche Gesundheit und für die Widerstandsfähigkeit unserer Gemeinschaften entscheidend sind. Die Treue zu einem örtlichen Taxiunternehmen ist einer von Tausenden zarter sozialer Fäden, die ein Viertel zusammenhalten; die Interaktionen mit der Frau, die den chinesischen Imbiss um die Ecke betreibt, mögen unbedeutend erscheinen, aber sie tragen dazu bei, dass das Viertel, in dem man lebt, noch immer ein Ort ist, an dem die Menschen miteinander reden und an dem die technologiebedingte Einsamkeit noch nicht die Oberhand gewonnen hat. (Lassen Sie sich das von einem Schriftsteller sagen, der zu Hause arbeitet: Ein paar kurze Interaktionen mit anderen Menschen am Tag können einen Riesenunterschied machen.) Was Apple Pay betrifft, so finde ich ein wenig Reibung gut, wenn ich etwas kaufe, da es die Wahrscheinlichkeit, einem sinnlosen Kauf zu widerstehen, wenigstens geringfügig erhöht.

Mit anderen Worten: Bequemlichkeit macht die Dinge einfach, aber ohne Rücksicht darauf, ob die Einfachheit wirklich das ist, was in einem bestimmten Kontext am wertvollsten ist. Man denke nur an die Dienste, auf die ich mich in den letzten Jahren zu sehr verlassen habe und die es ermöglichen, eine Geburtstagskarte zu entwerfen und per Fernzugriff zu verschicken, sodass man den physischen Gegenstand nie selbst sieht oder anfasst. Besser als nichts, vielleicht. Aber sowohl der Absender als auch der Empfänger wissen, dass dies ein schlechter Ersatz dafür ist, eine Karte in einem Geschäft zu kaufen, sie per Hand zu beschreiben und dann zum Briefkasten zu gehen, um sie zu verschicken, denn entgegen dem Klischee ist es nicht der Gedanke, der zählt, sondern der Aufwand, sprich: die Unannehmlichkeiten. Wenn man den Prozess bequemer macht, beraubt man ihn seiner Bedeutung. Der Risikokapitalgeber und Reddit-Mitbegründer Alexis Ohanian hat festgestellt, dass wir oft »gar nicht merken, dass etwas fehlerhaft ist, bis uns jemand einen besseren Weg zeigt«.[9] Der andere Grund, warum wir vielleicht nicht merken, dass ein alltäglicher Prozess fehlerhaft ist, liegt darin, dass er von vornherein nicht fehlerhaft ist – und dass die damit verbundene Unannehmlichkeit, die von außen betrachtet wie ein Fehler aussehen mag, in Wirklichkeit etwas zutiefst Menschliches verkörpert.

Häufig führt die Bequemlichkeit nicht nur dazu, dass wir eine bestimmte Tätigkeit als weniger wertvoll empfinden, sondern auch dazu, dass wir bestimmte wertvolle Tätigkeiten ganz aufgeben, um bequemeren Tätigkeiten den Vorzug zu geben. Weil man zu Hause bleiben, Essen bei Seamless bestellen und Sitcoms auf Netflix schauen kann, tut man das, obwohl man sich durchaus bewusst ist, dass man mehr Spaß gehabt hätte, wenn man die Verabredung mit Freunden in der Stadt eingehalten oder ein interessantes neues Rezept ausprobiert hätte. »Ich brühe meinen Kaffee lieber auf«, schreibt der Juraprofessor Tim Wu in einem Essay über die Tücken der Convenience-Kultur. »Doch Starbucks Instant-Kaffee ist so bequem, dass ich kaum noch das tue, was ich ›lieber‹ tue.«[10] Derweil beginnen die Aspekte des Lebens, die sich einem reibungsloseren Ablauf widersetzen, geradezu abstoßend zu wirken. Wu: »Wenn man die Warteschlange überspringen und Konzertkarten per Telefon kaufen kann, ist das Warten in der Schlange vor dem Wahllokal lästig.« In dem Maße, in dem die Bequemlichkeit den Alltag kolonisiert, gliedern sich die Aktivitäten allmählich in zwei Typen: diejenigen, die jetzt viel bequemer sind, sich aber leer anfühlen oder nicht mehr mit unseren wahren Vorlieben übereinstimmen, und diejenigen, die jetzt als äußerst lästig erscheinen, weil sie so unbequem bleiben.

Alldem als Einzelperson oder als Familie zu widerstehen erfordert Stärke, denn je reibungsloser das Leben wird, desto perverser wirkt man, wenn man darauf besteht, die Ecken und Kanten beizubehalten, indem man sich für die unbequeme Art entscheidet, Dinge zu tun. Wenn man sein Smartphone abschafft, Google nicht mehr benutzt oder die Schneckenpost WhatsApp vorzieht, zweifeln die Leute immer häufiger an der eigenen Vernunft. Doch es ist möglich. Die Bibel- und Agrarwissenschaftlerin Sylvia Keesmaat gab eine Universitäts-Vollzeitstelle in Toronto auf, weil sie das Gefühl hatte, dass ihr überfrachtetes Leben – und damit die Effizienz und die Bequemlichkeit, die es zu beinhalten schien – irgendwie seinen eigentlichen Sinn verlor. Sie zog mit ihrem Mann und ihren Kindern auf eine Farm im weiten kanadischen Hinterland, dem sogenannten »Land Between«, wo jeder Wintertag mit dem Anzünden des Feuers beginnt, welches das Farmhaus wärmt und die Energie zum Kochen liefert:

> Jeden Morgen kratze ich sorgfältig die Asche des gestrigen Tages aus. Während ich das Kleinholz auflege und auf das Knistern der Flamme lausche, warte ich. Das Haus ist kühl, und alles, was ich jetzt in den nächsten Minuten tun muss, ist, achtsam und geduldig zu sein. Das Feuer braucht Zeit, um sich zu entwickeln, es muss gefüttert und genährt werden, damit es die nötige Hitze zum Kochen entwickelt. Wenn ich weggehe und es allein lasse, erlischt es. Wenn ich vergesse, ihm Aufmerksamkeit zu schenken, erlischt es. Da es sich um ein Feuer handelt, könnte ich natürlich auch sterben, wenn ich es zu groß mache und vergesse, ihm Aufmerksamkeit zu schenken. Warum sollte ich das Risiko eingehen? Jemand hat mich einmal gefragt, wie lange es dauert, bis ich morgens meine erste heiße Tasse Tee trinke. Nun, mal sehen: Im Winter mache ich das Feuer an, fege den Boden und wecke die Kinder zur Hausarbeit … Ich tränke die Kühe, bringe ihnen Heu, gebe den Hühnern Körner und ihr Wasser, füttere die Enten. Manchmal helfe ich den Kindern mit den Pferden und den Stallkatzen und komme dann wieder herein. Dann setze ich den Kessel auf. Vielleicht bekomme ich innerhalb einer Stunde nach dem Aufwachen etwas zu trinken. Wenn alles gut geht. Eine Stunde?[11]

Ob Keesmaats neuer, bewusst unbequemer Alltag einem Leben mit Zentralheizung, Essen zum Mitnehmen und zweimal täglichem Pendeln vorzuziehen ist, sei hier dahingestellt (obwohl ich denke, dass dies vielleicht so sein könnte: Ihre Tage scheinen auf angenehme, nicht überfordernde Weise im Sinne von Richard Scarry ausgefüllt zu sein). Natürlich hat nicht jeder die Möglichkeit, genau diesen Weg einzuschlagen. Der eigentliche Punkt ist jedoch ein anderer: Ihre Entscheidung für eine solch radikale Veränderung entstand aus der Erkenntnis heraus, dass es ihr niemals gelingen würde, ein sinnvolleres Leben zu gestalten (was für sie bedeutete, eine achtsamere Beziehung zur physischen Umgebung ihrer Familie zu pflegen), indem sie Zeit sparte und dadurch mehr in ihr bestehendes Leben hineinzwängte. Um Zeit für das zu haben, was ihr wichtig war, musste sie Dinge aufgeben.

Die Bequemlichkeitskultur gaukelt uns vor, dass wir Platz für alles Wichtige finden können, wenn wir nur die lästigen Aufgaben des Lebens eliminieren. Doch das ist eine Lüge. Man muss sich für einige wenige Dinge entscheiden, alles andere opfern und mit dem unvermeidlichen Gefühl des Verlustes umgehen, das damit einhergeht. Keesmaat entschied sich für das Feuermachen und den Anbau von Lebensmitteln mit ihren Kindern. »Wie sollen wir den Ort, an den wir gestellt wurden, sonst kennenlernen, wenn wir ihn nicht bewirtschaften?«, schreibt sie.[12] »Wie sollen wir die lebendige Beschaffenheit des Bodens, die unterschiedlichen Bedürfnisse von Paprika, Salat und Grünkohl kennenlernen, wenn wir nicht die Lebensmittel anbauen, die wir essen?« Man könnte natürlich eine ganz andere Wahl treffen. Doch die unausweichliche Realität eines endlichen menschlichen Lebens ist, dass man sich entscheiden muss.

3

Der Endlichkeit begegnen

Wenn man sich mit der Frage beschäftigt, was es bedeutet, ein endliches menschliches Wesen zu sein, das nur eine begrenzte Zeit auf diesem Planeten verbringt, stößt man zwangsläufig auf einen Philosophen, der sich mehr als jeder andere Denker mit diesem Thema beschäftigt hat: Martin Heidegger. Das ist aus zwei Gründen bedauerlich, wobei der offensichtlichere darin besteht, dass er ab 1933 mehr als ein Jahrzehnt lang überzeugtes Mitglied der NSDAP war. (Die Frage, was dies für seine Philosophie bedeutet, ist spannend und faszinierend, aber sie würde uns hier vom Thema ablenken. Man muss also selbst entscheiden, ob diese außergewöhnlich schlechte Lebensentscheidung seine Gedanken dazu entwertet, wie wir Lebensentscheidungen im Allgemeinen treffen.) Der zweite Grund ist, dass er fast unmöglich zu lesen ist. In seinem Werk wimmelt es von gebrochenen Formulierungen wie »Sein-zum-Tode«,[1] »Ent-fernung«[2] oder – und hier sollte man sich vielleicht besser hinsetzen – »Die Angst vor dem Tode ist die Angst ›vor‹ dem eigensten, unbezüglichen und unüberholbaren Seinkönnen«.[3] Aus diesem Grund sollte niemandes Interpretation von Heideggers Werk, einschließlich meiner eigenen, als definitiv betrachtet werden. Gegen den zweiten Vorwurf, den der Unverständlichkeit, kann man ihn jedoch in gewisser Weise verteidigen. Die alltägliche Sprache spiegelt unsere alltäglichen Sehgewohnheiten wider. Heidegger hingegen will seine Fingernägel unter die grundlegendsten Elemente der Existenz schieben – die Dinge, die wir kaum wahrnehmen, weil sie so vertraut sind – und sie so zum Untersuchungsgegenstand machen. Das bedeutet, dass er die Dinge ungewohnt macht, indem er ungewohnte Begriffe verwendet. So stolpert man immer wieder über seine Worte, aber bisweilen stößt man dabei mit dem Kopf an die Realität.

Geworfen in die Zeit

Das Grundlegendste, was wir an der Welt nicht zu schätzen wissen, so Heidegger in seinem Hauptwerk *Sein und Zeit*, ist die verblüffende Tatsache, dass es sie überhaupt gibt – die Tatsache, dass es etwas gibt und nicht nichts. Die meisten Philosophen und Wissenschaftler verbringen ihre Karriere damit, über *existierende* Dinge nachzudenken: welche Arten von Dingen es gibt, woher sie kommen, wie sie sich zueinander verhalten und so weiter. Doch wir haben vergessen, darüber zu staunen, dass es die Dinge *überhaupt* gibt – dass eine »Umwelt« im Heidegger'schen Sinne überhaupt existiert.[4] Diese Tatsache – die Tatsache, dass es überhaupt ein *Sein* gibt – ist »die nackte Realität, an der wir uns alle ständig die Zehen stoßen sollten«, wie es die Schriftstellerin Sarah Bakewell so treffend formuliert.[5] Stattdessen aber entgeht sie uns fast immer.

Nachdem Heidegger unsere Aufmerksamkeit auf dieses Grundproblem des »Seins« an sich gelenkt hat, wendet er sich als Nächstes dem Menschen zu, und zwar unserer besonderen Art des Seins. Was bedeutet es für ein menschliches Wesen, zu sein? (Mir ist klar, dass dies langsam wie ein schlechter Comedy-Sketch über Philosophen klingt, die sich in wilden Abstraktionen verlieren. Ich fürchte, das wird über die folgenden Absätze noch etwas schlimmer werden, bevor es besser wird.) Seine Antwort lautet, dass unser Dasein ganz und gar mit unserer endlichen Zeit verbunden ist. So sehr, dass die beiden synonym sind: Sein bedeutet für den Menschen vor allem, zeitlich zu existieren, in der Zeitspanne zwischen Geburt und Tod, in der Gewissheit, dass das Ende kommen wird, ohne dass wir wissen können, wann. Meist sprechen wir davon, dass wir nur eine begrenzte Zeitspanne zur Verfügung haben. Aus Heideggers seltsamer Perspektive heraus wäre es jedoch vielleicht sinnvoller zu sagen, dass wir eine begrenzte Zeit *sind.* So sehr definiert uns unsere begrenzte Zeit.

Seit Heidegger diese Behauptung aufgestellt hat, sind sich die Philosophen uneins darüber, was genau es bedeuten könnte zu sagen, dass wir Zeit *sind* – manche haben sogar behauptet, es bedeute gar nichts –, sodass wir uns nicht an dem Versuch aufhalten sollten, dies präzise zu klären. Es genügt, daraus die Einsicht zu gewinnen, dass jeder Augenblick einer menschlichen Existenz ganz und gar von der Tatsache dessen durchdrungen ist, was Heidegger unsere »Endlichkeit« nennt. Unsere begrenzte Zeit ist nicht nur eines von vielen Dingen, die wir zu bewältigen haben, sondern sie ist das, was uns als Menschen ausmacht, bevor wir überhaupt anfangen, etwas zu bewältigen. Bevor ich mir die Frage stellen kann, was ich mit meiner Zeit anfangen soll, bin ich schon in die Zeit *hineingeworfen,* in diesen Moment, in meine Lebensgeschichte, die mich zu dem gemacht hat, was ich bin, und aus der ich nie wieder herauskomme. Wenn ich in die Zukunft blicke, sehe ich mich ebenfalls durch meine Endlichkeit eingeschränkt: Ich werde auf dem Fluss der Zeit vorwärtsgetragen, ohne die Möglichkeit, dem Strom zu entkommen, immer weiter auf meinen unvermeidlichen Tod zu – der, um die Sache noch etwas heikler zu machen, jeden Augenblick eintreten kann.

In dieser Situation ist jede Entscheidung, die ich treffe, um überhaupt etwas mit meiner Zeit anzufangen, bereits radikal begrenzt. Dies gilt zum einen in einem rückblickenden Sinne, weil ich bereits bin, wer ich bin und wo ich bin, was bestimmt, welche Möglichkeiten mir offenstehen. Doch auch hinsichtlich der Zukunft ist jede Entscheidung extrem begrenzt, nicht zuletzt deshalb, weil eine Entscheidung für eine bestimmte Sache automatisch bedeutet, dass eine unendliche Anzahl möglicher Alternativen geopfert wird. Indem ich im Laufe des Tages Hunderte von kleinen Entscheidungen treffe, baue ich mir ein Leben auf – aber gleichzeitig schließe ich die Möglichkeit unzähliger anderer für immer aus. (Das ursprüngliche lateinische Wort für »entscheiden«, *decidere,* bedeutet »abschneiden«, wie das Abtrennen von Alternativen; es ist ein naher Verwandter von Wörtern wie »Mord« und »Selbstmord«.) Jedes endliche Leben – selbst das beste, das man sich vorstellen kann – besteht somit darin, sich unaufhörlich von Möglichkeiten zu verabschieden.

Die einzige wirkliche Frage angesichts all dieser Endlichkeit ist, ob wir bereit sind, uns ihr zu stellen oder nicht. Für Heidegger ist dies die zentrale Herausforderung der menschlichen Existenz: Da die Endlichkeit unser Leben bestimmt, bedeutet ein wahrhaft authentisches Leben – also voll und ganz Mensch zu werden –, sich dieser Tatsache zu stellen. Wir müssen unser Leben, soweit es uns möglich ist, in klarer Erkenntnis unserer Begrenztheit führen, in der nüchternen Daseinsweise, die Heidegger »Sein-zum-Tode« nennt, in dem Bewusstsein, dass dies *alles* ist, dass das Leben keine Generalprobe ist, dass jede Entscheidung unzählige Opfer erfordert und dass die Zeit immer bereits abläuft – ja dass sie heute, morgen oder nächsten Monat ablaufen kann. Es geht also nicht nur darum, jeden Tag so zu verbringen, »als wäre es der letzte«, wie das Klischee besagt. Es geht darum, dass er es tatsächlich sein könnte. Man kann nicht mit einem einzigen Moment in der Zukunft fest rechnen.

Aus herkömmlicher Sicht klingt das alles natürlich äußerst morbide und anstrengend. Doch in dem Maße, in dem es einem gelingt, diese Lebensanschauung zu erreichen, sieht man das Leben nicht mehr aus herkömmlicher Sicht – und »morbide und anstrengend« ist das alles keineswegs, jedenfalls Heidegger zufolge. Im Gegenteil, es ist die einzige Möglichkeit für einen endlichen Menschen, voll und ganz zu leben, im Umgang mit anderen Menschen als vollwertiger Mensch zu agieren und die Welt so zu erleben, wie sie wirklich ist. Was aus dieser Sicht wirklich morbide ist, ist das, was die meisten Menschen die meiste Zeit über tun, anstatt sich ihrer Endlichkeit zu stellen, nämlich sich der Vermeidung und Verleugnung hinzugeben, was Heidegger als »Verfallen« bezeichnet. Anstatt unser Leben in die Hand zu nehmen, suchen wir nach Ablenkungen oder verlieren uns in Geschäftigkeit und Alltagstrott, um zu versuchen, unsere eigentliche Misere zu vergessen. Oder wir versuchen, uns vor der schwierigen Entscheidung zu drücken, was wir mit unserer begrenzten Zeit anfangen wollen, indem wir uns einreden, dass wir überhaupt keine Wahl hätten – dass wir heiraten oder in einem seelisch zermürbenden Job bleiben müssen oder sonst irgendetwas, nur weil es gerade so üblich ist. Oder wir versuchen vergeblich (wie wir im vorigen Kapitel gesehen haben), »alles zu erledigen«, was in Wirklichkeit eine andere Art ist, sich der Verantwortung zu entziehen, darüber zu entscheiden, was man mit seiner endlichen Zeit anfangen soll – denn wenn man tatsächlich alles erledigen könnte, müsste man nie zwischen sich gegenseitig ausschließenden Möglichkeiten wählen. Das Leben ist in der Regel angenehmer, wenn man der Wahrheit auf diese Weise aus dem Weg geht. Aber es ist eine lähmende, tödliche Art von Bequemlichkeit. Nur wenn wir uns unserer Endlichkeit stellen, können wir einen wirklich wahrhaftigen Zugang zum Leben finden.

Realistisch denken

In seinem 2019 erschienenen Buch *This Life* erklärt der schwedische Philosoph Martin Hägglund dies alles etwas verständlicher und weniger mystisch, indem er den Gedanken, die eigene Endlichkeit zu akzeptieren, dem religiösen Glauben an ein ewiges Leben gegenüberstellt. Wenn man wirklich glaubte, man könnte ewig leben, so Hägglund, dann wäre nichts wirklich wichtig, weil man nie vor der Entscheidung stünde, einen Teil seines kostbaren Lebens für etwas zu verwenden oder nicht. »Wenn ich glaubte, dass mein Leben ewig währte, hätte ich nie das Gefühl, dass es um mein Leben ginge, und es bestünde für mich nie die Notwendigkeit, irgendetwas mit meiner Zeit anzufangen«, schreibt er.[6] Die Ewigkeit wäre sterbenslangweilig, denn immer, wenn man sich fragte, ob man an einem bestimmten Tag irgendetwas tun solle oder nicht, lautete die Antwort stets: Wen kümmert's? Schließlich gibt es immer ein Morgen und ein Übermorgen und ein Überüberüber… Hägglund zitiert eine

Schlagzeile aus der Zeitschrift *U.S. Catholic,* die den Eindruck erweckt, als wäre sie von einem frommen Gläubigen verfasst worden, dem plötzlich eine erschreckende Möglichkeit dämmert: »Wird es im Himmel langweilig sein?«

Als Kontrast dazu schildert Hägglund den jährlichen Sommerurlaub, den er mit seiner Großfamilie in einem Haus an der windgepeitschten Ostseeküste Schwedens verbringt. Es gehört zum besonderen Wert dieses Erlebnisses, dass er es nicht ewig erleben wird, dass seine Verwandten es irgendwann auch nicht mehr erleben werden, dass seine Beziehungen zu seinen Verwandten also auch nur temporär sind – und dass selbst die Küstenlinie in ihrer heutigen Form ein vergängliches Phänomen ist, da durch den zwölftausendjährigen Rückzug der Gletscher in der Region immer wieder neues Festland entsteht. Wenn Hägglund unendlich viele dieser Sommerurlaube sicher wären, wäre kein einziger davon besonders wertvoll; erst die Gewissheit, dass er definitiv nicht unendlich viele davon haben wird, macht sie wertvoll. Nur aus dieser Position heraus, in der man das Endliche wertschätze, weil es endlich sei, so Hägglund, könne man sich wirklich um die Auswirkungen einer kollektiven Gefahr wie des Klimawandels kümmern, der die Landschaft in seinem Heimatland verändere. Wäre unser irdisches Dasein nur das Vorspiel zu einer Ewigkeit im Himmel, wären Bedrohungen dieses Daseins in letzter Konsequenz nicht von Bedeutung.

Wenn man nicht religiös ist – und vielleicht sogar, wenn man es ist –, glaubt man natürlich nicht an das ewige Leben in einem wörtlichen Sinne. Wer es jedoch versäumt, sich nicht mit der Wahrheit der eigenen Endlichkeit auseinanderzusetzen – und sich stattdessen auf einer unterbewussten Ebene einredet, er habe alle Zeit der Welt oder sei in der Lage, unendlich viel in die zur Verfügung stehende Zeit hineinzupacken –, sitzt im Grunde im selben Boot. Diese Menschen verleugnen die Tatsache, dass ihre Zeit begrenzt ist; wenn es also darum geht zu entscheiden, wie sie einen bestimmten Teil dieser Zeit nutzen wollen, kann für sie nichts wirklich auf dem Spiel stehen. Indem wir uns bewusst mit der Gewissheit des Todes und dem, was daraus folgt, auseinandersetzen, kommen wir endlich ganz in unserem Leben an.

Das ist der wahre Kern des Klischees, wenn Prominente behaupten, eine Krebserkrankung sei »das Beste gewesen, was passieren konnte«. Sie versetzt einen in einen authentischeren Seinsmodus, in dem sich alles plötzlich lebendiger anfühlt. Solche Schilderungen erwecken manchmal den Eindruck, die Menschen würden tatsächlich glücklicher, wenn sie sich der Wahrheit über den Tod stellen, was jedoch nicht der Fall ist; »glücklicher« ist eindeutig das falsche Wort für die neue Tiefe, die das Leben gewinnt, wenn man tief im Innersten die Tatsache begreift, dass man sterben wird und die eigene Zeit daher stark begrenzt ist. Tatsächlich wird alles *realer.* Wie sie sich in ihren Memoiren *The Iceberg* erinnert, brachte die britische Bildhauerin Marion Coutts gerade ihren zweijährigen Sohn zu seinem ersten Tag bei einer neuen Betreuungsperson, als ihr Mann, der Kunstkritiker Tom Lubbock, zu ihr kam, um ihr von dem bösartigen Hirntumor zu erzählen, an dem er drei Jahre später starb:

> Es ist etwas geschehen. Eine Nachricht. Wir haben eine Diagnose erhalten, die den Stellenwert eines Ereignisses hat. Die Nachricht stellt einen Bruch mit dem dar, was vorher war: sauber, vollständig und total, außer in einer Hinsicht. Es scheint, dass wir nach dem Ereignis die Ent-

> scheidung treffen zu bleiben. Unsere [Familien-] Einheit steht…
>
> Wir lernen etwas. Wir sind sterblich. Man könnte sagen, dass man das weiß, aber man weiß es nicht. Die Nachricht fällt genau zwischen einen Moment und einen anderen. Man sollte nicht meinen, dass es für so etwas eine Lücke gäbe… Es ist, als ob ein neues physikalisches Gesetz für uns maßgeschneidert formuliert worden wäre: absolut, wie alle anderen auch, und doch erschreckend beiläufig. Es ist ein Gesetz der Wahrnehmung. Es besagt: *Du wirst alles verlieren, was dir ins Auge fällt.*[7]

Falls das noch gesagt werden muss: Es geht nicht darum, dass die Diagnose einer tödlichen Krankheit, ein Trauerfall oder eine andere Begegnung mit dem Tod irgendwie gut oder wünschenswert oder »lohnenswert« wären. Dennoch scheinen diejenigen, die solche Erfahrungen machen – so unwillkommen diese auch sein mögen –, nicht selten ein neues und ehrlicheres Verständnis für die Zeit zu erlangen. Die Frage ist, ob wir auch ohne die Erfahrung eines quälenden Verlustes zumindest teilweise eine solche Einstellung erreichen könnten. Schriftsteller haben sich schwergetan, die besondere Qualität zu vermitteln, die diese Form des Seins dem Leben verleiht, denn »glücklicher« ist zwar falsch, aber »trauriger« trifft es auch nicht. Man könnte sie »helle Traurigkeit« nennen (wie der Priester und Autor Richard Rohr),[8] »trotzige Freude« (der Dichter Jack Gilbert),[9] oder »nüchterne Fröhlichkeit« (der Heidegger-Forscher Bruce Ballard).[10] Man könnte aber auch einfach von der Begegnung mit dem wirklichen Leben und der brutalen Realität unserer endlichen Wochen sprechen.

Alles ist geborgte Zeit

An dieser Stelle sollte ich zugeben, dass ich mein eigenes tägliches Leben leider nicht in einem Zustand ständiger Akzeptanz meiner Sterblichkeit lebe. Vielleicht tut das niemand. Was ich jedoch bestätigen kann, ist, dass man, wenn man die Sichtweise, die wir hier erforschen, auch nur im Ansatz übernimmt – wenn man seine Aufmerksamkeit, wie kurz oder gelegentlich auch immer, auf die schiere Erstaunlichkeit des *Seins* richtet und erkennt, wie wenig man von diesem Sein abbekommt –, eine spürbare Veränderung des Gefühls erfahren kann, hier und jetzt zu sein, lebendig im Fluss der Zeit. (Oder als Fluss der Zeit, wie ein Heideggerianer sagen würde.) Von einem alltäglichen Standpunkt aus betrachtet, erscheint die Tatsache, dass das Leben endlich ist, wie eine schreckliche Beleidigung, »eine Art persönlicher Affront, ein Wegnehmen der eigenen Zeit«, wie es ein Wissenschaftler ausdrückt.[11] Man hatte vor, ewig zu leben – und zwar, in den Worten von Woody Allen, nicht in den Herzen seiner Landsleute, sondern in seiner Wohnung –, aber jetzt kommt die Sterblichkeit daher, um einem das Leben zu stehlen, das einem zusteht.

Bei näherer Betrachtung zeigt sich darin eine bemerkenswerte Anspruchshaltung. Warum geht man davon aus, dass unendlich viel Zeit die Norm sei und die Sterblichkeit eine unerhörte Normverletzung? Oder anders gefragt: Warum sollte man 4000 Wochen als sehr geringe Zahl betrachten, weil sie im Vergleich zur Unendlichkeit so verschwindend ist, anstatt sie als gewaltige Zahl zu sehen, weil es so viele Wochen mehr sind, als wenn man nie geboren worden wäre? Natürlich wird nur jemand, der nicht erkannt hat, wie bemerkenswert es ist, dass überhaupt etwas *ist,* sein eigenes Dasein als derart selbstverständlich hinnehmen – als ob es etwas wäre, worauf man ein Anrecht hat und das man sich nicht nehmen lassen darf. Möglicherweise ist es nicht so, dass man um einen unbegrenzten Vorrat an Zeit betrogen wurde; vielleicht ist es ein fast unbegreifliches Wunder, dass einem überhaupt Zeit gewährt wurde.

Der kanadische Schriftsteller David Cain begriff all dies im Sommer 2018 auf einen Schlag, als er eine Veranstaltung im Greektown-Viertel von Toronto besuchte. Der Abend selbst verlief ohne besondere Vorkommnisse: »Ich war früh dran«, erinnert er sich, »also verbrachte ich einige Zeit in einem nahe gelegenen Park und schaute mir dann die Geschäfte und Restaurants auf der Danforth Avenue an. Vor einer Kirche blieb ich stehen, um mir die Schuhe zu binden. Ich erinnere mich, dass ich nervös war, weil ich eine Menge neuer Leute kennenlernen würde.«[12] Zwei Wochen später schoss ein geistesgestörter Mann auf demselben Straßenabschnitt um sich. Er traf 14 Menschen, zwei davon tödlich, dann richtete er sich selbst. Rational betrachtet war Cain der Katastrophe nicht knapp entkommen, wie er selbst einräumt; jeden Tag gehen Tausende von Menschen die Danforth Avenue entlang, und er hatte die Schießerei schließlich nicht nur um wenige Minuten verpasst. Dennoch war das Gefühl, dass er von den Schüssen hätte getroffen werden können, stark genug, um zu begreifen, was es bedeutete, dass dies nicht der Fall gewesen war. Später schrieb er: »Als ich mir Videos von Augenzeugenberichten anschaute, darunter einige vor der Kirche, wo ich meine Schuhe gebunden hatte, und an der Ecke, wo ich nervös herumgestanden hatte, brachte mir das eine wichtige Erkenntnis: Ich bin zufällig am Leben, und es gibt kein kosmisches Gesetz, das mich zu diesem Status berechtigt.

Am Leben zu sein ist reiner Zufall, und kein einziger weiterer Tag ist garantiert.«

Ich habe festgestellt, dass diese Art von Perspektivwechsel eine besonders auffällige Wirkung auf das Erleben alltäglicher Ärgernisse hat – auf meine Reaktion auf Verkehrsstaus und Warteschlangen an Flughäfen, auf Babys, die nach fünf Uhr morgens nicht mehr schlafen wollen, und auf Geschirrspüler, die ich offenbar heute Abend wieder ausräumen muss, obwohl ich (man kennt das ja) das doch gestern schon getan habe. Es ist mir peinlich zuzugeben, wie sehr sich solche kleinen Frustrationen im Laufe der Jahre auf meine Lebensfreude ausgewirkt haben. Ziemlich oft tun sie das auch heute noch, am schlimmsten aber war der Effekt auf dem Höhepunkt meines Produktivitätsfimmels. Denn wenn man versucht, seine Zeit in den Griff zu bekommen, gibt es kaum etwas Ärgerlicheres als eine Aufgabe oder eine Verzögerung, die einem gegen den eigenen Willen aufgezwungen wird, ohne Rücksicht auf den Zeitplan, den man mühsam in seinem überteuerten Notizbuch erstellt hat. Setzt man sich jedoch mit der Tatsache auseinander, dass man überhaupt *in der Lage ist,* eine ärgerliche Erfahrung zu machen, sieht die Sache schon ganz anders aus. Auf einmal kann es unglaublich erscheinen, überhaupt da zu sein und Dinge zu erleben, was viel wichtiger ist als die Tatsache, dass es sich um lästige Dinge handelt. Der britische Umweltberater Geoff Lye erzählte mir einmal, dass er nach dem plötzlichen und vorzeitigen Tod seines Freundes und Kollegen David Watson im Stau gestanden habe und nicht, wie sonst üblich, vor Wut die Fäuste geballt, sondern sich stattdessen gefragt habe: »Was hätte David dafür gegeben, in diesem Stau zu stehen?« Dasselbe galt für Warteschlangen in Supermärkten und Service-Hotlines, die ihn zu lange in der Warteschleife hielten.

Lye konzentrierte sich nicht mehr ausschließlich darauf, was er in solchen Momenten tat oder was er stattdessen lieber tun würde; jetzt erkannte er auch, *dass* er es tat, und zwar mit einem Anflug von Dankbarkeit, die ihn überraschte.

Nun gilt es zu bedenken, was dies alles für die entscheidende und grundlegende Frage bedeutet, was man mit seiner begrenzten Zeit anfangen soll. Wie wir gesehen haben, ist es eine Tatsache, dass man als endlicher Mensch immer schwierige Entscheidungen treffen muss – so musste ich zum Beispiel heute Nachmittag, als ich mich einer Sache widmete, die mir wichtig war (dem Schreiben), zwangsläufig auf viele andere Dinge verzichten, die ebenfalls wichtig waren (wie das Spielen mit meinem Sohn). Es ist ganz natürlich, diese Situation als höchst bedauerlich zu betrachten und sich nach einer alternativen Version des Daseins zu sehnen, in der wir nicht auf diese Weise zwischen wertvollen Aktivitäten wählen müssten. Doch wenn es schon ein Wunder ist, dass einem überhaupt ein Dasein vergönnt ist, wenn »das ganze Leben nur geliehene Zeit ist«, wie Cain angesichts der Berichterstattung über die Schießerei in der Danforth Avenue feststellte, wäre es dann nicht sinnvoller, nicht davon zu sprechen, dass man solche Entscheidungen treffen *muss,* sondern dass man sie treffen *darf?* Unter diesem Gesichtspunkt erscheint die Situation weitaus weniger bedauerlich: Jede Entscheidung wird zu einer Gelegenheit, aus einem verlockenden Menü von Möglichkeiten zu wählen, obwohl man das Menü ebenso gut gar nicht erst hätte vorgesetzt bekommen können. Es hat dann keinen Sinn mehr, sich dafür zu bedauern, dass man um alle anderen Möglichkeiten betrogen wurde.

In dieser Situation ist eine Entscheidung – die Auswahl eines Menüpunktes – keineswegs eine Niederlage, sondern eine Bejahung. Es ist die positive Verpflichtung, einen bestimmten Teil der Zeit mit *diesem* anstelle von *jenem* zu verbringen – und zwar anstelle einer unendlichen Anzahl anderer Möglichkeiten –, weil *dies,* so hat man beschlossen, im Augenblick das Wichtigste ist. Mit anderen Worten: Gerade die Tatsache, dass ich diesen Nachmittag auf eine andere und vielleicht ebenso wertvolle Weise hätte verbringen können, verleiht der Entscheidung, die ich getroffen habe, einen Sinn. Dasselbe gilt natürlich auch für ein ganzes Leben. So verleiht zum Beispiel die Tatsache, dass eine Heirat die Möglichkeit ausschließt, sich nach anderen, potenziell besseren Partnern umzusehen, der Ehe erst ihren Sinn. Das Hochgefühl, das sich bisweilen einstellt, wenn man diese Wahrheit über die Endlichkeit erkennt, wird auch als »Freude, etwas zu verpassen« bezeichnet, als bewusster Gegensatz zur »Angst, etwas zu verpassen«. Es ist die aufregende Erkenntnis, dass man eigentlich gar nicht alles machen *möchte,* denn wenn man sich nicht entscheiden *müsste,* was man verpassen möchte, hätten die Entscheidungen, die man trifft, keinen wirklichen Sinn. In diesem Bewusstsein kann man akzeptieren, dass man auf bestimmte Vergnügungen verzichtet oder bestimmte Verpflichtungen vernachlässigt, denn was auch immer man stattdessen tut – Geld verdienen, um die Familie zu ernähren, einen Roman schreiben, das Kleinkind baden, auf einem Wanderweg eine Pause einlegen, um zuzusehen, wie die blasse Wintersonne in der Abenddämmerung hinter dem Horizont versinkt –, ist Resultat einer Entscheidung darüber, wie man einen Teil der Zeit verbringt, auf die man nie einen Anspruch hatte.

4

Gekonnt aufschieben

Vielleicht besteht aber auch die Gefahr, dass wir bei alledem ein bisschen zu metaphysisch werden. Viele Philosophen, die sich mit dem Thema der menschlichen Endlichkeit beschäftigt haben, zögern, ihre Beobachtungen in praktische Ratschläge umzusetzen, weil das den Beigeschmack von Selbsthilfe hat (und der Himmel bewahre uns davor, dass jemand sich selbst helfen will). Dennoch haben ihre Erkenntnisse konkrete Auswirkungen auf das tägliche Leben. Vor allem machen sie deutlich, dass es beim Umgang mit unserer begrenzten Zeit nicht darum geht, wie wir alles bewältigen können – das wird nie gelingen –, sondern darum, wie wir am klügsten entscheiden können, was wir *nicht* tun sollen, und wie wir gelassen bleiben können, wenn wir es nicht tun. Wie der amerikanische Autor und Lehrer Gregg Krech es ausdrückt, müssen wir lernen, besser im Prokrastinieren zu werden.[1] Prokrastination in irgendeiner Form ist unvermeidlich: Tatsächlich schiebt man zu jedem gegebenen Zeitpunkt fast alles vor sich her, und am Ende seines Lebens wird man praktisch nichts von dem geschafft haben, was man theoretisch hätte tun können. Es geht also nicht darum, die Prokrastination zu überwinden, sondern darum, klüger auszuwählen, was man aufschiebt, um sich auf das Wesentliche zu konzentrieren. Der wirkliche Maßstab für jede Zeitmanagementtechnik ist, ob sie dabei hilft, die *richtigen* Dinge zu vernachlässigen.

Ein Großteil dieser Techniken tut das nicht. Sie machen alles nur noch schlimmer. Die meisten Produktivitätsexperten fungieren lediglich als Erfüllungsgehilfen unserer Zeitprobleme, indem sie uns suggerieren, es wäre weiterhin möglich, alles zu bewältigen. Viele von uns kennen wohl das außerordentlich nervige Gleichnis von den Steinen im Glas, das Stephen Covey 1994 in seinem Buch *Der Weg zum Wesentlichen* in die Welt gesetzt hat und das in Produktivitätszirkeln seither bis zum Überdruss gepredigt wird.[2] In der Version, die ich am besten kenne, kommt ein Lehrer eines Tages mit mehreren größeren Steinen, ein paar Kieselsteinen, einem Beutel voll Sand und einem großen Glas in die Klasse. Er stellt seine Schüler vor eine Herausforderung: Schaffen sie es, alle Steine, Kieselsteine und den Sand in das Glas zu bekommen? Die Schüler, die geistig offenbar etwas träge sind, versuchen zuerst, die Kieselsteine oder den Sand hineinzugeben, um dann festzustellen, dass die großen Steine nicht mehr hineinpassen. Schließlich – und zweifellos mit einem tröstenden Lächeln – demonstriert der Lehrer die Lösung: Er gibt zuerst die Steine hinein, dann die Kieselsteine, dann den Sand, sodass sich die kleineren Gegenstände von selbst in die Zwischenräume der größeren einfügen. Die Moral der Geschichte ist, dass man, wenn man sich für die wichtigsten Dinge zuerst Zeit nimmt, sie alle erledigen kann und dabei noch genügend Raum für weniger wichtige Dinge hat. Wenn man seine Aufgabenliste jedoch nicht in dieser Reihenfolge abarbeitet, wird man die wichtigeren Dinge gar nicht erledigen können.

Hier endet die Geschichte – aber sie ist eine Lüge. Der

selbstgefällige Lehrer ist unehrlich. Er hat seine Demonstration manipuliert, indem er nur ein paar große Steine ins Klassenzimmer mitgebracht hat, weil er weiß, dass sie alle in das Glas passen werden. Das eigentliche Problem des Zeitmanagements ist heute jedoch nicht, dass wir schlecht darin sind, die großen Steine zu priorisieren. Vielmehr gibt es zu viele Steine – und die meisten davon schaffen es nicht einmal in die Nähe des Glases. Die entscheidende Frage ist daher nicht, wie man zwischen wichtigen und unwichtigen Aktivitäten unterscheiden kann, sondern was zu tun ist, wenn viel zu viele Dinge zumindest als einigermaßen wichtig empfunden werden und somit »große Steine« darstellen. Glücklicherweise haben sich eine Handvoll kluger Köpfe mit genau diesem Dilemma befasst, und ihre Ratschläge konzentrieren sich auf drei Hauptprinzipien.

Die Kunst kreativen Vernachlässigens

Grundsatz Nummer eins lautet, dass man, wenn es um Zeit geht, *zuerst sich selbst bezahlen* sollte. Diesen Satz habe ich mir von der Comicautorin und Kreativitätstrainerin Jessica Abel geborgt, die ihn wiederum aus der Welt der persönlichen Finanzen übernommen hat, wo er schon lange ein Glaubensartikel ist, weil er funktioniert.[3] Wenn man am Tag des Gehaltseingangs einen Teil des Geldes auf die Seite legt, um es zu sparen, zu investieren oder Schulden zu tilgen, spürt man das Fehlen des Geldes wahrscheinlich gar nicht; man geht seinen alltäglichen Geschäften nach – kauft Lebensmittel ein, bezahlt Rechnungen –, als hätte man diesen Teil des Geldes nie gehabt. (Natürlich gibt es Grenzen: Dieser Plan funktioniert nicht, wenn man gerade genug zum

Überleben verdient.) Wenn man aber, wie die meisten Menschen, stattdessen »sich selbst zuletzt bezahlt« – indem man kauft, was man braucht, und hofft, dass am Ende etwas Geld bleibt, das man in die Ersparnisse stecken kann –, stellt man in der Regel fest, dass nichts übrig ist. Und das liegt nicht unbedingt daran, dass man das Geld leichtfertig für Latte Macchiato, Pediküre, neue elektronische Geräte oder Heroin verprasst hat. Jede Ausgabe mag in dem Moment, in dem sie getätigt wurde, äußerst sinnvoll und notwendig gewesen sein. Das Problem ist, dass wir schlecht langfristig planen können: Wenn uns etwas jetzt wichtig erscheint, können wir kaum abschätzen, ob das auch in einer Woche oder einem Monat noch so sein wird. Somit irren wir naturgemäß auf der Ausgabenseite – und fühlen uns später schlecht, wenn nichts zum Sparen übrig ist.

Diese Logik lässt sich Abel zufolge auch auf die Zeit anwenden. Wenn man versucht, Zeit für seine wertvollsten Aktivitäten zu finden, indem man sich zuerst um alle anderen wichtigen Anforderungen an seine Zeit kümmert, in der Hoffnung, dass am Ende noch etwas übrig bleibt, wird man enttäuscht sein. Wenn eine bestimmte Aktivität also wirklich wichtig ist – zum Beispiel ein kreatives Projekt, die Pflege einer Beziehung oder der Kampf für eine bestimmte Sache –, dann ist der einzige Weg, um sicherzugehen, dass sie auch wirklich stattfindet, dass man heute etwas davon tut, egal wie wenig und egal, wie viele andere wirklich wichtige Dinge um Aufmerksamkeit buhlen mögen. Nachdem sie jahrelang erfolglos versucht hatte, Zeit für ihre Illustrationen zu gewinnen, indem sie ihre Aufgabenliste abarbeitete und ihren Zeitplan umstellte, erkannte Abel, dass ihre einzige Möglichkeit darin bestand, sich stattdessen Zeit zu *nehmen* – einfach jeden Tag ein oder zwei Stunden zu zeichnen und die Konsequenzen zu tragen, selbst wenn diese darin bestanden, andere Aktivitäten zu vernachlässigen, die ihr ebenfalls am Herzen lagen. »Wenn man jetzt nicht jede Woche ein bisschen Zeit für sich selbst einplant«, sagt sie, »gibt es keinen Moment in der Zukunft, an dem man auf wundersame Weise mit allem fertig ist und jede Menge freie Zeit hat.« Dies ist dieselbe Einsicht, die in zwei altbewährten Ratschlägen zum Zeitmanagement zum Ausdruck kommt: Arbeiten Sie in der ersten Stunde eines jeden Tages an Ihrem wichtigsten Projekt, und schützen Sie Ihre Zeit, indem Sie »Besprechungen« mit sich selbst vereinbaren und diese in Ihrem Kalender markieren, damit andere Dinge nicht dazwischenkommen können. Mit dem Gedanken, »sich selbst den Vortritt zu lassen«, werden diese Tipps zu einer Lebensphilosophie, in deren Mittelpunkt folgende simple Erkenntnis steht: Wenn man einen Teil seiner 4000 Wochen damit verbringen will, das zu tun, was einem am wichtigsten ist, dann muss man irgendwann damit anfangen.

Das zweite Prinzip besteht darin, *die Zahl der laufenden Projekte zu begrenzen.* Vielleicht ist es am verlockendsten, sich der Wahrheit über die begrenzte Zeit zu widersetzen, indem man eine große Anzahl von Projekten auf einmal in Angriff nimmt; auf diese Weise hat man das Gefühl, viele Eisen im Feuer zu haben und an allen Fronten Fortschritte zu machen. Stattdessen macht man in der Regel an keiner Front Fortschritte, denn jedes Mal, wenn ein Projekt schwierig, beängstigend oder langweilig wird, kann man sich einem anderen Projekt zuwenden. So behält man zwar das Gefühl, die Dinge unter Kontrolle zu haben, aber um den Preis, dass man nie etwas Wichtiges zu Ende bringt.

Der alternative Ansatz ist die Definition einer festen

Obergrenze für die Anzahl der Dinge, die man gleichzeitig bearbeiten darf. In ihrem Buch *Personal Kanban* beschreiben die Managementexperten Jim Benson und Tonianne DeMaria Barry diese Strategie ausführlich und schlagen vor, nicht mehr als drei Aufgaben zu bearbeiten.[4] Sobald man sich für diese Aufgaben entschieden hat, müssen alle anderen eingehenden Anforderungen an die eigene Zeit warten, bis eine der drei Aufgaben abgeschlossen ist, wodurch ein Platz frei wird. (Es ist auch möglich, einen Platz frei zu machen, indem man ein Projekt ganz aufgibt, wenn es nicht funktioniert. Es geht nicht darum, sich zu zwingen, alles zu Ende zu bringen, was man anfängt, sondern vielmehr darum, die schlechte Angewohnheit loszuwerden, immer mehr halb fertige Projekte auf die lange Bank zu schieben.)

Diese eher bescheidene Änderung meiner Arbeitspraxis hatte eine verblüffend große Wirkung. Ich konnte nicht länger ignorieren, dass meine Kapazität begrenzt war, denn jedes Mal, wenn ich eine neue Aufgabe auf meiner To-do-Liste als einen meiner drei in Arbeit befindlichen Punkte auswählte, musste ich alle anderen Aufgaben überdenken, die ich dadurch unweigerlich vernachlässigen müsste. Doch gerade weil ich gezwungen war, mich auf diese Weise mit der Realität zu konfrontieren und zu erkennen, dass ich *immer* die meisten Aufgaben vernachlässigte, um überhaupt an etwas zu arbeiten, und dass es einfach keine Option war, an allem gleichzeitig zu arbeiten, war das Ergebnis ein starkes Gefühl ungestörter Ruhe und eine wesentlich höhere Produktivität als in meinen Tagen als Produktivitätsfreak. Eine weitere erfreuliche Folge war, dass ich meine Projekte problemlos in überschaubare Teile zerlegte, eine Strategie, die ich lange Zeit in der Theorie befürwortet, aber nie richtig umgesetzt hatte. Es war klar, dass Aktivitäten wie »Buch schreiben« oder »Umzug« als laufende Aufgaben das System monatelang verstopfen würden, und so war ich natürlich motiviert, stattdessen den jeweils nächsten erreichbaren Schritt zu finden. Anstatt zu versuchen, alles zu erledigen, fiel es mir leichter, die Wahrheit zu akzeptieren, dass ich an einem bestimmten Tag nur einige wenige Dinge tun konnte. Der Unterschied war diesmal, dass ich sie tatsächlich tat.

Das dritte Prinzip besteht darin, *der Verlockung mittlerer Prioritäten zu widerstehen*. Es gibt eine Geschichte, die Warren Buffett zugeschrieben wird – wenn auch wahrscheinlich nur in der apokryphen Art und Weise, in der weise Einsichten Albert Einstein oder Buddha zugeschrieben werden, unabhängig von ihrer tatsächlichen Quelle –, in welcher der berühmt-berüchtigte, gerissene Investor von seinem Privatpiloten gefragt wird, wie er Prioritäten setzen solle.[5] Ich wäre versucht zu entgegnen: »Konzentrieren Sie sich auf das Fliegen des Flugzeugs!« Offenbar hat dies aber nicht während eines Fluges stattgefunden, denn Buffetts Antwort lautete anders: Er riet dem Mann, eine Liste mit den 25 wichtigsten Dingen zu erstellen, die er sich vom Leben erhoffe, und diese dann in eine Reihenfolge zu bringen, die vom Wichtigsten zum Unwichtigsten verlaufe. Nach den fünf wichtigsten Dingen solle er seine Zeit einteilen, so Buffett. Die verbleibenden zwanzig seien – anders, als der Pilot vielleicht erwartet hatte – nicht die zweitrangigen Prioritäten, denen er sich zuwenden solle, wenn er Gelegenheit dazu habe. Weit gefehlt. Vielmehr seien es diejenigen, die es um jeden Preis aktiv zu vermeiden gelte: Diese Vorhaben seien ihm nicht wichtig genug, um den Kern seines Lebens zu bilden, aber verführerisch genug, um ihn von den wichtigsten abzulenken.

Man muss nicht unbedingt eine Ziele-Liste erstellen

(ich persönlich tue das nicht), um den Grundgedanken zu begreifen: In einer Welt mit zu vielen großen Steinen sind es die mäßig verlockenden – eine halbwegs interessante Arbeitsstelle, eine halbwegs angenehme Freundschaft –, an denen ein normales Leben scheitern kann. Es ist ein Selbsthilfeklischee, dass die meisten von uns lernen müssen, besser Nein zu sagen. Wie die Schriftstellerin Elizabeth Gilbert anmerkt, könnte man nun meinen, es gehe lediglich darum, gewisse lästige Dinge beherzt abzulehnen, die man von vornherein nicht tun wollte. Tatsächlich aber, so erklärt sie, »ist es viel schwieriger als das. Man muss lernen, zu Dingen, die man tun *möchte,* Nein zu sagen, in dem Bewusstsein, dass man nur ein Leben hat.«[6]

Perfektion und Lähmung

Wenn sich geschicktes Zeitmanagement vor allem dadurch definiert, dass man lernt, gut zu prokrastinieren, indem man sich der Wahrheit über seine Begrenztheit stellt und seine Entscheidungen entsprechend trifft, dann ist die *andere* Form des Prokrastinierens – die schlechte Art, die uns daran hindert, bei der Arbeit, die uns wichtig ist, Fortschritte zu machen – in der Regel ein Ergebnis des Versuchs, diese Wahrheit zu vermeiden. Der gute Prokrastinierer akzeptiert die Tatsache, dass er nicht alles erledigen kann, und entscheidet dann so klug wie möglich, auf welche Aufgaben er sich konzentriert und welche er vernachlässigt. Der schlechte Prokrastinierer hingegen ist wie gelähmt, weil er den Gedanken nicht ertragen kann, sich mit seinen Grenzen auseinanderzusetzen. Für ihn ist Prokrastination eine Strategie der emotionalen Vermeidung – ein Versuch, der psychischen Belastung zu entrinnen, die mit der Erkenntnis einhergeht, dass er ein endliches menschliches Wesen ist.

Die Beschränkungen, die wir mit dieser kontraproduktiven Form der Prokrastination vermeiden wollen, haben häufig nichts damit zu tun, wie viel wir in der zur Verfügung stehenden Zeit leisten können; in der Regel geht es vielmehr um die Sorge, dass wir nicht das Talent haben, ein Werk von ausreichender Qualität zu schaffen, dass andere nicht so darauf reagieren, wie wir es uns wünschen, oder dass sich insgesamt alles ganz anders entwickelt, als wir es uns vorstellen. Der Philosoph Costica Bradatan veranschaulicht dies anhand einer Fabel über einen Architekten aus dem persischen Schiras, der die schönste Moschee der Welt entwarf: ein atemberaubendes Bauwerk, umwerfend originell und doch klassisch ausgewogen, Ehrfurcht gebietend in seiner Größe und doch völlig unprätentiös.[7] Alle, die die Baupläne sahen, wollten sie kaufen oder stehlen; berühmte Baumeister flehten ihn an, ihnen die Aufgabe zu übertragen. Doch der Architekt schloss sich in seinem Arbeitszimmer ein und starrte drei Tage und Nächte lang auf die Pläne – dann verbrannte er sie. Er mochte ein Genie sein, aber er war auch ein Perfektionist: Die Moschee, die er sich vorstellte, war perfekt, und es quälte ihn, über die Kompromisse nachzudenken, die mit ihrer Verwirklichung einhergehen würden. Selbst der größte Baumeister würde unweigerlich daran scheitern, seine Pläne vollkommen akkurat umzusetzen; außerdem wäre er nicht imstande, seine Schöpfung vor dem Zahn der Zeit zu schützen – vor dem physischen Verfall oder vor marodierenden Armeen, die sie in Schutt und Asche legen würden. In die Welt der Endlichkeit einzutreten, indem er die Moschee tatsächlich baute, würde bedeuten, sich mit all dem auseinanderzusetzen, was er nicht tun konnte. Er zog es daher vor, eine ideale Vorstellung zu hegen, anstatt sich mit der Realität abzufinden, mit all ihren Grenzen und Unvorhersehbarkeiten.

Bradatan behauptet, dass wir, wenn wir etwas für uns Wichtiges auf die lange Bank schieben, meist dieselbe Denkweise in der einen oder anderen Form an den Tag legen. Wir erkennen nicht oder weigern uns zu akzeptieren, dass jeder Versuch, unsere Gedanken in die konkrete Realität umzusetzen, unweigerlich hinter unseren Träumen zurückbleiben muss, ganz gleich, wie gut es uns auch gelingen mag – weil die Realität, anders als die Fantasie, ein Bereich ist, in dem wir keine grenzenlose Kontrolle haben und unmöglich darauf hoffen können, unseren perfektionistischen Standards zu entsprechen. Irgendetwas – unsere begrenzten Talente, unsere begrenzte Zeit, unsere begrenzte Kontrolle über Ereignisse und über die Handlungen anderer Menschen – wird unsere Schöpfung immer weniger als perfekt machen. So entmutigend dies zunächst klingen mag, steckt darin doch eine befreiende Botschaft: Wenn man etwas vor sich herschiebt, weil man befürchtet, nicht gut genug zu sein, kann man sich entspannen – denn gemessen an den makellosen Maßstäben der eigenen Vorstellungskraft *kann* man es gar nicht gut genug machen. Also kann man auch gleich damit anfangen.

Diese Form der endlichkeitsvermeidenden Prokrastination ist keinesfalls auf die Arbeitswelt beschränkt. Auch in Beziehungen ist sie ein großes Problem, wo eine ähnliche Weigerung, der Wahrheit über die Endlichkeit ins Auge zu sehen, Menschen jahrelang in einer quälend zögerlichen Existenzweise gefangen halten kann. Als abschreckendes Beispiel sei hier der Fall des schlimmsten Partners aller Zeiten angeführt: Franz Kafka, dessen wichtigste romantische Beziehung an einem Sommerabend in Prag im Jahr 1912 begann, als er 29 Jahre alt war.[8] Bei einem Abendessen im Haus seines Freundes Max Brod lernte Kafka die Cousine seines Gastgebers kennen, die zu Besuch aus Berlin war. Felice Bauer war eine unabhängige 24-Jährige, die zuerst als Stenotypistin und dann als Prokuristin einer Schallplattenfirma bereits beruflich erfolgreich war, und ihre bodenständige Lebendigkeit gefiel dem neurotischen, selbstbezogenen Kafka. Über die Stärke der Gefühle in der anderen Richtung ist wenig bekannt, da nur Kafkas Bericht überliefert ist. Er war jedoch hingerissen, und bald entwickelte sich eine Beziehung.

Zumindest in Form einer regen Korrespondenz: In den folgenden fünf Jahren tauschten die beiden Hunderte von Briefen aus, trafen sich aber nur wenige Male, wobei jedes Treffen für Kafka offenbar eine Tortur war. Sieben Monate nach ihrer ersten Begegnung willigte er schließlich in ein zweites Treffen ein, schickte aber am fraglichen Morgen ein Telegramm, um mitzuteilen, dass er nicht kommen werde; dann erschien er doch, wirkte aber missmutig. Als sich das Paar schließlich verlobte, gaben Bauers Eltern einen Festempfang, an dem Kafka sich aber, wie er seinem Tagebuch anvertraute, »gebunden wie ein Verbrecher« fühlte.[9] Kurz darauf, bei einem Rendezvous in einem Berliner Hotel, löste Kafka die Verlobung, doch der Briefwechsel ging weiter. (Obwohl Kafka auch dabei unentschlossen war: Es sei ganz richtig, mit den vielen Briefen aufzuhören, schrieb er einmal an Bauer, offenbar als Antwort auf eine Anregung von ihr. Er habe sogar einen Brief zu diesem Thema begonnen, den er am nächsten Morgen abschicken wolle.) Zwei Jahre später verlobten sie sich erneut, aber wieder nur für eine Weile: Im Jahre 1917 nahm Kafka den Ausbruch einer Tuberkuloseerkrankung zum Anlass, die Verbindung ein zweites und letztes Mal zu lösen. Wahrscheinlich war Bauer einigermaßen erleichtert, als sie einen Bankier heiratete, zwei Kinder bekam und in die Vereinigten Staaten zog, wo sie eine erfolgreiche Strickwarenfirma eröffnete – und eine Liaison hinter sich ließ, die von so vielen albtraumhaften und unberechenbaren Wendungen gekennzeichnet war, dass man nicht umhinkann, sie als kafkaesk zu bezeichnen.

Es mag einfach sein, Kafka als »gequältes Genie« abzutun, als entrückte Gestalt mit wenig Bezug zu unserem alltäglichen Leben. Doch in Wahrheit, so schreibt der Kritiker Morris Dickstein, seien seine »Neurosen nicht anders als unsere, nicht verrückter: nur intensiver, reiner … [und] vom Genie zu einer Tiefe des Unglücklichseins getrieben, die den meisten von uns unbekannt bleibt«.[10] Wie jeder andere wetterte auch Kafka gegen die Zwänge der Realität. Er war in der Liebe und in vielem anderen unentschlossen, weil er sich danach sehnte, mehr als nur ein Leben zu führen: ein angesehener Bürger zu sein, weshalb er seinen Brotberuf als Versicherungssachverständiger behielt; in der Ehe eine innige Beziehung zu einem anderen Menschen einzugehen, was bedeutet hätte, Bauer zu heiraten; und sich gleichzeitig kompromisslos dem Schreiben zu widmen. Mehr als einmal beschrieb er diesen Kampf in Briefen an Bauer als Kampf zweier Persönlichkeiten, die in ihm miteinander rangen – eine sei in sie verliebt, die andere jedoch so sehr von der Literatur eingenommen, dass selbst der Tod seiner liebsten Freundin kaum mehr denn ein Hemmnis für seine Arbeit darstellen würde.

Der Leidensdruck mag hier extrem gewesen sein, doch die grundsätzliche Spannung ist dieselbe, die jeder verspürt, der zwischen Arbeit und Familie, zwischen einem Brotberuf und einer kreativen Berufung, zwischen Heimatort und Großstadt oder anderen möglichen Lebensentwürfen hin- und hergerissen ist. Kafka reagierte wie wir alle: Er versuchte, das Problem zu verdrängen. Die Beschränkung seiner Beziehung mit Bauer auf die Welt der Briefe bedeutete, dass er sich an die Möglichkeit eines intimen Lebens mit ihr klammern konnte, ohne zuzulassen, dass sie mit seinem Arbeitswahn konkurrierte, wie es eine Beziehung im wirklichen Leben notwendigerweise getan hätte. Dieses Bemühen, den Implikationen der Endlichkeit auszuweichen, äußert sich nicht immer in solcher Bindungsangst: Manche Menschen lassen sich zwar äußerlich auf eine Beziehung ein, scheuen aber innerlich vor einer vollen emotionalen Bindung zurück. Andere führen jahrelang fadenscheinige Ehen, die sie eigentlich auflösen sollten, es aber nicht tun, weil sie es für möglich halten, dass ihre Beziehung doch noch zu einer langen und glücklichen Beziehung erblüht, oder weil sie sich die Freiheit offenhalten, das Ganze zu einem späteren Zeitpunkt zu beenden. Es ist aber immer dasselbe Ausweichmanöver. An einer Stelle rät eine verzweifelt klingende Bauer ihrem Verlobten, er solle versuchen, mehr in der realen Welt zu leben. Aber genau das war es, was Kafka zu vermeiden suchte.

Knapp 1000 Kilometer entfernt, in Paris, und zwei Jahrzehnte bevor Franz Felice kennenlernte, stieß der französische Philosoph Henri Bergson in seinem Buch *Zeit und Freiheit* zum Kern des künftigen Problems Kafkas vor. Der Mensch ziehe die Unentschlossenheit stets der Festlegung auf einen einzigen Weg vor, schrieb Bergson, denn »die Zukunft, über die wir nach unserem Belieben verfügen, erscheint uns gleichzeitig in einer Vielzahl von Formen, die gleichermaßen attraktiv und möglich sind«.[11] Anders ausgedrückt: Es fällt mir leicht, mir etwa ein Leben vorzustellen, in dem ich beruflich sehr erfolgreich bin, mich als Elternteil und Partner auszeichne und mich gleichzeitig dem Marathontraining, ausgedehnten Meditationsklausuren oder der ehrenamtlichen Arbeit in meiner Gemeinde widme – denn solange ich nur fantasiere, kann ich mir vorstellen, dass sich all diese Dinge gleichzeitig und einwandfrei entwickeln. Sobald ich jedoch versuche, eines dieser Leben zu leben, bin ich gezwungen, Kompromisse einzugehen – weniger Zeit als gewünscht in einen dieser Bereiche zu investieren, um Raum für einen anderen zu schaffen – und zu akzeptieren, dass nichts, was ich tue, perfekt abläuft, mit dem Ergebnis, dass sich mein tatsächliches Leben im Vergleich zur Fantasie unweigerlich als enttäuschend erweist. »Die Vorstellung einer Zukunft, schwanger mit einer Unzahl von Möglichkeiten, ist also fruchtbarer als die Zukunft selbst«, schrieb Bergson, »und deshalb finden wir die Hoffnung reizvoller als den Besitz, den Traum reizvoller als die Wirklichkeit.«[12] Auch hier ist die scheinbar entmutigende Botschaft in Wahrheit eine Befreiung. Da jede reale Entscheidung über das eigene Leben den Verlust zahlloser alternativer Lebensmöglichkeiten mit sich bringt, gibt es keinen Grund, zu zögern oder sich zu weigern, Verpflichtungen einzugehen, in der ängstlichen Hoffnung, dass man solche Verluste irgendwie vermeiden könnte. Der Verlust ist eine Tatsache. Der Zug ist abgefahren – welche Erleichterung.

Die Unvermeidlichkeit des Sichfestlegens

Das führt mich zu einem der wenigen Ratschläge für die Partnersuche, den ich guten Gewissens geben kann, obwohl er eigentlich auch in jedem anderen Lebensbereich relevant ist. Es geht um das »Sichfestlegen« – die allgegenwärtige moderne Angst, dass man sich an einen Lebenspartner binden könnte, der den eigenen Idealvorstellungen nicht entspricht oder der eigenen herausragenden Persönlichkeit nicht würdig ist. (Die berufliche Version dieser Sorge ist, dass man sich mit einem Job zufriedengibt, durch den man seinen Lebensunterhalt bestreitet, anstatt sich voll und ganz seiner Leidenschaft zu widmen.) Die gängige Meinung, die in Tausenden von Zeitschriftenartikeln und inspirierenden Instagram-Memes geäußert wird, lautet, dass es immer ein Verbrechen ist, sich festzulegen. Doch die landläufige Meinung ist falsch. Man sollte sich unbedingt festlegen.

Genauer gesagt, man hat keine andere Wahl. Man *legt* sich fest – und diese Tatsache sollte einen freuen. Der amerikanische Politikwissenschaftler Robert Goodin hat eine ganze Abhandlung zu diesem Thema geschrieben, *On Settling,* in welcher er zunächst nachweist, dass wir inkonsequent sind, wenn es darum geht, was wir als »Festlegen« definieren. Alle scheinen sich darin einig zu sein, dass man sich des Festlegens schuldig macht, wenn man sich auf eine Beziehung einlässt, obwohl man insgeheim vermutet, dass man einen besseren Partner finden könnte. Denn man entscheidet sich dafür, einen Teil seines Lebens mit einem weniger idealen Partner zu verbringen. Da die Zeit jedoch endlich ist, ist auch die Entscheidung, sich nicht festzulegen – ein Jahrzehnt lang ruhelos in Onlinedating-Netzwerken nach dem perfekten Partner zu suchen –, ein Fall von Festlegen, weil man sich dafür entscheidet, ein Jahrzehnt seiner begrenzten Zeit auf eine andere Art zu verbringen. Außerdem, so Goodin, neigen wir dazu, ein Leben des Sichfestlegens einem Leben des »Strebens«, wie er es nennt, oder einem Leben in vollen Zügen gegenüberzustellen. Aber auch das ist ein Fehler, und zwar nicht nur, weil es unvermeidlich ist, sich irgendwann festzulegen, sondern auch, weil ein erfülltes Leben voraussetzt, dass man sich festlegt. »Man muss sich auf eine relativ dauerhafte Art und Weise auf etwas festlegen, das Gegenstand des eigenen Strebens sein wird, damit dieses Streben überhaupt als Streben gelten kann«, schreibt er:[13] Man kann kein überdurchschnittlich erfolgreicher Anwalt, Künstler oder Politiker werden, ohne sich zuerst auf das Recht, die Kunst oder die Politik festzulegen und damit auf die potenziellen Vorteile anderer Karrieren zu verzichten. Wenn man zwischen ihnen hin und her springt, ist man in keiner von ihnen erfolgreich. Auch eine Liebesbeziehung kann nur dann wirklich erfüllend sein, wenn man bereit ist, sich zumindest für eine gewisse Zeit auf diese spezielle Beziehung mit all ihren Unzulänglichkeiten einzulassen – was bedeutet, dass man auf die verführerische Verlockung einer unendlichen Anzahl besserer imaginärer Alternativen verzichtet.

Natürlich nähern wir uns Beziehungen selten mit solchen Überlegungen. Stattdessen verbringen wir Jahre damit, uns nicht voll und ganz auf eine Beziehung einzulassen – entweder indem wir einen Grund finden, die Sache abzubrechen, sobald eine ernsthafte Liaison wahrscheinlich wird, oder indem wir jede unserer Beziehungen nur halbherzig angehen. Oder wir lassen uns nach einem Muster, das jedem erfahrenen Psychotherapeuten sattsam bekannt ist, auf eine Beziehung ein, denken dann aber nach drei oder vier Jahren darüber nach, sie zu beenden, weil wir überzeugt sind, dass die psychischen Probleme unseres Partners die Beziehung unmöglich machen oder dass wir nicht so gut zusammenpassen, wie wir geglaubt haben. Beides mag in bestimmten Fällen zutreffen, denn Menschen treffen manchmal spektakuläre Fehlentscheidungen in der Liebe, wie auch in anderen Bereichen. Häufiger jedoch liegt das eigentliche Problem darin, dass der andere Mensch einfach ein anderer Mensch ist. Kurz gesagt: Die Ursache solcher Schwierigkeiten liegt nicht darin, dass der Partner besonders fehlerhaft ist oder man nicht zueinander passt, sondern darin, dass man schließlich sämtliche Facetten entdeckt, in denen der Partner (zwangsläufig) endlich ist – und somit zutiefst enttäuschend im Vergleich zur Welt der Fantasie, in der die begrenzenden Regeln der Realität nicht gelten.

Was Bergson über die Zukunft gesagt hat – dass sie attraktiver sei als die Gegenwart, weil man sich all seinen Hoffnungen hingeben könne, selbst wenn sie einander widersprächen –, gilt ebenso für imaginäre Liebespartner, welche problemlos eine Vielzahl von Eigenschaften besitzen können, die eine reale Persönlichkeit schlicht nicht miteinander vereinen kann. So ist es zum Beispiel nicht ungewöhnlich, dass man eine Beziehung unbewusst in der Hoffnung eingeht, dass der Partner sowohl ein unbegrenztes Gefühl der Stabilität als auch ein unbegrenztes Gefühl der Leidenschaft vermittelt – und dass man dann, wenn sich das nicht bewahrheitet, davon ausgeht, dass der Partner das Problem sei und diese Eigenschaften bei jemand anderem vorhanden sein könnten, den man deshalb suchen sollte. Die Realität ist, dass die Anforderungen widersprüchlich sind. Die Eigenschaften, die jemanden zu einem verlässlichen Quell der Leidenschaft machen, sind in der Regel das Gegenteil von denen, die ihn oder sie zu einem verlässlichen Quell der Stabilität machen. Beides in einem realen Menschen zu suchen ist kaum weniger absurd, als von einem Partner zu träumen, der sowohl 1,50 Meter als auch 1,80 Meter groß ist.

Man sollte sich nicht nur festlegen, sondern idealerweise so, dass ein Rückzug schwieriger wird, etwa indem man zusammenzieht, heiratet oder ein Kind bekommt. Die große Ironie all unserer Bemühungen, die Endlichkeit zu vermeiden und weiterhin zu glauben, dass es möglich wäre, nicht zwischen sich gegenseitig ausschließenden Optionen wählen zu müssen, besteht darin, dass Menschen, die sich schließlich auf relativ unumkehrbare Weise entscheiden, am Ende meist viel glücklicher sind. Wir tun fast alles, um uns nur nichts »zu verbauen«, um die Illusion einer Zukunft ohne Einschränkungen aufrechtzuerhalten. Doch wenn wir erst einen Weg eingeschlagen haben, sind wir im Allgemeinen froh, dass wir ihn gegangen sind. In einem Experiment, das der Sozialpsychologe Daniel Gilbert von der Harvard University gemeinsam mit seiner Kollegin Jane Ebert durchführte, erhielten Hunderte von Menschen die Möglichkeit, aus einer Reihe von Kunstdrucken ein kostenloses Poster auszuwählen.[14] Danach teilte man die Probanden in zwei Gruppen ein. Den Teilnehmern der ersten Gruppe wurde gesagt, sie hätten einen Monat Zeit, ihr Poster gegen ein beliebiges anderes auszutauschen; der zweiten Gruppe sagte man, dass die bereits getroffene Entscheidung endgültig sei. Bei Nachbefragungen ergab sich, dass die Mitglieder der letzteren Gruppe – also diejenigen, die an ihrer Entscheidung festhielten und sich nicht von dem Gedanken ablenken ließen, dass es noch möglich wäre, eine bessere Wahl zu treffen – eine wesentlich höhere Wertschätzung für das von ihnen gewählte Kunstwerk zeigten.

Nicht dass man unbedingt Psychologen bräuchte, um das zu beweisen. Gilberts Studie spiegelt eine Erkenntnis wider, die in zahlreichen kulturellen Traditionen verankert ist, vor allem in der Ehe. Wenn zwei Ehepartner vereinbaren, »in guten wie in schlechten Zeiten« zusammenzubleiben, anstatt sich zu trennen, sobald es schwierig wird, gehen sie eine Vereinbarung ein, die ihnen nicht nur hilft, schlechte Zeiten zu überstehen, sondern auch verspricht, die guten Zeiten erfüllender zu machen: Da sie sich auf eine bestimmte Lebensführung festgelegt haben, ist es viel unwahrscheinlicher, dass sie diese Zeit damit verbringen, sich nach fantastischen Alternativen zu sehnen. Indem sie sich bewusst festlegen, schließen sie Fantasien von unendlichen Möglichkeiten zugunsten dessen aus, was ich im vorigen Kapitel als »Freude, etwas zu verpassen«, bezeichnet habe – die Erkenntnis, dass der Verzicht auf Alternativen ihre Entscheidung überhaupt erst sinnvoll macht. Das ist auch der Grund, warum es so unerwartet beruhigend sein kann, Maßnahmen zu ergreifen, die man gefürchtet oder hinausgezögert hat, etwa endlich die Kündigung bei der Arbeit einzureichen, Eltern zu werden, ein schwelendes Familienproblem anzugehen oder einen Hauskauf abzuschließen. Wenn man nicht mehr umkehren kann, fällt die Angst weg, denn jetzt gibt es nur noch eine Richtung: vorwärts in die Konsequenzen der eigenen Entscheidung.

5

Das Wassermelonen-Problem

An einem Freitag im April 2016, als sich das polarisierende amerikanische Präsidentschaftsrennen verschärfte und mehr als 30 bewaffnete Konflikte rund um den Globus tobten, verbrachten etwa drei Millionen Menschen einen Teil ihres Tages damit, zwei Reportern von BuzzFeed dabei zuzusehen, wie sie Gummibänder um eine Wassermelone wickelten.[1] Im Laufe von 43 quälenden Minuten wurde der Druck allmählich erhöht – sowohl der psychologische als auch der physische Druck auf die Wassermelone –, bis in Minute 44 das 686. Gummiband angebracht wurde. Was dann geschah, ist nicht überraschend: Die Wassermelone explodierte, und es gab eine Sauerei. Die Reporter klatschten sich ab, wischten die Spritzer von ihren Spiegelbrillen und aßen dann etwas Wassermelone. Die Sendung war zu Ende. Die Erde setzte ihre Umlaufbahn um die Sonne fort.

Damit will ich nicht andeuten, dass es besonders verwerflich wäre, 44 Minuten des Tages damit zu verbringen, eine Wassermelone im Internet anzustarren. Im Gegenteil: Angesichts dessen, was in den Jahren nach 2016 mit dem Onlineleben geschah – als die Trolle und Neonazis begannen, die Pop-Quizze und Katzenvideos zu verdrängen, und die sozialen Medien immer mehr zu »Doomscrolling«-Plattformen wurden, wo man sich in depressiver Benommenheit durch endlose Feeds schlechter Nachrichten klickt –, wirkt die Geschichte mit der Wassermelone auf BuzzFeed bereits wie ein Märchen aus einer glücklicheren Zeit. Dennoch ist sie erwähnenswert, weil sie ein Problem verdeutlicht, das bei allem, was ich bisher über Zeit und Zeitmanagement gesagt habe, im Raum steht. Dieses Problem ist die Ablenkung. Es spielt schließlich kaum eine Rolle, wie sehr man sich bemüht, seine begrenzte Zeit optimal zu nutzen, wenn die eigene Aufmerksamkeit ständig von Dingen beansprucht wird, mit denen man sich gar nicht befassen wollte. Man kann davon ausgehen, dass keiner der drei Millionen Menschen an diesem Morgen mit der Absicht aufgewacht war, einen Teil seines Lebens darauf zu verwenden, dem Platzen einer Wassermelone zuzusehen; und als der Moment gekommen war, hatten sie auch nicht unbedingt das Gefühl, dass sie sich freiwillig dafür *entschieden* hatten. »Ich würde ja gern etwas anderes tun, aber ich *muss* einfach weiter zuschauen«, lautete ein typisch reumütiger Kommentar auf Facebook.[2] »Ich habe euch 40 Minuten lang dabei zugesehen, wie ihr Gummibänder um eine Wassermelone wickelt«, schrieb jemand anderes. »Was mache ich bloß mit meinem Leben?«[3]

Die Wassermelonen-Geschichte erinnert uns außerdem daran, dass Ablenkung heutzutage fast zum Synonym für digitale Zerstreuung geworden ist: Es ist das, was passiert, wenn das Internet unseren Konzentrationsversuchen einen Strich durch die Rechnung macht. Aber das ist irreführend. Schon für die alten Griechen war Zerstreuung weniger eine Angelegenheit äußerer Ablenkung als vielmehr eine Frage des Charakters – ein systematisches inneres Versagen, die Zeit für das zu nutzen, was man angeblich am meisten schätzt. Der Grund, warum sie die Zerstreuung so ernst nahmen, liegt auf der Hand und ist auch der Grund, warum wir dies tun sollten: Worauf wir unsere Aufmerksamkeit richten, bestimmt für uns, was die Realität ist.

Selbst Kommentatoren, die viel Zeit damit verbringen, sich über die moderne »Zerstreuungskrise« zu ereifern, scheinen selten die volle Tragweite dieser Tatsache zu begreifen. Man hört zum Beispiel, dass Aufmerksamkeit eine »endliche Ressource« sei, und das ist sie auch: Nach einer Berechnung des Psychologen Timothy Wilson sind wir in der Lage, nur etwa 0,0004 Prozent der Informationen, die zu einem bestimmten Zeitpunkt auf unser Gehirn einprasseln, bewusst wahrzunehmen.[4] Aufmerksamkeit als »Ressource« zu bezeichnen bedeutet jedoch, ihre zentrale Bedeutung für unser Leben grundlegend zu verkennen. Die meisten anderen Ressourcen, auf die wir als Individuen angewiesen sind – Nahrung, Geld oder Strom –, sind Dinge, die das Leben erleichtern, und in einigen Fällen ist es möglich, zumindest eine Zeit lang ohne sie zu leben. Aufmerksamkeit hingegen ist das Leben selbst: Die Erfahrung, am Leben zu sein, besteht aus nichts anderem als aus der Summe aller Dinge, denen man Aufmerksamkeit schenkt. Wenn man am Ende des Lebens zurückblickt, ist das, was von Augenblick zu Augenblick die Aufmerksamkeit erregt hat, schlichtweg das, was das Leben ausgemacht haben wird. Wenn man seine Aufmerksamkeit auf etwas richtet, das man nicht besonders schätzt, bezahlt man also buchstäblich mit seinem Leben. So gesehen braucht sich »Ablenkung« nicht nur auf kurzzeitige Unaufmerksamkeiten zu beziehen, etwa wenn man durch das Klingeln einer eingehenden Textnachricht oder eine fesselnde Nachrichtenmeldung von der Erfüllung seiner Arbeitspflichten abgelenkt wird. Auch die Arbeit selbst kann eine Ablenkung sein, sprich: eine Investition eines Teils der Aufmerksamkeit und damit des Lebens in etwas, das weniger sinnvoll ist als andere Optionen, die zur Verfügung gestanden hätten.

Deshalb ging Seneca in *Das Leben ist kurz* so hart mit seinen römischen Mitbürgern ins Gericht, weil sie politische Karrieren verfolgten, die sie nicht wirklich interessierten, aufwendige Bankette veranstalteten, die sie nicht sonderlich genossen, oder einfach nur »im Nichtstun dahindämmerten«:[5] Sie schienen nicht zu erkennen, dass sie, wenn sie sich solchen Vergnügungen hingaben, den eigentlichen Stoff ihrer Existenz verschwendeten. Seneca läuft Gefahr, hier wie ein verklemmter Vergnügungshasser zu klingen (was ist denn so schlimm an einem kleinen Sonnenbad?), und, um ehrlich zu sein, vermutlich war er das auch. Der entscheidende Punkt ist jedoch nicht, dass es falsch ist, seine Zeit mit Entspannung zu verbringen, sei es am Strand oder auf BuzzFeed. Es geht darum, dass die zerstreute Person eigentlich gar keine Entscheidung trifft. Ihre Aufmerksamkeit wird von Kräften in Beschlag genommen, die nicht unbedingt ihr Bestes im Sinn haben.

Die richtige Reaktion auf diese Situation, so heißt es heute oft, bestehe darin, uns angesichts der Unterbrechungen unablenkbar zu machen: die Geheimnisse der »unablässigen Konzentration« zu erlernen – was in der Regel Meditation, Werbeblocker-Apps, teure Kopfhörer mit Geräuschunterdrückung und noch mehr Meditation erfordert –, um den Kampf um die Aufmerksamkeit ein für alle Mal zu gewinnen. Doch das ist eine Falle. Wer diesen Grad an Kontrolle über die eigene Aufmerksamkeit anstrebt, begeht den Fehler, eine Wahrheit über die menschliche Begrenztheit – die begrenzte Zeit und die daraus resultierende Notwendigkeit, sie gut zu nutzen – anzugehen, indem eine andere Wahrheit über die menschliche Begrenztheit geleugnet wird, nämlich dass es so gut wie unmöglich ist, die volle Souveränität über die eigene Aufmerksamkeit zu erlangen. In jedem Fall wäre es höchst unerwünscht, wenn man mit seiner Aufmerksamkeit genau das tun könnte, was man will. Wenn äußere Kräfte nicht zumindest einen Teil davon gegen unseren Willen in Beschlag nehmen könnten, wären wir nicht in der Lage, einem entgegenkommenden Bus auszuweichen oder zu hören, dass unser Baby Hilfe braucht. Dasselbe Phänomen sorgt dafür, dass unsere Aufmerksamkeit von einem schönen Sonnenuntergang gefesselt wird oder dass wir den Blick eines Fremden im Raum auf uns ziehen. Es sind jedoch die offensichtlichen Überlebensvorteile dieser Form von Ablenkbarkeit, die erklären, warum wir uns so entwickelt haben. Die altsteinzeitlichen Jäger und Sammler, deren Aufmerksamkeit durch ein Rascheln im Gebüsch geweckt wurde (ob ihnen das nun gefiel oder nicht), hatten weitaus größere Überlebenschancen als diejenigen, die ein solches Rascheln erst hörten, nachdem sie sich bewusst dazu entschlossen hatten, darauf zu achten.

Neurowissenschaftler sprechen von einer »Bottom-up«- oder unwillkürlichen Aufmerksamkeit, ohne die wir kaum überleben könnten. Doch die Fähigkeit, einen gewissen Einfluss auf den anderen Teil der Aufmerksamkeit auszuüben – auf die »Top-down«- oder freiwillige Aufmerksamkeit –, kann darüber entscheiden, ob wir ein gut gelebtes oder ein höllisches Leben führen. Der klassische und extreme Beweis dafür ist der Fall des österreichischen Psychotherapeuten Viktor Frankl, des Autors von *Der Mensch auf der Suche nach dem Sinn,* der als Gefangener in Auschwitz die Verzweiflung besiegen konnte, weil er sich die Fähigkeit bewahrte, einen Teil seiner Aufmerksamkeit auf den einzigen Bereich zu richten, den die Lagerwachen nicht verletzen konnten: sein Innenleben, das er mit einem gewissen Maß an Autonomie führen konnte, wodurch er dem äußeren Druck widerstand, der ihn zu einem Tier zu erniedrigen drohte.[6] Die Kehrseite dieser inspirierenden Wahrheit ist jedoch, dass ein Leben, das unter Umständen verbracht wird, die weitaus besser sind als die eines Konzentrationslagers, sich am Ende trotzdem ziemlich bedeutungslos anfühlen kann, wenn man nicht in der Lage ist, einen Teil seiner Aufmerksamkeit so zu lenken, wie man es gern möchte. Um etwas Bedeutsames zu erleben, muss man in der Lage sein, sich darauf zu konzentrieren, zumindest ein wenig. Hat man sonst überhaupt etwas erlebt? Kann man ein Erlebnis haben, das man nicht *erlebt?* Das beste Essen in einem Sternerestaurant könnte genauso gut ein Teller Instantnudeln sein, wenn man mit den Gedanken ganz woanders ist; und eine Freundschaft, an die man nicht einen Augenblick denkt, ist nur dem Namen nach eine Freundschaft. »Aufmerksamkeit ist der Anfang von Hingabe«, schreibt die Dichterin Mary Oliver und verweist auf die Tatsache, dass Ablenkung und Zuwendung unvereinbar sind: Man kann einen Partner oder ein Kind nicht wirklich lieben, sich einer Karriere oder einer Sache widmen – oder einfach nur die Freude an einem Spaziergang im Park genießen –, solange man nicht in der Lage ist, zunächst seine Aufmerksamkeit auf das Objekt seiner Hingabe zu richten.[7]

Eine Maschine für falsche Lebensführung

All dies verdeutlicht, was so beunruhigend an der gegenwärtigen und in letzter Zeit viel diskutierten »Aufmerksamkeitsökonomie« im Internet ist: Es handelt sich im Grunde um eine riesige Maschine, die einen dazu verleitet, falsche Entscheidungen darüber zu treffen, was man mit seiner Aufmerksamkeit und damit mit seinem endlichen Leben anfangen soll, indem sie einen dazu bringt, sich für Dinge zu interessieren, für die man sich eigentlich nicht interessieren wollte. Man hat viel zu wenig Kontrolle über seine Aufmerksamkeit, als dass man einfach so beschließen könnte, ihren Verlockungen nicht nachzugeben.

Vielen von uns sind die Grundzüge dieser Situation inzwischen bekannt. Wir wissen, dass die »kostenlosen« sozialen Medienplattformen, die wir nutzen, nicht wirklich kostenlos sind, denn man ist, wie man so schön sagt, nicht der Kunde, sondern das Produkt. Mit anderen Worten: Die Technologieunternehmen verdienen daran, unsere Aufmerksamkeit zu gewinnen und sie dann an die Werbetreibenden zu verkaufen. Wir sind uns zumindest vage bewusst, dass unsere Smartphones jede unserer Bewegungen verfolgen, aufzeichnen, wie wir wischen und klicken, wo wir verweilen oder vorbeiscrollen, damit die gesammelten Daten dazu verwendet werden können, uns genau die Inhalte zu zeigen, die uns am ehesten fesseln, sprich: in der Regel das, was uns am meisten verärgert oder erschreckt. Die ganzen Fehden, Fake News und Schmähungen in den sozialen Medien sind daher aus Sicht der Plattformbetreiber kein Manko, sondern ein integraler Bestandteil des Geschäftsmodells.

Es dürfte auch hinlänglich bekannt sein, dass all dies mithilfe von »persuasivem Design« erreicht wird – ein Überbegriff für ein ganzes Arsenal psychologischer Techniken, die direkt aus der Spielautomatenentwicklung übernommen wurden, mit dem ausdrücklichen Ziel, zwanghaftes Verhalten zu fördern. Ein Beispiel von Hunderten ist die allgegenwärtige Pull-to-refresh-Bewegung, mit der man den Bildschirm nach unten zieht, um ihn zu aktualisieren. Dabei wird das Phänomen der sogenannten »variablen Belohnung« ausgenutzt: Wenn man nicht vorhersagen kann, ob das Aktualisieren des Bildschirms neue Posts erbringt oder nicht, macht diese Ungewissheit es wahrscheinlicher, dass man es immer wieder versucht, genau wie bei einem Spielautomaten im Casino. Erreicht dieses System einen bestimmten Grad erbarmungsloser Effizienz, so argumentiert der ehemalige Facebook-Investor und jetzige Kritiker Roger McNamee, trifft das alte Klischee von den Nutzern als »Produkt, das verkauft wird«, nicht mehr ganz zu.[8] Schließlich sind Unternehmen im Allgemeinen darauf bedacht, selbst ihre Produkte mit einem gewissen Maß an Respekt zu behandeln, was man hingegen von der Art und Weise, wie einige ihre Nutzer behandeln, nicht behaupten kann. Laut McNamee wäre eine bessere Analogie, dass wir der Brennstoff sind: Holzscheite, die in das Feuer von Silicon Valley geworfen werden, unpersönliche Aufmerksamkeitsposten, die gnadenlos ausgebeutet werden, bis alle aufgebraucht sind.

Weit weniger bekannt ist hingegen, wie gravierend die Ablenkung ist und wie radikal sie unsere Bemühungen beeinträchtigt, unsere endliche Zeit so zu verbringen, wie wir es gern möchten. Wenn man nach einer Stunde, die man versehentlich auf Facebook vergeudet hat, wieder auftaucht, möchte man annehmen, dass der Schaden in Form von verschwendeter Zeit auf diese eine Stunde beschränkt bleibt. Aber das ist falsch. Da die Aufmerksamkeitsökonomie so konzipiert ist, dass sie nicht dem Wahrsten oder Nützlichsten Priorität einräumt, sondern dem, was am meisten fesselt, verzerrt sie systematisch das Bild der Welt, das wir im Kopf haben. Sie beeinflusst unser Gefühl dafür, was wichtig ist, welchen Bedrohungen wir ausgesetzt sind, wie korrupt unsere politischen Gegner sind, und für Tausende anderer Dinge. All diese verzerrten Einschätzungen haben wiederum Einfluss darauf, wie wir unsere Offlinezeit einteilen. Wenn die sozialen Medien einem beispielsweise suggerieren, dass die Gewaltkriminalität in der eigenen Stadt ein viel größeres Problem sei, als es tatsächlich der Fall ist, kann es passieren, dass man mit unbegründeter Angst durch die Straßen geht, zu Hause bleibt, anstatt sich nach draußen zu wagen, und den Kontakt mit Fremden vermeidet – und schließlich einen Demagogen wählt, der eine harte Linie gegen die Kriminalität verfolgt. Wenn man von seinen ideologischen Gegnern im Internet nur deren schlimmstes Verhalten sieht, nimmt man an, dass auch politisch andersdenkende Verwandte ähnlich verkommen sein müssen, was die Aufrechterhaltung von Beziehungen zu ihnen schwierig macht. Es geht also nicht nur darum, dass unsere Geräte uns von wichtigeren Dingen ablenken. Es geht darum, dass sie die Art und Weise verändern, wie wir »wichtige Angelegenheiten« überhaupt erst definieren. Um es mit den Worten des Philosophen Harry Frankfurt zu sagen: Sie sabotieren unsere Fähigkeit, »das zu wollen, was wir wollen«.[9]

Meine eigene armselige, aber, wie ich vermute, ganz typische Geschichte als Twitter-Junkie könnte als Beispiel dafür dienen. Selbst auf dem Höhepunkt meiner Abhängigkeit (ich bin inzwischen auf dem Weg der Besserung) verbrachte ich selten mehr als zwei Stunden pro Tag vor dem Bildschirm. Doch die Herrschaft von Twitter über meine Aufmerksamkeit reichte sehr viel weiter. Lange nachdem ich die App geschlossen hatte, hechelte ich auf dem Laufband im Fitnessstudio oder schnippelte Karotten für das Abendessen, nur um mich dabei zu ertappen, wie ich im Geiste ein vernichtendes Argument gegen einen dummen Verfechter falscher Meinungen ausarbeitete, dem ich an diesem Tag unglücklicherweise online begegnet war. (In Wirklichkeit war das natürlich kein Zufall; der Algorithmus zeigte mir solche Beiträge absichtlich an, da er gelernt hatte, was mich aufregte.) Wenn mein neugeborener Sohn etwas Niedliches tat, überlegte ich, wie ich es in einem Tweet schildern könnte, als ob es nicht auf das Erlebnis ankäme, sondern auf meine (unbezahlte!) Rolle als Anbieter von Inhalten für Twitter. Ich erinnere mich noch lebhaft daran, wie ich bei Einbruch der Dämmerung allein an einem windgepeitschten Strand in Schottland spazieren ging und dabei einen besonders verstörenden Nebeneffekt des »persuasiven Designs« erlebte, nämlich die Nervosität, die man verspürt, wenn die Aktivität, mit der man gerade beschäftigt ist, *nicht* von einem Team professioneller Psychologen ausgearbeitet wurde, die unbedingt dafür sorgen wollen, dass die Aufmerksamkeit nicht abreißt. Ich liebe windgepeitschte schottische Strände in der Abenddämmerung mehr als alles, was ich je in den sozialen Medien gesehen habe. Aber nur Letztere sind so konstruiert, dass sie sich ständig an meine Interessen anpassen und meine psychologischen Grenzen überschreiten, um meine Aufmerksamkeit zu binden. Kein Wunder, dass der Rest der Realität da manchmal nicht mithalten kann.

Gleichzeitig begann die Hoffnungslosigkeit der Onlinewelt in die Wirklichkeit durchzusickern. Es war unmöglich, vom süffigen Twitter-Nektar der Wut und des Leids zu kosten – Nachrichten und Meinungen, die gerade deshalb ausgewählt wurden, weil sie nicht der Norm entsprachen, was sie besonders fesselnd machte –, ohne den Rest des Lebens früher oder später so anzugehen, als wären sie die Norm, was bedeutete, ständig auf Konfrontation oder Katastrophen gefasst zu sein oder ein diffuses Gefühl der Vorahnung im Nacken zu spüren. Selbstverständlich war dies selten die Grundlage für einen erfüllten Tag. Hinzu kommt, dass es manchmal schwierig ist, überhaupt zu bemerken, wenn sich die eigene Lebenseinstellung auf diese bedrückende Art und Weise verändert, denn das besondere Problem der Aufmerksamkeit besteht darin, dass sie sich nur sehr schwer selbst kontrollieren kann. Die einzige Fähigkeit, mit der man feststellen kann, was mit der eigenen Aufmerksamkeit geschieht, ist die eigene Aufmerksamkeit, die ja bereits in Beschlag genommen wurde. Ist man also durch die Aufmerksamkeitsökonomie erst einmal hinreichend abgelenkt, verärgert oder gereizt, kann man leicht annehmen, dass sich das Leben heutzutage unweigerlich so anfühlt. In den Worten von T.S. Eliot werden wir »durch Ablenkung von der Ablenkung abgelenkt«.[10] Und wenn man davon überzeugt ist, dass das alles kein Problem für einen ist – dass die sozialen Medien einen nicht zu einer zornigeren, weniger empathischen, ängstlicheren oder abgestumpften Version seiner selbst gemacht haben –, dann könnte das daran liegen, dass genau das bereits eingetreten ist. Die begrenzte Zeit, die einem zur Verfügung steht, wird in Anspruch genommen, ohne dass man merkt, dass etwas nicht in Ordnung ist.

Natürlich ist schon seit einiger Zeit offensichtlich, dass das Ganze eine politische Notlage ist. Indem sie unsere Gegner als unüberwindbar darstellen, spalten uns die sozialen Medien in immer feindseligere Lager und belohnen uns dann für möglichst überzogene Anprangerungen der anderen Seite mit Likes und Shares, was einen Teufelskreis anheizt, der jede vernünftige Debatte unmöglich macht. Inzwischen haben wir die unschöne Erfahrung gemacht, dass skrupellose Politiker sowohl ihre Gegner als auch kritische Journalisten schlicht erdrücken können, indem sie die Aufmerksamkeit einer ganzen Nation gezielt mit einem Skandal nach dem anderen überschwemmen, sodass jeder neue Skandal den letzten im öffentlichen Bewusstsein überschreibt. Alle, die darauf mit einem Kommentar oder einem Tweet reagieren, belohnen solche Hetze mit Aufmerksamkeit und tragen dadurch zu ihrer Verbreitung bei, selbst wenn sie sich kritisch äußern.

Wie der Technologiekritiker Tristan Harris zu sagen pflegt, gibt es jedes Mal, wenn man eine Social-Media-App öffnet, »tausend Leute auf der anderen Seite des Bildschirms«, die dafür bezahlt werden, dass man auf der Plattform bleibt. Deshalb ist es unrealistisch zu erwarten, dass die Nutzer sich dem Angriff auf ihre Zeit und ihre Aufmerksamkeit allein durch Willenskraft widersetzen könnten.[11] Politische Krisen erfordern politische Lösungen. Wenn wir Ablenkung und digitaler Zerstreuung jedoch wirklich auf den Grund gehen wollen, müssen wir auch eine unangenehme Wahrheit akzeptieren, die dem Ganzen innewohnt, nämlich dass »Angriff« – im Sinne eines unerwarteten Angriffs – nicht ganz das richtige Wort ist. Zwar dürfen wir Silicon Valley nicht vom Haken lassen, doch sollten wir ehrlich sein: In den meisten Fällen lassen wir uns freiwillig ablenken. Irgendetwas in uns will abgelenkt werden, sei es durch unsere digitalen Geräte oder durch irgendetwas anderes, damit wir unser Leben nicht mit dem verbringen, was uns am wichtigsten erscheint. Die Anrufe kommen sozusagen aus dem eigenen Haus. Dies ist eines der heimtückischsten Hindernisse, mit denen wir bei unseren Bemühungen, unser begrenztes Leben gut zu nutzen, konfrontiert werden. Deshalb ist es höchste Zeit, es einmal genauer unter die Lupe zu nehmen.

6

Die Lust der Ablenkung

Wer in den Wintermonaten des Jahres 1969 in den Kii-Bergen im Süden Japans spazieren ging, erblickte dort möglicherweise etwas Erstaunliches: einen blassen, dünnen, splitternackten Amerikaner, der sich aus einer großen hölzernen Zisterne halb gefrorenes Wasser über den Kopf schüttete.[1] Sein Name war Steve Young, und er befand sich in der Ausbildung zum Mönch der buddhistischen Glaubensrichtung Shingon-shū. Bislang war dieser Prozess jedoch hauptsächlich eine Abfolge von Demütigungen gewesen. Zunächst hatte sich der Abt des Klosters Kōya-san geweigert, ihn überhaupt einzulassen. Wer um alles in der Welt war dieser schlaksige weiße Doktorand der Asienwissenschaften, der offenbar beschlossen hatte, dass das Leben eines japanischen Mönchs etwas für ihn sei? Nach einigem Drängen hatte man Young schließlich erlaubt zu bleiben, aber nur, wenn er im Gegenzug verschiedene niedere Arbeiten im Klosteralltag verrichtete, wie das Fegen der Flure und den Abwasch. Als er endlich die Erlaubnis erhielt, die hunderttägige Einzelklausur anzutreten, die den ersten wirklichen Schritt auf seiner klösterlichen Reise darstellte, musste er feststellen, dass dies bedeutete, in einer winzigen unbeheizten Hütte zu leben und dreimal täglich ein Reinigungsritual durchzuführen, bei dem sich Young, der im milden Klima Kaliforniens am Meer aufgewachsen war, mit mehreren Eimern bitterkalten geschmolzenen Schnees übergießen musste. Es war eine »entsetzliche Tortur«, wie er sich Jahre später erinnerte. »Es ist so kalt, dass das Wasser gefriert, sobald es den Boden berührt, und das Handtuch gefriert in der Hand. Man rutscht also barfuß auf dem Eis herum und versucht, seinen Körper mit einem gefrorenen Handtuch abzutrocknen.«

Bei körperlichem Unbehagen – auch in wesentlich milderer Gestalt – versuchen die meisten Menschen instinktiv, es zu ignorieren und sich auf etwas anderes zu konzentrieren. Wenn man zum Beispiel Angst vor Spritzen hat, so wie ich, dann starrt man vielleicht die mittelmäßigen Kunstwerke in den Arztpraxen an, um sich von der bevorstehenden Injektion abzulenken. Anfangs war das auch Youngs Instinkt: Er wich innerlich vor der Erfahrung des eiskalten Wassers auf seiner Haut zurück, indem er an etwas anderes dachte – oder er versuchte durch einen Akt schieren Willens, die Kälte nicht zu spüren. Das ist keine unvernünftige Reaktion: Wenn es so unerträglich ist, sich auf gegenwärtige Erfahrungen zu konzentrieren, legt der gesunde Menschenverstand nahe, dass es den Schmerz verringert, wenn man sich zumindest mental von der Situation entfernt.

Als eine Eisdusche auf die andere folgte, begann Young indes zu verstehen, dass dies genau die falsche Strategie war. Je mehr er sich nämlich auf die Wahrnehmung intensiver Kälte konzentrierte und seine Aufmerksamkeit so vollständig wie möglich auf sie richtete, desto weniger quälend empfand er sie. Sobald jedoch seine »Aufmerksamkeit abschweifte, wurde das Leiden unerträglich«. Nach ein paar Tagen begann er, sich auf jeden Wasserguss vorzubereiten. Dazu konzentrierte er sich zunächst so weit wie möglich auf seine gegenwärtige Erfahrung, um zu vermeiden, dass er beim Auftreffen des Wassers von bloßem Unbehagen in Qualen geriet. Langsam dämmerte ihm, dass genau dies der Sinn der Zeremonie war. Sie fungierte, wie er sich ausdrückte, als »riesiger Biofeedback-Apparat« (traditionelle buddhistische Mönche hätten sicher einen anderen Begriff gebraucht), der ihn zur Konzentration erziehen sollte, indem er ihn belohnte (mit einer Verringerung der Qualen), solange er sich nicht ablenken ließ, und ihn bestrafte (mit einer Steigerung der Qualen), wenn er versagte. Nach seiner Klausur bemerkte Young, der heute unter dem Namen Shinzen Young als Meditationslehrer arbeitet (seinen neuen Vornamen bekam er vom Abt des Klosters), dass sich seine Konzentrationsfähigkeit verändert hatte. Hatte die Fokussierung auf die Gegenwart die Qualen des Eiswasser-Rituals erträglicher gemacht, so wurden nun auch weniger unangenehme Tätigkeiten – alltägliche Aufgaben, die früher vielleicht nicht gerade quälend, sondern eher langweilig oder lästig gewesen waren – zu einem positiven Erlebnis. Je intensiver er seine Aufmerksamkeit auf das Erleben dessen richtete, was er tat, desto klarer wurde ihm, dass das eigentliche Problem nicht die Tätigkeit selbst war, sondern sein innerer Widerstand gegen das Erleben. Wenn er aufhörte, diese Empfindungen zu verdrängen und sich stattdessen auf sie konzentrierte, verschwand das Unbehagen.

Youngs Tortur veranschaulicht, was tatsächlich geschieht, wenn wir uns ablenken lassen: Wir versuchen, einer schmerzhaften Gegenwartserfahrung zu entfliehen. Das ist offensichtlich, wenn es sich um körperliche Schmerzreize handelt, wie etwa eiskaltes Wasser auf nackter Haut oder eine Grippeimpfung beim Arzt – Fälle, in denen die problematischen Empfindungen so schwer zu ignorieren sind, dass es großer Anstrengung bedarf, die Aufmerksamkeit auf etwas anderes zu richten. Auf subtilere Weise gilt dies aber auch für ganz alltägliche Ablenkungen. Nehmen wir den archetypischen Fall, dass man durch soziale Medien von seiner Arbeit abgelenkt wird: In der Regel sitzt man nicht voll konzentriert da, bis man plötzlich gegen den eigenen Willen abschweift. Vielmehr sucht man nach der kleinsten Ausrede, um sich von der Arbeit abzuwenden, damit man dem Unbehagen entgehen kann, das man dabei empfindet; man schlittert also nicht mit Widerwillen, sondern mit einem Gefühl der Erleichterung zum Twitter-Pile-on oder auf die Promi-Klatschseite. Es heißt, dass es einen »Krieg um unsere Aufmerksamkeit« gebe, in dem Silicon Valley die Invasionsmacht sei. Doch wenn das stimmt, ist unsere Rolle auf dem Schlachtfeld oft die eines Kollaborateurs mit dem Feind.

Mary Oliver nennt diesen inneren Drang zur Ablenkung »den vertrauten Unterbrecher«[2] – das »Ich im Ich, das pfeift und an die Türen klopft« und ein leichteres Leben verspricht, wenn man nur seine Aufmerksamkeit von der bedeutungsvollen, aber fordernden Aufgabe, die man vor sich hat, auf das lenkt, was sich nur eine Registerkarte weiter im Browser entfaltet.[3] »Eine der verwirrenden Lektionen, die ich gelernt habe, ist, dass ich auf die meisten Dinge, die getan werden müssen, nicht selten eigentlich gar keine Lust habe«, bemerkt der Autor Gregg Krech, der seine eigenen Erfahrungen mit diesem Drang schildert. »Damit meine ich nicht nur das Putzen der Toilette oder die Steuererklärung. Ich rede von den Dingen, die ich wirklich gern erledigen würde.«[4]

Das Unbehagen des Wichtigen

Es lohnt sich, innezuhalten und sich vor Augen zu führen, wie außergewöhnlich seltsam das ist. Warum genau fühlen wir uns so unwohl, wenn wir uns auf Dinge konzentrieren, die wichtig sind – Dinge, von denen wir dachten, dass wir sie in unserem Leben tun *wollen* –, dass wir uns lieber in Ablenkungen flüchten, die definitionsgemäß das sind, was wir *nicht* in unserem Leben tun wollen? Bestimmte Aufgaben mögen so unangenehm oder beängstigend sein, dass eine Neigung, sie zu umgehen, nicht sonderlich bemerkenswert wäre. Das häufigere Problem ist jedoch die Langeweile, die sich oft grundlos einstellt. Plötzlich fühlt sich das, was man sich vorgenommen hat, weil es einem wichtig ist, so umwerfend langweilig an, dass man es nicht erträgt, sich auch nur einen Moment länger darauf zu konzentrieren.

Die Lösung dieses Rätsels, so dramatisch sie auch klingen mag, ist die, dass wir immer dann, wenn wir uns ablenken lassen, einer schmerzhaften Begegnung mit unserer Endlichkeit zu entfliehen versuchen – mit dem menschlichen Dilemma, nur begrenzte Zeit zu haben und, vor allem was die Ablenkung betrifft, nur begrenzte Kontrolle über diese Zeit. Somit ist es unmöglich, Gewissheit darüber zu haben, wie sich die Dinge entwickeln werden. (Abgesehen von der zutiefst unangenehmen Gewissheit, dass der Tod eines Tages allem ein Ende setzen wird.) Wenn man also versucht, sich auf etwas zu konzentrieren, das man für wichtig hält, ist man gezwungen, sich seinen Grenzen zu stellen – eine Erfahrung, die sich gerade deshalb besonders unangenehm anfühlt, weil man die Aufgabe, um die es geht, so hoch bewertet. Anders als der Architekt aus Schiras, der sich weigerte, seine ideale Moschee in die Welt der Zeit und der Unvollkommenheit zu bringen, ist man gezwungen, seine gottähnlichen Fantasien aufzugeben und die Erfahrung zu machen, dass man keine Macht über die Dinge hat, die einem wichtig sind. Vielleicht erweist sich das geplante kreative Projekt als zu anspruchsvoll, oder das schwierige Ehegespräch, auf das man sich vorbereitet hat, entwickelt sich zu einem erbitterten Streit. Und selbst wenn alles wunderbar läuft, konnte man das nicht im Voraus wissen. Man muss sich von dem Gedanken verabschieden, Herr über die eigene Zeit zu sein. Um noch einmal den Psychotherapeuten Bruce Tift zu zitieren: Man musste das Risiko eingehen, sich »klaustrophobisch, gefangen, machtlos und von der Realität eingeengt« zu fühlen.[5]

Das ist der Grund, warum sich Langeweile so überraschend und aggressiv unangenehm anfühlen kann: Im Allgemeinen halten wir sie lediglich für ein Desinteresse an dem, was wir gerade tun, tatsächlich aber ist sie eine intensive Reaktion auf die zutiefst unangenehme Erfahrung, mit der eigenen begrenzten Kontrolle konfrontiert zu sein. Langeweile kann in ganz unterschiedlichen Zusammenhängen auftreten – wenn man an einem großen Projekt arbeitet, wenn einem am Sonntagnachmittag nichts zu tun einfällt, wenn man sich fünf Stunden am Stück um ein zweijähriges Kind kümmern muss –, aber eines haben sie alle gemeinsam: Sie verlangen, dass man sich seiner Endlichkeit stellt. Man ist gezwungen, sich damit auseinanderzusetzen, wie sich eine Erfahrung in einem gegebenen Augenblick entfaltet, und sich mit der Realität abzufinden, dass *dies alles ist.*

Kein Wunder, dass wir uns online ablenken, wo keine Grenzen zu existieren scheinen – wo man sich sofort über Ereignisse auf dem Laufenden halten kann, die auf einem anderen Kontinent stattfinden, wo man sich präsentieren kann, wie es einem gefällt, und wo man ewig durch unendliche Newsfeeds scrollen kann, um durch »ein Reich zu driften, in dem Raum keine Rolle spielt und Zeit sich in eine endlose Gegenwart ausbreitet«, wie der Kritiker James Duesterberg es ausdrückt.[6] Es stimmt, dass der Zeitvertreib im Internet heutzutage häufig keinen besonderen *Spaß* mehr macht. Aber es muss auch keinen Spaß machen. Um den Schmerz der Endlichkeit zu betäuben, genügt es, wenn man sich einfach nur frei fühlt.

Damit wird auch klarer, warum die allgemein empfohlenen Strategien gegen Ablenkung – Digital Detox, persönliche Regeln, wann und wie oft man sich gestattet, den Posteingang zu checken, usw. – selten oder zumindest nicht lange funktionieren. Stets geht es darum, den Zugang zu den Dingen einzuschränken, die man nutzt, um den Drang nach Ablenkung zu stillen, und im Falle der besonders süchtig machenden Technologien ist das sicherlich ein vernünftiger Ansatz. Der Drang an sich wird damit aber nicht bekämpft. Selbst wenn man Facebook kündigt, sich während des Arbeitstages aus den sozialen Medien aussperrt oder sich in eine Hütte im Gebirge zurückzieht, bleibt der Zwang, sich auf das Wesentliche zu konzentrieren, wahrscheinlich trotzdem unangenehm, sodass man einen Weg findet, den Schmerz zu lindern, indem man sich ablenkt durch Tagträume, ein unnötiges Nickerchen oder (die bevorzugte Option des Produktivitätsfanatikers) indem man seine Aufgabenliste überarbeitet und seinen Schreibtisch aufräumt.

Der Kernpunkt ist, dass die Dinge, die wir für »Ablenkungen« halten, nicht die eigentliche Ursache für unsere Ablenkung sind. Sie sind lediglich die Orte, an denen wir Zuflucht vor der unangenehmen Konfrontation mit der Begrenztheit suchen. Der Grund, warum es schwer ist, sich auf ein Gespräch mit dem Ehepartner zu konzentrieren, ist nicht, *dass* man heimlich unter dem Esstisch auf sein Handy schaut. Im Gegenteil: Man schaut *deshalb* heimlich aufs Handy, weil es schwer ist, sich auf das Gespräch zu konzentrieren – weil Zuhören Anstrengung, Geduld und Hingabe erfordert und weil das, was man hört, einen aufregen könnte, sodass es natürlich angenehmer ist, aufs Handy zu schauen. Selbst wenn man sein Handy außer Reichweite legt, sollte man sich daher nicht wundern, wenn man nach einer anderen Möglichkeit sucht, sich der Aufmerksamkeit zu entziehen. Im Falle eines Gesprächs geschieht dies in der Regel dadurch, dass man in Gedanken schon einmal durchspielt, was man als Nächstes sagen wird, sobald das Gegenüber seine Mundbewegungen beendet hat.

Ich wünschte, ich könnte an dieser Stelle das Geheimnis verraten, wie man den Drang zur Ablenkung überwinden kann – wie man es schafft, dass es sich nicht unangenehm anfühlt, seine Aufmerksamkeit längere Zeit auf etwas zu richten, das einem wichtig ist oder auf das man nicht einfach verzichten kann. In Wahrheit glaube ich jedoch nicht, dass es eine wirksame Formel gibt. Der beste Weg, der Ablenkung ihre Macht zu nehmen, besteht darin, nicht mehr zu erwarten, dass die Dinge anders laufen, sondern zu akzeptieren, dass dieses Unbehagen einfach das ist, was wir als endliche Menschen empfinden, wenn wir uns anspruchsvollen und wertvollen Aufgaben widmen, die uns zwingen, uns mit unserer begrenzten Kontrolle darüber auseinanderzusetzen, wie sich unser Leben entfaltet.

In gewisser Weise ist die Akzeptanz des Fehlens jeglicher Lösung aber auch die Lösung. Youngs Erkenntnis auf dem Berg war nämlich, dass seine Qualen nur dann nachließen, wenn er sich mit der Wahrheit seiner Situation abfand:

wenn er aufhörte, gegen die Tatsachen anzukämpfen, und sich gestattete, das eiskalte Wasser auf seiner Haut stärker zu spüren. Je weniger er sich dagegen wehrte, was mit ihm geschah, desto mehr Aufmerksamkeit konnte er dem widmen, was tatsächlich geschah. Meine Konzentrationsfähigkeit reicht vielleicht nicht an die von Young heran, aber ich habe festgestellt, dass dieselbe Logik gilt. Wer sich friedlich in ein schwieriges Projekt oder einen langweiligen Sonntagnachmittag vertiefen will, braucht nicht krampfhaft nach innerem Frieden oder Absorption zu streben, sondern muss die Unvermeidbarkeit von Unbehagen anerkennen und seine Aufmerksamkeit stärker auf die Realität seiner Situation richten, anstatt dagegen anzukämpfen.

Manche Zen-Buddhisten glauben, dass sich das gesamte menschliche Leiden auf das Bestreben zurückführen lässt, dem Lauf der Dinge nicht die volle Aufmerksamkeit zu schenken, weil wir uns wünschen, dass sie anders verliefen (»Das hätte nicht passieren dürfen!«), oder weil wir uns wünschen, mehr Kontrolle über diesen Prozess zu haben.[7] In der Erkenntnis, dass das Dasein als begrenzter Mensch bestimmte Wahrheiten beinhaltet, von denen man nie befreit sein wird, liegt eine sehr lebensnahe Art der Befreiung. Man kann den Lauf der Dinge nicht diktieren. Die paradoxe Belohnung für die Akzeptanz unserer eingeschränkten Realität ist, dass sie sich nicht mehr so einschränkend anfühlt.

TEIL II

Jenseits unserer Kontrolle

7

Man hat nie wirklich Zeit

Der Kognitionswissenschaftler Douglas Hofstadter ist unter anderem dafür berühmt, dass er ein nach ihm benanntes Gesetz geprägt hat, welches besagt, dass jede Aufgabe, die man in Angriff nimmt, stets länger dauert als erwartet, »selbst wenn man Hofstadters Gesetz berücksichtigt«.[1] Mit anderen Worten: Selbst wenn man weiß, dass ein bestimmtes Projekt wahrscheinlich länger dauern wird, und man seinen Zeitplan entsprechend anpasst, wird auch die neu geschätzte Dauer der Fertigstellung überschritten. Daraus folgt, dass der übliche Ratschlag zur Planung, sich doppelt so viel Zeit zu nehmen, wie man zu benötigen glaubt, die Sache sogar noch verschlimmern kann. Man mag sich seiner unrealistischen Erwartung bewusst sein, den wöchentlichen Lebensmitteleinkauf in einer Stunde »von Tür zu Tür« erledigen zu können. Lässt man sich aber zwei Stunden Zeit, gerade *weil* man weiß, dass man normalerweise zu optimistisch ist, kann es passieren, dass man stattdessen zweieinhalb Stunden braucht. (In größerem Maßstab wird dieser Effekt besonders deutlich: Die Regierung von New South Wales, die sehr wohl wusste, dass sich große Bauprojekte in die Länge ziehen, veranschlagte für den Bau des Opernhauses in Sydney scheinbar großzügige vier Jahre – am Ende dauerte es jedoch 14, bei Kosten von mehr als 1400 Prozent des ursprünglichen Budgets.) Hofstadter hat natürlich halb gescherzt. Aber ich habe sein Gesetz immer als etwas beunruhigend empfunden, denn wenn es zutrifft – und meiner Erfahrung nach scheint das der Fall zu sein –, deutet es auf etwas sehr Seltsames hin: dass die Aktivitäten, die wir zu planen versuchen, sich irgendwie aktiv unseren Bemühungen widersetzen, sie mit unseren Plänen in Einklang zu bringen. Es ist, als würden unsere Bemühungen, gut zu planen, nicht nur scheitern, sondern dazu führen, dass alles noch länger dauert. Die Realität scheint sich zu wehren, ein zorniger Gott, der uns daran erinnern will, dass er die Oberhand behält, ganz gleich, wie sehr wir versuchen, ihm zu huldigen, indem wir unsere Zeitpläne mit zusätzlichen Spielräumen versehen. Ich muss zugeben, dass mich das wahrscheinlich mehr stört als die meisten anderen, denn ich stamme aus einer Familie von Leuten, die man als zwanghafte Planer bezeichnen könnte. Wir gehören zu der Sorte Menschen, die gern alles so weit wie möglich im Voraus planen, um zu wissen, wie sich die Zukunft entwickeln wird, und die nervös und unruhig werden, wenn sie sich mit denjenigen abstimmen müssen, die das Leben lieber so nehmen, wie es kommt. Meine Frau und ich haben Glück, wenn wir es in einem beliebigen Jahr bis Ende Juni schaffen, bevor die erste Anfrage meiner Eltern zu unseren Weihnachtsplänen eingeht; und ich wurde so erzogen, dass ich jede Flug- oder Hotelbuchung, die weniger als vier Monate vor dem geplanten Abreise- oder Aufenthaltsdatum erfolgt, als ein unentschuldbares Leben auf der Kippe betrachte. Bei Familienurlauben war uns eine dreistündige Wartezeit am Flughafen oder eine Stunde am Bahnhof gewiss, da wir stets viel zu früh von zu Hause aufbrachen. (»Papa schlägt vor, 14 Stunden zu früh am Flughafen einzutreffen«, lautet eine Schlagzeile auf *The Onion,* die offensichtlich von meiner Kindheit inspiriert wurde.[2]) All das ärgerte mich damals, und es ärgert mich heute noch, weil es Eigenschaften betrifft, die ich nur allzu deutlich auch bei mir selbst erkenne.

Zumindest glaube ich sagen zu können, dass meine Familie ehrlich damit umgeht. Meine Großmutter väterlicherseits, eine Jüdin, war neun Jahre alt und lebte in Berlin, als Hitler 1933 an die Macht kam, und sie war 15, als ihr Stiefvater nach den Verwüstungen der Kristallnacht endlich Pläne schmiedete, seine Familie nach Hamburg und von dort an Bord der SS *Manhattan* nach Southampton in England zu bringen. (Die Passagiere, so wurde mir einmal erzählt, ließen an Deck die Sektkorken knallen, aber erst, als sie sicher waren, dass das Schiff deutsche Gewässer verlassen hatte.) Ihre eigene Großmutter, meine Ururgroßmutter, schaffte es nicht mehr außer Landes und starb später im Konzentrationslager Theresienstadt. Es ist also leicht nachvollziehbar, wie ein heranwachsendes deutsch-jüdisches Mädchen, das am Vorabend des Zweiten Weltkriegs in London ankam, den unerschütterlichen Glauben entwickeln und später an die eigenen Kinder weitergeben konnte, dass einem selbst oder seinen Lieben ein sehr schlimmes Schicksal widerfahren könnte, wenn man die Dinge nicht akkurat plante. Wenn man eine Reise antritt, ist es manchmal wirklich wichtig, rechtzeitig am Abfahrtsort zu sein.

Das Problem bei einer derart emotionalen Zukunftsplanung ist jedoch, dass zwar gelegentlich eine Katastrophe verhindert werden kann, die restliche Zeit jedoch genau die Ängste verstärkt werden, die man eigentlich mildern wollte. Der obsessive Planer verlangt von der Zukunft gewisse Garantien – doch die Zukunft kann ihm solche Sicherheit nicht bieten, und zwar aus dem offensichtlichen Grund, dass sie noch in der Zukunft liegt. Schließlich kann man nie absolut sicher sein, dass man nicht doch zu spät am Flughafen eintrifft, ganz gleich, wie viele Extrastunden man einplant. Oder anders gesagt, man *kann* sich sicher sein – aber erst, wenn man angekommen ist und sich im Terminal die Beine in den Bauch steht. Zu diesem Zeitpunkt ist es kein Trost mehr, dass alles gut gegangen ist, denn das liegt jetzt bereits in der Vergangenheit; stattdessen muss man sich um den nächsten Teil der Zukunft sorgen. (Wird das Flugzeug rechtzeitig am Zielort landen, damit man den Anschlusszug noch erwischt? Und so weiter und so fort.) Ganz gleich, wie weit man im Voraus plant, man kann sich nie in der Gewissheit entspannen, dass alles so laufen wird, wie man es gern hätte. Stattdessen wird die Grenze der Ungewissheit immer weiter in Richtung Horizont verschoben. Sobald die Pläne für Weihnachten feststehen, muss man an den Januar denken, dann an den Februar, dann an den März …

Ich nehme hier meine neurotische Familie als Beispiel, aber es ist wichtig zu erkennen, dass diese unterschwellige Sehnsucht, die Zukunft verlässlich zu machen, nicht nur bei zwanghaften Planern vorkommt. Jeder, der sich um etwas Sorgen macht, kennt sie, ganz gleich, ob er darauf mit ausgeklügelten Zeitplänen oder mit übervorsichtigen Reiseplänen reagiert. Im Kern ist Besorgnis die sich wiederholende Erfahrung, dass der Verstand versucht, ein Gefühl der Sicherheit in Bezug auf die Zukunft zu erzeugen, daran scheitert und es dennoch wieder und wieder und wieder versucht – als könnte die bloße Anstrengung der Sorge irgendwie helfen, eine Katastrophe zu verhindern. Die treibende Kraft hinter der Sorge ist also das innere Verlangen zu wissen, dass alles gut gehen wird: dass der Partner einen *nicht* verlässt, dass man genug Geld *hat,* um in Rente zu gehen, dass eine Pandemie *niemanden* dahinrafft, den man liebt, dass der Lieblingskandidat die nächste Wahl *gewinnt,* dass man seine To-do-Liste bis Freitagnachmittag abarbeiten *kann.* Das Streben nach Kontrolle über die Zukunft ist ein deutliches Beispiel dafür, wie wir uns weigern, unsere natürlichen Grenzen zu akzeptieren, wenn es um die Zeit geht, denn es ist ein Kampf, den der Besorgte offensichtlich nicht gewinnen kann. Man kann sich nie wirklich sicher sein, wie die Zukunft wird. Deshalb ist der Blick über den eigenen Horizont hinaus so trügerisch.

Alles könnte passieren

In diesem Buch habe ich bisher immer wieder betont, wie wichtig es ist, sich mit der unangenehmen Erkenntnis zu konfrontieren, wie wenig Zeit wir haben, anstatt ihr auszuweichen. Es sollte jedoch auch deutlich werden, dass allein die Vorstellung von Zeit als etwas, das man »hat«, durchaus fragwürdig ist. Der Schriftsteller David Cain weist darauf hin, dass wir niemals Zeit in demselben Sinne haben wie Geld in unserem Portemonnaie oder Schuhe an unseren Füßen. Wenn wir behaupten, Zeit zu haben, meinen wir in Wirklichkeit, dass wir sie erwarten. »Wir gehen davon aus, dass wir drei Stunden oder drei Tage Zeit haben, um etwas zu tun«, schreibt Cain. »Aber wir haben sie nie wirklich.«[3] Eine Vielzahl von Faktoren kann unsere Erwartungen enttäuschen und uns die drei Stunden rauben, die wir für ein wichtiges Arbeitsprojekt zu haben glaubten: Unser Chef könnte mit einer dringenden Bitte dazwischenfunken; die U-Bahn könnte ausfallen; wir könnten sterben. Und selbst wenn wir am Ende doch die vollen drei Stunden bekommen, genau so, wie wir es uns vorgestellt haben, werden wir es erst dann mit Sicherheit wissen, wenn diese Stunden bereits vergangen sind. Gewissheit über die Zukunft hat man immer erst dann, wenn sie bereits zur Vergangenheit geworden ist.

Und trotz allem, was ich gesagt habe, hat niemand wirklich 4000 Wochen Zeit zum Leben – nicht nur, weil man am Ende vielleicht weniger hat, sondern weil man in Wirklichkeit nicht einmal eine einzige Woche *bekommt,* in dem Sinne, dass man garantieren kann, dass sie eintrifft oder dass man in der Lage sein wird, sie genau so zu nutzen, wie man es sich wünscht. Stattdessen erlebt man jeden Augenblick so, wie er kommt, geworfen in diese Zeit und an diesen Ort, mit allen Einschränkungen, die das mit sich bringt, und kann sich nicht sicher sein, was als Nächstes passieren wird. Wenn man ein wenig darüber nachdenkt, erlangt Heideggers Vorstellung, dass wir Zeit sind – dass es allein sinnstiftend ist, die menschliche Existenz als Abfolge von Momenten in der Zeit zu betrachten –, eine tiefere Bedeutung. Das hat handfeste psychologische Konsequenzen, denn die Annahme, dass Zeit etwas ist, das wir besitzen oder kontrollieren können, ist die unausgesprochene Prämisse fast all unseres Denkens über die Zukunft, unseres Planens, Zielsetzens und Sorgenmachens. Sie ist also eine ständige Quelle der Angst und der Unruhe, weil unsere Erwartungen immer wieder auf die bittere Realität stoßen, dass die Zeit nicht in unserem Besitz ist und nicht unter unsere Kontrolle gebracht werden kann.

Ich will damit nicht sagen, dass es falsch wäre, Pläne zu schmieden, Geld für den Ruhestand zurückzulegen oder wählen zu gehen, um die Chancen zu erhöhen, dass sich die Zukunft so entwickelt, wie man es sich wünscht. Unsere

Bemühungen, die Zukunft zu beeinflussen, sind nicht das Problem. Das Problem – die Quelle aller Ängste – ist das starke Bedürfnis, aus unserer Sicht in der Gegenwart zu wissen, dass diese Bemühungen erfolgreich sein werden. Es ist natürlich in Ordnung, wenn man sich wünscht, dass der Partner einen nie verlässt, und wenn man ihn so behandelt, dass dieser glückliche Ausgang wahrscheinlicher wird. Besteht man allerdings darauf, schon jetzt die Gewissheit zu haben, dass sich die Beziehung künftig auf jeden Fall so entwickeln wird, dann ist das ein Rezept für ein Leben voller Stress. Ein überraschend wirksames Mittel gegen die Angst kann darin bestehen, sich einfach klarzumachen, dass dieser Anspruch an die Zukunft niemals erfüllt werden kann – ganz gleich, wie viel man plant oder sich Sorgen macht oder wie viel Zeit man sich lässt, um zum Flughafen zu kommen. Man *kann* nicht wissen, dass alles gut gehen wird. Das Ringen um Gewissheit ist von vornherein aussichtslos, und das bedeutet, dass man sich nicht mehr darauf einlassen darf. Die Zukunft lässt sich nicht einfach vorausbestimmen, wie der französische Mathematiker und Philosoph Blaise Pascal wusste: »Wir sind so unbesonnen, dass wir in Zeiten wandern, die nicht die unseren sind«, schrieb er. »Wir versuchen, die Gegenwart durch die Zukunft zu stützen, und meinen, Dinge ordnen zu können, die nicht in unserer Macht stehen, für eine Zeit, die wir keineswegs mit Gewissheit erreichen werden.«[4]

Unsere Angst vor der Unkontrollierbarkeit der Zukunft erscheint im Kontext der Vergangenheit noch etwas absurder und lässt sich daher vielleicht etwas leichter überwinden. Wir sorgen uns tagtäglich, weil wir nicht wissen, was die Zukunft bringt – und doch würden die meisten Menschen vermutlich einräumen, dass sie in ihrem Leben dorthin gelangt sind, wo sie jetzt sind, ohne dies maßgeblich mitbestimmt zu haben. Was immer man in seinem Leben am meisten schätzt, lässt sich auf eine Verkettung zufälliger Ereignisse zurückführen, die man unmöglich hätte planen können und die man im Nachhinein gewiss auch nicht mehr ändern kann. Vielleicht wäre man nie zu der Party eingeladen worden, auf der man seinen zukünftigen Ehepartner kennengelernt hat; möglicherweise wären die Eltern nie in die Nähe der Schule mit dem motivierenden Lehrer gezogen, der die unentdeckten Begabungen der Kinder erkannte und sie zur Entfaltung brachte – und so fort. Wenn man noch weiter in die Vergangenheit zurückblickt, bis vor die eigene Geburt, ist das Ganze eine noch schwindelerregendere Angelegenheit, bei der sich Zufall an Zufall reiht. In ihren Memoiren staunt Simone de Beauvoir über die verblüffende Anzahl von Dingen, die ihrer Kontrolle vollständig entzogen waren und die geschehen mussten, damit sie zu der wurde, die sie war:

> Wenn ich nach dem Mittagessen in dem Zimmer einschlafe, in dem ich arbeite, erwache ich zuweilen mit einem Gefühl kindlichen Staunens – warum bin ich ich selbst? Wie ein Kind, das sich seiner eigenen Identität bewusst wird, bin ich erstaunt, dass ich mich hier und in diesem Augenblick befinde, mitten in diesem Leben und nicht in einem anderen. Welcher Zufall hat das bewirkt? […] Die Chancen dafür, dass dieses eine Spermium in diese eine Eizelle eindrang, was das Zusammentreffen meiner Eltern und davor deren Geburt und die Geburt all ihrer Vorfahren voraussetzte, standen weniger als eins zu Hunderten von Millionen. Und es ist ein Zufall, ein nach dem heutigen Stand der Wissenschaft

> vollkommen unvorhersehbarer Zufall, der dazu führte, dass ich als Frau geboren wurde. Von da an, so scheint es mir, hätte jede einzelne Veränderung in meiner Vergangenheit tausend verschiedene Zukünfte hervorbringen können: Ich hätte krank werden und mein Studium abbrechen können; vielleicht wäre ich Sartre nicht begegnet; es hätte überhaupt alles passieren können.[5]

Es liegt ein gewisser Trost in de Beauvoirs Worten: Obwohl auch wir keinerlei Einfluss auf derlei Ereignisse hatten, haben wir es alle bis zu diesem Punkt in unserem Leben geschafft – es lohnt sich also, zumindest die Möglichkeit in Betracht zu ziehen, dass wir, wenn die unkontrollierbare Zukunft eintrifft, auch diese meistern werden. Bedenkt man, dass vieles von dem, was einem im Leben wichtig ist, überhaupt nur durch Umstände möglich wurde, auf die man keinen Einfluss hatte, dann sollte man eine solche Einflussnahme auch nicht unbedingt anstreben.

Sich um die eigenen Angelegenheiten kümmern

Diese Erkenntnisse über die Unkontrollierbarkeit der Vergangenheit und die Unwägbarkeit der Zukunft erklären, warum so viele spirituelle Traditionen zu demselben Schluss gelangen: dass wir danach streben sollten, unsere Aufmerksamkeit auf den einzigen Teil der Zeit zu beschränken, der uns wirklich etwas angeht – diesen, hier in der Gegenwart. »Der Versuch, die Zukunft zu kontrollieren, ist wie der Versuch, den Platz des Zimmermeisters einzunehmen«, heißt es mahnend in einem der Grundlagentexte des Taoismus, dem *Daodejing*,[6] eine Warnung, die mehrere Jahrhunderte später von dem buddhistischen Gelehrten Geshe Shawopa aufgegriffen wurde, der seine Schüler streng ermahnte: »Herrscht nicht über imaginäre Reiche endlos wuchernder Möglichkeiten.«[7] Ähnliches sagt Jesus in der Bergpredigt (obwohl viele seiner späteren Anhänger die christliche Vorstellung vom ewigen Leben als Grund dafür interpretierten, sich auf die Zukunft zu fixieren, statt sie zu ignorieren). »Darum sorgt nicht für morgen; denn der morgige Tag wird für das Seine sorgen«, rät er.[8] Der folgende, berühmte Satz, »Es ist genug, dass jeder Tag seine eigene Plage hat«, besaß für mich stets einen ironischen, an seine Zuhörer gerichteten Tonfall. Er scheint sie zu necken: Führt ihr Galiläer aus der Arbeiterklasse des ersten Jahrhunderts wirklich ein so unbeschwertes Leben, dass es sich lohnt, zusätzliche Probleme zu erfinden, indem man sich darüber aufregt, was morgen passieren könnte?

Die Version dieses Gedankens, die mich am meisten beeindruckt hat, stammt jedoch von dem modernen spirituellen Lehrer, der ihn bei einem Vortrag in Kalifornien in den späten 1970er-Jahren auf seine typisch direkte Art formulierte. »Mitten in diesem Vortrag«, erinnert sich der Schriftsteller Jim Dreaver, der damals unter den Zuhörern war, »hielt Krishnamurti plötzlich inne, beugte sich vor und sagte fast verschwörerisch: ›Wollt ihr wissen, was mein Geheimnis ist?‹ Fast so, als wären wir ein einziger Organismus, setzten wir uns auf… Ich sah, wie sich die Leute um mich herum nach vorne lehnten, ihre Ohren spitzten, während sich ihre Münder langsam in stiller Erwartung öffneten.« Dann sagte Krishnamurti »mit sanfter, fast schüchterner Stimme: ›Wisst ihr, es ist mir egal, was geschieht.‹«[9]

Es ist mir egal, was geschieht. Vielleicht bedürfen diese Worte einer kleinen Erläuterung; Ich glaube nicht, dass

Krishnamurti damit sagen will, dass wir keine Trauer, kein Mitgefühl oder keine Wut empfinden sollen, wenn uns oder anderen etwas Schlimmes zustößt, und auch nicht, dass wir unsere Bemühungen aufgeben sollen, Schlimmes in der Zukunft zu verhindern. Ein Leben, in dem es uns »egal ist, was geschieht«, ist vielmehr ein Leben ohne die innere Forderung, dass die Zukunft unseren Wünschen entsprechen muss – und somit ohne die ständige Ungewissheit, ob sich die Dinge wie erwartet entwickeln werden oder nicht. Das heißt nicht, dass wir in der Gegenwart nicht klug handeln können, um die Gefahr negativer Entwicklungen in der Zukunft zu verringern. Sollten dennoch schlimme Dinge passieren, können wir auch weiterhin so gut wie möglich darauf reagieren; wir sind nicht gehalten, Leid oder Ungerechtigkeit als Teil einer unvermeidlichen Weltordnung zu akzeptieren. Wenn wir jedoch keine Gewissheit mehr verlangen, dass später alles erwartungsgemäß verläuft, dann werden wir von der damit verbundenen Sorge in dem einzigen Augenblick befreit, in dem sie tatsächlich herrscht, nämlich in diesem.

Übrigens verstehe ich Krishnamurti auch nicht dahingehend, dass wir es jenen nervigen Menschen gleichtun sollen (wir alle kennen ein oder zwei von ihnen), die ein bisschen zu stolz auf ihr Bekenntnis zur Spontaneität sind – die auf ihr Recht pochen, niemals Pläne zu machen und impulsiv durchs Leben zu hüpfen, und bei denen eine Verabredung, sich um sechs Uhr auf einen Drink zu treffen, noch lange nicht bedeutet, dass sie auch nur die geringste Absicht haben, tatsächlich zu erscheinen. Diese ostentativ unbekümmerten Typen scheinen sich allein schon dadurch eingeengt zu fühlen, dass sie Pläne machen oder versuchen, sie einzuhalten. Aber Planung ist ein unverzichtbares Instrument, um das eigene Leben sinnvoll zu gestalten und seine Verantwortung gegenüber anderen Menschen wahrzunehmen. Das eigentliche Problem ist nicht die Planung. Es ist, dass wir unsere Pläne für etwas halten, was sie nicht sind. Wir vergessen oder wollen nicht wahrhaben, dass »ein Plan nur ein Gedanke ist«, wie der amerikanische Meditationslehrer Joseph Goldstein sagt.[10] Wir behandeln unsere Pläne, als wären sie ein Lasso, das wir von der Gegenwart aus um die Zukunft werfen, um sie unter unsere Kontrolle zu bringen. Doch ein Plan ist lediglich eine Absichtserklärung in der Gegenwart – mehr kann er gar nicht sein. Er ist Ausdruck unserer momentanen Vorstellungen davon, wie wir unseren bescheidenen Einfluss auf die Zukunft idealerweise nutzen wollen. Die Zukunft ist freilich in keiner Weise verpflichtet, dem nachzukommen.

8

Immer schon im Hier und Jetzt

Wenn wir die Zeit als etwas auffassen, das wir besitzen und kontrollieren können, macht das unser Leben auch noch auf eine andere Weise schwieriger. Sie »gut zu nutzen« wird dadurch nämlich unweigerlich zur Obsession – bevor wir auf eine traurige Wahrheit stoßen: Je mehr man sich darauf konzentriert, seine Zeit gut zu nutzen, desto mehr wird jeder Tag zu etwas, das man auf dem Weg zu einer ruhigeren, besseren, befriedigenderen Zukunft nur irgendwie *hinter sich bringen* muss – einer Zukunft, die freilich nie eintritt. Das Problem ist eines der Instrumentalisierung. Zeit zu nutzen bedeutet schon der Definition nach, sie zu instrumentalisieren, als Mittel zum Zweck zu betrachten. Das ist natürlich einerseits etwas, das wir alle Tag für Tag tun: Niemand kocht Wasser auf, weil er so gern den Wasserkocher benutzt, und man tut auch keine Socken in die Waschmaschine, weil das Bedienen von Waschmaschinen so erfüllend ist, sondern wir gehen solchen Aktivitäten nach, weil wir eine Tasse Kaffee oder saubere Socken haben möchten. Wobei sich aber herausgestellt hat, dass es verlockend einfach ist, diese instrumentelle Beziehung zur Zeit maßlos zu übertreiben – sich nur noch darauf zu konzentrieren, wo man hinmöchte, anstatt den Fokus darauf zu legen, wo man gerade ist – mit dem Ergebnis, dass man irgendwann feststellen muss, dass man mental in der Zukunft lebt und den »wahren« Wert des Lebens auf eine Zeit verschoben hat, die noch nicht eingetroffen ist und auch nie eintreffen wird.

In seinem Buch *Back to Sanity* erinnert sich der Psychologe Steve Taylor daran, wie er einmal im British Museum in London die Touristen dabei beobachtete, wie sie, anstatt sich ernsthaft das direkt vor ihnen stehende frühägyptische Kunstwerk, den Stein von Rosette, anzusehen, durch Fotografieren und Filmen mit ihren Handys eifrig dafür sorgten, dass sie es später betrachten konnten.[1] Sie waren so intensiv damit beschäftigt, ihre Zeit im Blick auf die Zukunft gut zu nutzen – also auf die Möglichkeit, den Stein später noch einmal in Ruhe zu betrachten oder andere Menschen an dem Erlebnis teilhaben zu lassen –, dass sie die Ausstellung selbst kaum mitbekamen. (Und mal ehrlich: Wer sieht sich diese Videos später tatsächlich noch einmal an?) Zugegeben: Über die Smartphone-Angewohnheit junger Leute zu meckern gehört zu den Lieblingsbeschäftigungen von mittelalten Miesepetern wie Taylor und mir. Wobei aber die tiefere Wahrheit von Taylors Schilderung darin besteht, dass wir uns letztlich alle regelmäßig eines solchen Verhaltens schuldig machen. Wir behandeln alles, was wir tun – mit anderen Worten: das Leben selbst –, nur insofern als wertvoll, als dadurch das Fundament für etwas anderes gelegt wird.

Dieses auf die Zukunft fokussierte Verhalten nimmt häufig eine Form an, die einmal jemand als »Irgendwann-wenn-ich-Einstellung« beschrieben hat,[2] also: »Irgendwann, wenn ich die Stapel auf meinem Schreibtisch abgearbeitet/meinen Lieblingspolitiker ins Parlament gewählt/die Partnerin/den Partner fürs Leben gefunden/meine Psychothemen aufgearbeitet habe, *dann* kann ich mich entspannen, *dann* kann endlich das Leben beginnen, das ich schon immer leben wollte.« Wer in dieser Mentalität gefangen ist, sucht den Grund für die eigene Unerfülltheit und fehlende Glücksgefühle darin, dass er oder sie es bisher nicht geschafft hat, bestimmte, ganz spezifische Ziele zu erreichen; wenn man aber diese Ziele erreiche, so die Erwartung, dann habe man endlich das Gefühl, am Steuer seines eigenen Lebens zu sitzen, endlich die Souveränität über die eigene Zeit errungen zu haben. Tatsächlich aber ist diese Methode zur Herstellung eines Sicherheitsgefühls gerade die Garantie dafür, sich *niemals* erfüllt zu fühlen, weil man die Gegenwart lediglich als Durchgang zu einer irgendwie überlegenen Zukunft betrachtet – wodurch sich der gegenwärtige Moment niemals aus sich selbst heraus befriedigend anfühlen wird. Selbst wenn Sie die Stapel auf Ihrem vollen Schreibtisch unter Kontrolle bekommen oder tatsächlich Ihren Seelenpartner finden: Sie werden immer einen Grund finden, den Augenblick der Erfüllung auf später zu verschieben.

Natürlich spielt der Kontext eine Rolle; es gibt massenhaft Situationen, in denen es absolut verständlich ist, dass man sich ganz bewusst auf eine bessere Zukunft konzentriert. Niemand würde den Menschen, der für einen Hungerlohn öffentliche Toiletten sauber macht, dafür kritisieren, dass er sich auf das Ende seines Arbeitstages freut oder auf die Zukunft, in der er einen besseren Job gefunden hat; bis dahin ist sein Arbeitstag für ihn verständlicherweise hauptsächlich Mittel zum Zweck des Geldverdienens. Etwas seltsamer ist das schon bei einer ehrgeizigen und gut bezahlten Architektin, die beruflich genau das macht, was sie schon immer machen wollte, und sich trotzdem dabei ertappt, dass sie jeden Augenblick dieser Erfahrung nur insofern als wertvoll betrachtet, als er sie näher an die Fertigstellung ihres Projektes bringt, damit sie dann das nächste Projekt übernehmen kann oder befördert wird oder in Rente geht. Auf diese Weise zu leben, kann man mit gutem Grund als verrückt bezeichnen – aber es ist eine Verrücktheit, die uns schon sehr früh eingeschärft wird, wie der selbst ernannte »spirituelle Entertainer« und New-Age-Philosoph Alan Watts mit der für ihn so typischen Schärfe erklärt:

> Nehmen Sie das Bildungswesen. Was für ein Schwindel. Erst kommt man in die Krippe. In der Krippe sagen sie, dass sie einen auf den Kindergarten vorbereiten. Und dann kommt die Einschulung und die zweite Klasse und die dritte Klasse … Und in der weiterführenden Schule erzählen sie einem, dass man sich dort auf die Uni vorbereitet, und in der Uni heißt es, man werde auf das Berufsleben vorbereitet … [Die Leute sind] wie Esel, die der Karotte hinterherrennen, die vor ihrem Gesicht baumelt und an einem Stock hängt, der an ihrem eigenen Hals befestigt ist. Sie sind niemals hier. Sie kommen niemals an. Sie sind nie lebendig.[3]

Die Kausalkatastrophe

Ich musste erst Vater werden, um zu begreifen, wie umfassend ich mein gesamtes Erwachsenenleben lang in dieser auf die Zukunft fixierten Lebenseinstellung festgesteckt hatte. Nicht dass die Erleuchtung sofort gekommen wäre. Als die Geburt meines Sohnes näher rückte, wurde es mir erst einmal noch wichtiger als ohnehin schon, meine Zeit effektiv zu nutzen. Vermutlich haben alle Eltern, die gerade mit einem Neugeborenen aus dem Krankenhaus kommen und merken, dass sie keine Ahnung davon haben, wie man Kinder großzieht, in irgendeiner Weise das Bedürfnis, ihre Zeit so klug wie möglich zu nutzen – zuerst, um das sich windende Bündel schlicht und ergreifend am Leben zu erhalten, und dann, um das Fundament für eine glückliche Zukunft zu legen. Aber ich hatte zu dieser Zeit immer noch genug von einem Produktivitätsnerd, dass ich diese Situation verschlimmerte, indem ich diverse Selbsthilfebücher für Eltern von Neugeborenen erwarb: Ich war wild entschlossen, diese so wichtigen ersten Monate so gut wie möglich zu nutzen.

Mir wurde schnell klar, dass das Genre der Neugeborenenratgeber sich deutlich in zwei Lager teilte, wobei jedes von ihnen permanent empört darüber zu sein schien, dass das andere überhaupt existierte. Auf der einen Seite standen jene Gurus, die ich im Stillen »Babytrainer« nannte und die uns beschworen, unseren Säugling so bald wie möglich an einen strengen Zeitplan zu gewöhnen – und zwar, weil die Abwesenheit einer solchen Struktur bei ihm angeblich zu einer existenziellen Unsicherheit führte und weil die Struktur, die seine Tage vorhersehbarer machte, auch bedeutete, dass er sich nahtloser in den schon existierenden Rhythmus seines Zuhauses einfügen würde. Auf diese Weise bekäme jedes Familienmitglied mehr Schlaf, und meine Frau und ich könnten sehr zügig wieder anfangen zu arbeiten. Auf der anderen Seite standen die »Natureltern«, für die jegliche Struktur – und ehrlich gesagt allein der Gedanke, dass Mütter Berufe haben, in die sie zurückkehren möchten – nur ein weiterer Beweis dafür war, wie sehr das moderne Leben die Reinheit der Elternschaft korrumpiert hatte, die nur dadurch zurückgewonnen werden könne, dass man sich die Praktiken indigener Stämme im globalen Süden und/oder

der Urmenschen aneignete, wobei diese beiden Gruppen für dieses Lager der Elternexperten aus praktischen Gründen anscheinend identisch waren.

Später lernte ich dann, dass es tatsächlich keinerlei nachvollziehbare wissenschaftliche Gründe gibt, eines der beiden Lager zu bevorzugen. (So kommt zum Beispiel der »Beweis« dafür, dass es falsch ist, sein Baby vor dem Einschlafen kurz schreien zu lassen, hauptsächlich aus Untersuchungen mit Säuglingen, die in rumänischen Waisenhäusern abgegeben worden waren, was wohl kaum dasselbe ist, wie sein Kind 20 Minuten am Tag in einer gemütlichen skandinavischen Wiege allein zu lassen; um ein anderes Beispiel zu nennen: Es gibt eine westafrikanische ethnische Gruppe, die Hausa-Fulani, die jegliche westliche Elternphilosophie über den Haufen wirft, indem sie es in manchen Situationen als Tabu betrachtet, dass Mütter Blickkontakt zu ihren Babys aufnehmen – wobei sich diese Kinder meistens völlig normal zu entwickeln scheinen.)[4] Was mich jedoch am meisten beeindruckt hat, war, wie ausschließlich beide Expertengruppen mit der Zukunft beschäftigt waren – wie jeder Ratschlag an Eltern, der mir in Büchern und im Internet begegnet ist, den Fokus einzig und allein darauf legte zu klären, was man tun musste, damit später die glücklichsten oder erfolgreichsten oder produktivsten größeren Kinder beziehungsweise Erwachsenen dabei herauskamen.

Bei den Babytrainern mit ihrer Leidenschaft dafür, den Babys Gewohnheiten einzuimpfen, die ihnen in ihrem weiteren Leben vielleicht nützten, war das ziemlich offensichtlich. Aber es traf genauso auf die »Natureltern« zu. Es war nämlich durchaus nicht so, dass dieses Lager Tragetücher, das gemeinsame Schlafen im Familienbett und das Stillen bis zum Alter von drei Jahren propagierte, einfach nur, weil es für Eltern und Kinder schöner war. Sondern ihr eigentliches Motiv, das sie auch manchmal explizit benannten, bestand darin, dass diese Maßnahmen angeblich am besten geeignet waren, die psychische Gesundheit eines Kindes in der Zukunft zu gewährleisten. (Übrigens auch hier: keine belastbaren Beweise.) Und plötzlich ging mir mit einem ziemlich unbehaglichen Gefühl auf, dass ich all diesen Rat überhaupt nur gesucht hatte, weil das auch meine Grundhaltung war: Solange ich denken konnte, hatte ich meine Tage damit verbracht, nach zukünftigen Lorbeeren zu streben – Examensergebnissen, Arbeitsstellen, einer gesünderen Einstellung zum Sport: die Liste war unendlich –, und all das im Blick auf einen fiktiven Zeitpunkt, an dem das Leben endlich glattlaufen würde. Jetzt, wo meine täglichen Pflichten plötzlich um ein Baby kreisten, hatte ich diese instrumentelle Einstellung einfach erweitert, um mit der neuen Realität zurechtzukommen: Ich wollte sicherstellen, dass ich alles tat, was notwendig war, um auf dem Gebiet der Kindererziehung in der Zukunft optimale Ergebnisse zu erreichen.

Aber plötzlich kam mir diese Einstellung gegenüber der Zeit, die man mit einem Neugeborenen verbringt, vollkommen schräg vor, davon abgesehen, dass es unnötig anstrengend war, über solche Dinge nachzudenken, wenn das Leben gerade schon anstrengend genug war. Natürlich war es wichtig, die Zukunft grob im Auge zu behalten – wir mussten Impftermine organisieren und uns bei Kinderkrippen anmelden usw. Aber mein Sohn war *jetzt* hier, und er würde nur ein Jahr lang »null Jahre alt« sein, und mir wurde klar, dass ich diese Tage seiner *tatsächlichen* Existenz nicht dadurch verpassen wollte, dass ich mich ausschließlich darauf konzentrierte, wie ich sie im Sinne seiner Zukunft am besten nutzen konnte. Er war reine Gegenwart, lebte bedingungslos in dem Augenblick, in dem er sich befand, und ich wollte daran teilhaben. Ich wollte zusehen, wie seine kleine Faust sich um meinen Finger schloss und wie er sein Köpfchen bewegte, wenn er ein Geräusch hörte, ohne mich damit zu beschäftigen, ob dies ein Anzeichen dafür war, dass er bestimmte »Entwicklungsschritte« absolviert hatte oder nicht, oder was ich angeblich alles tun musste, um dafür zu sorgen, dass er es tat. Schlimmer noch: Mir dämmerte, dass meine Fixierung auf die effektive Nutzung der Zeit bedeutete, dass ich meinen eigenen Sohn, ein anderes, vollkommenes menschliches Wesen, benutzte, um meine eigenen Ängste zu beschwichtigen – indem ich ihn ausschließlich als Mittel für mein hypothetisches zukünftiges Sicherheits- und Zufriedenheitsgefühl behandelte.

Der Schriftsteller Adam Gopnik nennt die Falle, in die ich gerannt war, die »Kausalkatastrophe«, seiner Definition nach der Glaube, »dass der Beweis der Richtigkeit oder Falschheit einer bestimmten Methode, Kinder großzuziehen, darin besteht, welche Art von Erwachsene sie hervorbringt«.[5] Diese Vorstellung klingt erst einmal durchaus einleuchtend – wie sollte man sonst über die Richtigkeit einer Erziehungsmethode urteilen? Aber gleichzeitig wird der Kindheit ihr eigener Wert abgesprochen, wenn man sie ausschließlich als Übungsfeld für das Erwachsenenleben betrachtet. Vielleicht ist es tatsächlich eine »schlechte Angewohnheit«, wie die Babytrainer hartnäckig betonen, wenn Ihr Einjähriger am liebsten auf Ihrem Bauch einschläft. Aber gleichzeitig ist es ein beglückendes Erlebnis im Jetzt, und auch das muss in die Waagschale gelegt werden – es kann einfach nicht sein, dass die Sorge um die Zukunft immer den Vorrang bekommt! Genauso ist die Frage, ob es in Ordnung ist, seinen Neunjährigen jeden Tag stundenlang gewalttätige Computerspiele spielen zu lassen, nicht nur dadurch zu entscheiden, ob ihn das zu einem gewalttätigen Erwachsenen macht, sondern auch dadurch, ob es für ihn in diesem Moment eine gute Art ist, seine Lebenszeit zu verbringen; vielleicht ist eine Kindheit voller digitalem Blut einfach schon aus sich heraus eine schlechtere Kindheit, selbst wenn das Computerspielen keinerlei negative Auswirkungen auf die Zukunft hätte. In seinem Stück *The Coast of Utopia* legt der Dramatiker Tom Stoppard dem russischen Philosophen Alexander Herzen aus dem 19. Jahrhundert eine intensivierte Version dieses Gedankens in den Mund, als dieser darum ringt, mit dem Tod seines Sohnes fertigzuwerden, der bei einem Schiffsuntergang umgekommen ist – und dessen Leben, wie Herzen beharrt, obwohl es nicht in den Lebensleistungen eines Erwachsenen Früchte tragen konnte, keinen Deut weniger wert sei. »Weil Kinder heranwachsen, glauben wir, dass es der Zweck eines Kindes sei, heranzuwachsen«, sagt Herzen. »Aber der Zweck eines Kindes ist es, Kind zu sein. Selbst das, was nur einen Tag lang lebt, wird von der Natur nicht gering geschätzt. Sie gießt sich selbst vollständig in jeden einzelnen Augenblick … Die Belohnung des Lebens liegt in diesem Fließen. Später ist zu spät.«[6]

Das letzte Mal

Dennoch hoffe ich, dass bis hierhin klar geworden ist, dass all dies nicht nur auf Menschen zutrifft, die zufälligerweise Eltern von Kleinkindern sind. Es stimmt schon, dass ein sich schnell entwickelndes neugeborenes Baby es einem besonders schwer macht, die Tatsache zu ignorieren, dass das Leben aus einer Abfolge von flüchtigen Erfahrungen besteht, die einen Wert in sich selbst tragen und die man verpasst, wenn man sich ausschließlich auf das Ziel konzentriert, auf das sie, wie man hofft, vielleicht hinauslaufen. Der Autor und Podcaster Sam Harris machte die verstörende Beobachtung, dass dies im Grunde auf alles zutrifft: Unser Leben ist aufgrund seiner Endlichkeit unweigerlich voller Handlungen, die wir irgendwann zum allerletzten Mal ausführen.[7] So wie es ein letztes Mal geben wird, bei dem ich meinen Sohn auf den Arm nehme – ein Gedanke, der mich zutiefst erschreckt und den ich dennoch nicht leugnen kann, denn natürlich werde ich ihn nicht mehr hochnehmen, wenn er 30 Jahre alt ist –, so wird es auch ein letztes Mal geben, an dem Sie das Haus Ihrer Kindheit besuchen oder im Meer schwimmen oder Sex haben oder mit einem bestimmten Freund ein tiefschürfendes Gespräch führen. Normalerweise können Sie jedoch nicht wissen, dass dies der Augenblick ist, in dem Sie dieses oder jenes zum letzten Mal tun. Harris will darauf hinaus, dass wir aus diesem Grund versuchen sollten, jeder Erfahrung mit der gleichen Aufmerksamkeit zu begegnen, die wir an den Tag legen würden, wenn uns bewusst wäre, dass wir sie zum letzten Mal machen. Und natürlich ist in einer Hinsicht jeder einzelne Moment des Lebens ein »letztes Mal«. Er kommt, und man bekommt ihn niemals wieder – und wenn er vorüber ist, dann ist der verbleibende Vorrat an Momenten um einen Moment kleiner geworden. All diese Momente ausschließlich als Meilensteine im Blick auf irgendeinen zukünftigen Moment zu behandeln zeigt eine Blindheit gegenüber unserer tatsächlichen Situation, die einen eigentlich sprachlos machen müsste, wenn wir ihr nicht alle umfassend verfallen wären, und zwar durchgängig.

Zugegeben: Es ist nicht ausschließlich unsere eigene Schuld, dass wir mit der Endlichkeit unserer Zeit auf diese pervers instrumentelle und zukunftsfixierte Weise umgehen. Wir werden auch von ziemlich machtvollen äußeren Kräften in diese Richtung gedrängt, schon deshalb, weil wir in einem Wirtschaftssystem leben, das durch und durch instrumentalisierend ist. Unter anderem kann der Kapitalismus tatsächlich als eine riesige Maschine beschrieben werden, die alles instrumentalisiert, was ihr in den Weg kommt – die natürlichen Ressourcen, unsere Zeit und unsere Fähigkeiten (genannt: »human resources«) –, und zwar im Dienst eines zukünftigen Profits. Wenn man die Dinge so betrachtet, ist auch die Tatsache, dass reiche Menschen in kapitalistischen Wirtschaftssystemen häufig überraschend unglücklich sind, besser zu verstehen. Diese Menschen sind besonders gut darin, ihre Zeit zu instrumentalisieren, um zu Geld zu kommen; genau das ist im Kapitalismus die Definition von Erfolg. Aber weil sich diese Menschen so intensiv darauf konzentrieren, ihre Zeit zu instrumentalisieren, behandeln sie irgendwann ihr Leben im Hier und Jetzt ausschließlich als eine Art Vehikel, mit dem sie einen zukünftigen Zustand des Glücks erreichen können. Auf diese Weise werden ihre Tage immer bedeutungsloser, selbst wenn sich dabei ihr Bankkonto füllt.

Darin liegt auch die Wahrheit begründet, dass Menschen in ökonomisch weniger erfolgreichen Ländern besser darin sind, ihr Leben zu genießen – da sie es weniger für zukünftige Profite instrumentalisieren und insofern fähiger sind, die Freuden der Gegenwart zu genießen. So hat zum Beispiel Mexiko die Vereinigten Staaten in Bezug auf globale Glücksindizes schon mehrmals weit hinter sich gelassen.[8] In die gleiche Richtung geht die Geschichte über den New

Yorker Geschäftsmann, der im Urlaub mit einem mexikanischen Fischer redet, der ihm erzählt, dass er nur wenige Stunden am Tag arbeitet und einen Großteil seiner Zeit damit verbringt, in der Sonne zu sitzen, Wein zu trinken und mit seinen Freunden Musik zu machen. Der Geschäftsmann, den diese Haltung zum Zeitmanagement geradezu entsetzt, gibt dem Fischer einen unverlangten Rat. Wenn er nur härter arbeite, so der Geschäftsmann, dann könne er seine Profite in eine größere Bootsflotte investieren, andere dafür bezahlen, dass sie für ihn fischen gingen, viele Millionen verdienen und früh in Rente gehen. »Und was mache ich dann?«, fragt der Fischer. »Nun, *dann*«, antwortet der Geschäftsmann, »dann können Sie Ihre Tage damit verbringen, in der Sonne zu sitzen, Wein zu trinken und mit Ihren Freunden Musik zu machen.«

Ein anschauliches Beispiel dafür, wie der kapitalistische Druck, die eigene Zeit zu instrumentalisieren, dem Leben jede Bedeutung nehmen kann, sind die viel zitierten Firmenanwälte. Die katholische Juraprofessorin Cathleen Kaveny hat darauf hingewiesen, dass der Grund dafür, warum so viele Angehörige dieser Berufsgruppe so extrem unglücklich sind – obwohl sie im Allgemeinen sehr gut verdienen –, auf die Konvention der »gebührenpflichtigen Stunde« zurückzuführen ist, die sie dazu zwingt, ihre Zeit und also eigentlich sich selbst als Ware zu behandeln, die in 60-Minuten-Häppchen an die Kunden verkauft wird.[9] Eine Stunde, die nicht verkauft wird, ist automatisch eine verschwendete Stunde. Wenn also ein nach außen erfolgreicher, sehr teurer Anwalt es nicht schafft, zum Abendessen bei seiner Familie aufzutauchen oder das Schultheaterstück seines Kindes anzusehen, dann liegt das nicht notwendigerweise daran, dass er in *dem* Sinne »sehr eingespannt ist«, einfach zu viel zu tun zu haben. Sondern es kann auch daran liegen, dass er gar nicht mehr in der Lage ist, Aktivitäten, die keine Warenform haben, noch als etwas zu betrachten, das sinnvoll ist. Kaveny schreibt: »Anwälte, die vom Ethos der gebührenpflichtigen Stunde erfüllt sind, haben Schwierigkeiten, ein nicht warenförmiges Verständnis von Zeit auch nur zu denken, was aber die Voraussetzung dafür wäre, dass sie den Wert ihrer Teilnahme an solchen Aktivitäten überhaupt erkennen.« Wenn eine Handlung nicht in die laufende Liste der gebührenpflichtigen Stunden aufgenommen werden kann, fühlt sie sich plötzlich an wie ein Luxus, den man sich nicht leisten kann. Vielleicht haben wir alle doch mehr von dieser Einstellung in uns, als wir zugeben möchten – selbst wenn wir keine Anwälte sind.

Wenn wir aber ausschließlich dem Kapitalismus die Schuld dafür geben, dass sich das moderne Leben oft so anfühlt wie eine Plackerei, die man auf dem Weg in eine bessere Zukunft einfach nur »hinter sich bringen« muss, dann belügen wir uns selbst. Die Wahrheit ist, dass wir an diesem Zustand auch selbst aktiv mitarbeiten. Wir *entscheiden uns dafür,* unsere Zeit auf diese selbstzerstörerische und instrumentelle Weise zu behandeln, und der Grund dafür ist, dass es uns hilft, ein Gefühl von Allmacht und Kontrolle über unser Leben zu behalten. Solange man glaubt, dass der eigentliche Sinn des Lebens irgendwo in der Zukunft liegt – dass sich eines Tages alle Anstrengungen in einer goldenen Zeit des Glücks, in der es keine Probleme gibt, auszahlen werden –, so lange kann man es vermeiden, der schwer verdaulichen Realität ins Auge zu blicken, dass unser Leben eben nicht auf einen ominösen Augenblick der Wahrheit hinausläuft, der nur einfach noch nicht eingetreten ist. Unsere Besessenheit, aus unserer Zeit den größten Wert für die Zukunft herauszuschlagen, macht uns blind für die Realität, dass der Augenblick der Wahrheit in Wirklichkeit immer jetzt ist – dass das Leben nichts ist als eine Abfolge gegenwärtiger Momente, die auf den Tod hinauslaufen, und dass man wahrscheinlich niemals an den Punkt gelangen wird, an dem man das Gefühl hat, die Dinge komplett im Griff zu haben. Und dass man deshalb tunlichst aufhören sollte, die »eigentliche Bedeutung« der eigenen Existenz auf die Zukunft zu vertagen, und genau jetzt damit anfangen sollte, sich ins Leben zu stürzen.

John Maynard Keynes sah die Wahrheit all dessen: Unsere Fixierung auf das, was er »Zielstrebigkeit« nannte – darauf, unsere Zeit für zukünftige Zwecke gut zu nutzen (vielleicht würde er dieses Phänomen, wenn er heute schriebe, »individuelle Produktivität« nennen) –, sei letztendlich durch den Wunsch motiviert, niemals zu sterben. Der »zielstrebige Mensch«, so Keynes, »versucht immer, für seine Handlungen irgendeine nicht vorhandene Unvergänglichkeit vorzutäuschen, indem er ihre Bedeutung permanent in die Zukunft verschiebt. Er liebt nicht seine Katze, sondern die Kätzchen seiner Katze; in Wirklichkeit auch nicht die Kätzchen, sondern die Kätzchen der Kätzchen, und immer so weiter bis zum Ende des Katzentums. Für ihn ist Marmelade nicht Marmelade, es sei denn, es handelte sich um Marmelade von morgen und niemals um Marmelade von heute. Indem er so seine Marmelade immer vorwärts in die Zukunft schiebt, versucht er, seinem Akt des Kochens Unvergänglichkeit zu verleihen.«[10] Weil er die Bedeutsamkeit seiner Handlungen niemals im Hier und Jetzt »auszahlen« muss, imaginiert sich der zielstrebige Mensch als allmächtiger Gott, dessen Einfluss auf die Wirklichkeit unendlich weit in die Zukunft reicht; er bekommt das Gefühl, der wahre Meister seiner eigenen Zeit zu sein: Aber der Preis dafür ist hoch. Er wird niemals im Hier und Jetzt eine reale Katze lieben. Noch ist es ihm vergönnt, jemals echte Marmelade zu genießen. Indem er krampfhaft versucht, das meiste aus seiner Zeit herauszuholen, verpasst er sein eigenes Leben.

Nicht präsent im Hier und Jetzt

Der Versuch, in jedem Augenblick präsent zu sein, um *jetzt* einen Sinn im Leben zu finden, bringt jedoch seine eigenen Schwierigkeiten mit sich. Vielleicht haben Sie es selbst schon einmal ausprobiert. Trotz der Behauptung moderner Achtsamkeitslehrer, genau dies sei der schnellste Weg zum Glück – und trotz der stetig anwachsenden psychologischen Forschungsergebnisse über die Vorteile des bewussten Genießens und der Wertschätzung der kleinen Freuden des Lebens –, ist das alles erschreckend schwer umzusetzen. In seinem Hippieklassiker *Zen und die Kunst ein Motorrad zu warten* beschreibt Robert Pirsig, wie er mit seinem kleinen Sohn an der glänzenden blauen Fläche des Crater Lake in Oregon ankommt, einem vorzeitlichen versunkenen Vulkan, Amerikas tiefstem Gewässer überhaupt. Obwohl er entschlossen ist, so viel wie möglich aus dieser Erfahrung herauszuholen, gelingt es ihm nicht: »[Wir] sehen den Crater Lake mit dem Gefühl ›Das ist er also‹, genau wie auf den Bildern. Ich sehe mir die anderen Touristen an, die sich anscheinend auch alle ein bisschen deplaciert vorkommen. Ich würde nie sagen, dass es so etwas nicht geben sollte, ich finde nur, dass es alles so unwirklich ist und dass die Qualität des Sees verloren geht, wenn man so mit dem Finger auf sie zeigt.«[11] Je mehr man versucht, im Hier und Jetzt zu sein, die Aufmerksamkeit auf das zu legen, was in diesem Augenblick passiert, und es wirklich wahrzunehmen, desto mehr kann man scheinbar gerade *nicht* hier sein – oder zwar hier sein, aber so, dass das ganze Erlebnis auf seltsame Weise farblos wirkt.

Ich weiß genau, wie Pirsig sich gefühlt haben muss. Vor einigen Jahren habe ich einmal die kleine Stadt Tuktoyaktuk ganz im Norden der kanadischen Northwest Territories besucht. Damals war sie nur per Flugzeug oder Schiff zu erreichen oder, zumindest im Winter, über die Route, die ich nahm, auf der man mit einem Geländefahrzeug an einem gefrorenen Fluss entlangfuhr, an Schiffen vorbei, die in dieser Jahreszeit im Eis feststeckten, und dann sogar über den gefrorenen Arktischen Ozean. Meine journalistische Aufgabe hatte etwas mit dem Streit über das Öl unter dem Nordpol zu tun, in den Kanada und Russland verwickelt waren – aber nachdem ich so viel von ihnen gehört hatte, wollte ich natürlich endlich auch die Nordlichter sehen. Mehrere Nächte in Folge zwang ich mich bei minus 30 Grad Celsius nach draußen, fand aber jedes Mal nur die Dunkelheit einer dichten Wolkendecke vor. Erst in meiner letzten Nacht dort, kurz nach zwei Uhr morgens, klopfte das Pärchen, das die Hütte neben mir gemietet hatte, aufgeregt an meine Tür, um mir zu sagen, dass es so weit sei: Die Nordlichter waren zu sehen. Ich zog schnell ein paar Klamotten über meine Ganzkörperthermounterwäsche und trat nach draußen, unter den Himmel, der sich wie eine Kathedrale über uns wölbte und voller Schleier aus grünem Licht war, die von Horizont zu Horizont wehten. Ich war entschlossen, das Schauspiel, von dem am nächsten Morgen die Einheimischen sagen sollten, dass es besonders beeindruckend gewesen sei, voll auszukosten. Aber je mehr ich es versuchte, desto weniger gelang es mir. Als ich langsam wirklich in die Wärme meiner Hütte zurückkehren wollte, war ich so wenig von diesem Augenblick absorbiert, dass ich bezüglich der Nordlichter einen Gedanken hatte, dessen ich mich bis heute schäme. *Oh,* hörte ich mich selbst denken, *sie sehen aus wie diese Bildschirmschoner.*

Das Problem ist, dass das Bemühen, im Hier und Jetzt präsent zu sein, in Wirklichkeit nur eine leicht veränderte Version der instrumentellen, zukunftsfixierten Einstellung ist, die ich in diesem Kapitel kritisiert habe, obwohl es erst einmal wie das genaue Gegenteil davon wirken könnte. Man ist so fixiert auf den Versuch, das meiste aus einer Zeit herauszuholen – in diesem Fall nicht für ein späteres Ergebnis, sondern für eine bereichernde Lebenserfahrung in diesem Augenblick –, dass dadurch das Erlebnis selbst geschmälert wird. Es ist, wie wenn man zu angestrengt versucht einzuschlafen und genau aus diesem Grund damit scheitert. Man nimmt sich vor, vollkommen präsent zu sein, während man, sagen wir, das Geschirr abwäscht – vielleicht weil man das Zitat des buddhistischen Bestsellerautors Thich Nhat Hanh gelesen hat, in dem es um das Aufgehen in den allerprofansten Tätigkeiten geht[12] –, nur um festzustellen, dass es einem nicht gelingt, weil man einfach zu beschäftigt damit ist, sich selbst zu beobachten und sich zu fragen, ob man gerade präsent genug ist oder nicht. Der Ausdruck »im Hier und Jetzt leben« ruft Bilder von bärtigen Kiffertypen in Schlaghosen ins Gedächtnis, die zutiefst entspannt auf alles reagieren, was um sie herum passiert. Aber in Wirklichkeit ist der *Versuch,* im Hier und Jetzt zu sein, alles andere als entspannend und sogar ziemlich aufreibend, und es stellt sich heraus, dass der Vorsatz, ein möglichst intensives Augenblickserlebnis zu haben, eine todsichere Methode ist, um es nicht zu haben.

Mein Lieblingsbeispiel für diesen Effekt ist eine von Forscherinnen und Forschern der Carnegie Mellon University in Pittsburgh durchgeführte Studie, in der Paare gebeten worden waren, über einen Zeitraum von zwei Monaten hinweg doppelt so oft miteinander zu schlafen wie normalerweise.[13] Am Ende dieser Phase, so das Ergebnis der Studie, waren die Teilnehmerinnen und Teilnehmer keinen Deut glücklicher, als sie am Anfang der Studie gewesen waren. Über das Ergebnis wurde breit in dem Sinne berichtet, dass es angeblich zeigte, dass ein aktiveres Sexleben nicht so beglückend ist, wie man hätte annehmen können. Meiner Meinung nach zeigt es aber vor allem, dass es alles andere als lustig ist, sich bewusst darum zu bemühen, ein aktiveres Sexleben zu haben.

Ein fruchtbarerer Lösungsansatz für das Problem, dass man mehr im gegenwärtigen Augenblick leben möchte, besteht darin zu registrieren, dass man in der Tat ohnehin immer schon in diesem Augenblick lebt, ob es einem nun gefällt oder nicht. Schließlich sind auch die hyperreflexiven Gedanken darüber, ob man gerade ausreichend auf den Abwasch fokussiert ist oder ob man den zusätzlichen Sex, den man hat, nachdem man zugestimmt hat, bei dieser psychologischen Studie mitzumachen, auch wirklich genießt, ebenfalls Gedanken, die in diesem Augenblick da sind. Und wenn man sowieso unweigerlich in jedem Augenblick präsent ist, dann ist es tatsächlich ziemlich seltsam, wenn man die ganze Zeit versucht, genau diesen Zustand aktiv herzustellen. Wer *versucht,* für den Augenblick zu leben, behauptet dadurch ja indirekt, dass er von diesem »Augenblick« auf irgendeine Weise getrennt ist und sich insofern in einer Lage befindet, in der man mit dem Versuch, »für ihn« zu leben, entweder Erfolg haben oder scheitern kann. Trotz all der entspannten Assoziationen ist also das Bemühen, im Hier und Jetzt zu leben, einfach nur ein weiterer instrumentalisierender Versuch, den gegenwärtigen Augenblick als Mittel zum Zweck zu benutzen, um das Gefühl zu bekommen, die eigene verfließende Zeit unter Kontrolle zu halten. Wie so oft, funktioniert auch das nicht. Die Befangenheit, die man erlebt, wenn man zu angestrengt versucht, »mehr für den Moment zu leben«, entspricht in etwa dem Gefühl, sich an den eigenen Haaren aus dem Sumpf zu ziehen – man versucht, seine Beziehung zu dem gegenwärtigen Moment zu verändern, während doch in Wirklichkeit dieser Moment von vornherein alles ist, was man selbst *ist*.

Wie die Autorin Jay Jennifer Matthews schreibt: »Wir können nichts aus dem Leben herausholen. Es gibt kein Außen, in das wir dieses Etwas bringen könnten. Es gibt keine Lücke, nichts, was sich außerhalb dieses Lebens befindet, nichts, [in dem wir] die Vorräte des Lebens horten könnten. Das Leben in diesem Moment kennt kein Außen.«[14] Voll und ganz in der Gegenwart zu leben ist vielleicht nichts anderes, als schlussendlich zu begreifen, dass man sowieso nie eine andere Möglichkeit hatte, als im Hier und Jetzt zu sein.

9

Die Wiederentdeckung der Ruhe

Vor ein paar Jahren verbrachte ich ein glühend heißes Sommerwochenende mit den hoch engagierten Mitgliedern der Gruppe »Take Back Your Time«, die sich in einem stickigen Unihörsaal in Seattle versammelt hatten, um weiter für ihre langjährige Mission zu arbeiten, nämlich, »die Epidemie der Überarbeitung auszurotten«. Das Treffen, an dem ich teilnahm, ihre Jahreskonferenz, war nur spärlich besucht – zum Teil auch deshalb, wie die Organisatoren zugaben, weil es August war und sich viele Leute im Urlaub befanden, worüber sich Amerikas radikalste Pro-Relaxation-Organisation nun wirklich nicht beschweren konnte. Aber es lag vielleicht auch daran, dass die Botschaft von »Take Back Your Time« in einer Zeit wie unserer als ziemlich subversiv empfunden wird. An ihrer Forderung nach mehr Freizeit und kürzeren Arbeitstagen ist dabei nichts Ungewöhnliches; solche Vorschläge werden immer häufiger gemacht. Doch sie werden fast immer mit dem Argument gerechtfertigt, dass ein ausgeruhter Arbeiter ein produktiverer Arbeiter ist – und genau diese Logik infrage zu stellen, war das Anliegen der Gruppe. *Warum,* wollten ihre Mitglieder wissen, sollten Ferien am Meer, Abendessen mit Freunden oder faule Morgenstunden im Bett durch potenziell bessere Arbeitsleistungen gerechtfertigt werden? »Das Argument, dass mehr Freizeit besser für die Wirtschaft sei, hört man immer wieder«, schnaubte John de Graaf, ein energiegeladener Filmemacher von etwa 70 Jahren und die treibende Kraft hinter der Organisation. »Aber warum sollten wir das *Leben* in Bezug auf die *Wirtschaft* rechtfertigen müssen? Das macht überhaupt keinen Sinn!« Erst später hörte ich, dass es noch eine ähnliche Initiative gab, die sich »Project: Time Off« nannte und anders als »Take Back Your Time« großzügig von Firmen gesponsort wurde und auch besser besuchte Konferenzen hatte – ich war dann auch nicht überrascht, als ich hörte, dass sie ihre Berufung darin sah, »die persönlichen, unternehmerischen, sozialen und wirtschaftlichen Vorteile« der Muße zu propagieren. Hinter ihr stand unter anderem auch die Vereinigung der US-amerikanischen Reiseunternehmen, die natürlich ihre ganz eigenen Motive für den Wunsch hatte, dass die Leute mehr Urlaub machen.

Das Verschwinden der Freude

De Graaf hatte eines der heimtückischeren Probleme angesprochen die entstehen, wenn man Zeit einzig und allein als etwas behandelt, das so effektiv wie möglich genutzt werden sollte, nämlich dass wir plötzlich den Druck verspüren, auch unsere Freizeit produktiv zu nutzen. Muße um ihrer selbst willen zu genießen – man könnte annehmen, dass sei der ganze Sinn der Muße – fühlt sich zunehmend so an, als wäre es irgendwie nicht ausreichend. Wer seine Zeit nicht als Investition in die Zukunft behandelt, empfindet sich selbst irgendwann auf unbestimmte Weise als »gescheitert«. Manchmal wird dieser Druck in der Forderung explizit, seine Freizeit als Gelegenheit zu betrachten, sich zu einem besseren Arbeitnehmer zu entwickeln (»Entspanne! Und du wirst produktiver«, lautet der Titel eines extrem beliebten *New-York-Times*-Artikels).[1] Eine etwas verstecktere Form der gleichen Haltung hat vielleicht Ihre Freundin befallen, die zwar ständig für einen Zehnkilometerlauf trainiert, aber ganz offensichtlich nicht in der Lage ist, einfach eine Runde joggen zu gehen: Sie hat sich davon überzeugen lassen, dass Laufen nur insofern eine bedeutungsvolle Sache ist, als es in der Zukunft Früchte trägt. Und auch ich war während der Jahre, in denen ich an Meditationskursen und Retreats teilnahm, von dieser Haltung geprägt: Mir war kaum bewusst, dass ich die ganze Zeit hoffte, irgendwann einen Zustand dauerhafter Ruhe zu finden. Sogar einer so scheinbar hedonistischen Unternehmung, wie ein Jahr mit dem Rucksack um die Welt zu reisen, konnte das gleiche Problem zugrunde liegen, wenn der Zweck nicht die Entdeckung der Welt war, sondern – eigentlich nur eine winzige Verschiebung – das Produzieren von Erinnerungen, die einem später das Gefühl geben sollten, seine Lebenszeit gut genutzt zu haben.

Seine Freizeit bezüglich ihrer Nützlichkeit für anderes zu beurteilen führt bedauerlicherweise dazu, dass sie sich plötzlich vage nach Pflicht anfühlt, mit anderen Worten wie Arbeit – im schlimmsten Sinne des Wortes. Der Theaterkritiker Walter Kerr beschrieb dieses Problem schon im Jahr 1962 in seinem Buch *The Decline of Pleasure:* »Wir sind alle gezwungen«, heißt es dort, »für den Profit zu lesen, für Kontakte zu feiern … für Wohltätigkeit zu spielen, abends auszugehen, um zum Glamour unserer Heimatstadt beizutragen und zu Hause zu bleiben, um das Haus zu renovieren.«[2] Verteidiger des modernen Kapitalismus lassen es sich nicht nehmen, darauf hinzuweisen, dass wir, unabhängig von dieser gefühlten Realität in Wirklichkeit mehr Freizeit haben als in früheren Jahrzehnten – Männer im Durchschnitt etwa fünf Stunden am Tag, Frauen etwas weniger.[3] Aber der Grund dafür, dass wir das einfach nicht so empfinden, könnte darin liegen, dass Muße sich heute eben nicht mehr besonders nach Nichtstun anfühlt. Sondern vielmehr wie ein weiterer Punkt auf unserer To-do-Liste. Forschungsergebnisse zeigen, dass dieses Problem sich verschlimmert, je reicher man ist.[4] Reiche Menschen sind permanent mit Arbeiten beschäftigt, aber sie haben auch eine größere Bandbreite an Möglichkeiten, ihre wenige Freizeit zu verbringen: Sie könnten, wie alle anderen, einfach einen Roman lesen oder spazieren gehen – aber sie können eben auch in die Oper gehen oder einen Skiausflug nach Courchevel planen. Aus diesem Grund sind sie viel anfälliger für das Gefühl, dass es Freizeitaktivitäten gibt, denen sie nachgehen *sollten,* es aber nicht tun.

Wahrscheinlich können wir nicht einmal hoffen, wirklich zu begreifen, wie unglaublich fremd eine solche Haltung den Menschen vorgekommen wäre, die vor der Industriellen Revolution gelebt haben. Für die Philosophen der Antike war Muße alles andere als ein Mittel zum Zweck; im Gegenteil, sie *war* der Zweck, zu dem alles andere, was sich zu tun lohnte, Mittel war. Aristoteles argumentierte, dass wahre Muße – womit er das Nachdenken über sich selbst und die philosophische Reflexion meinte – zu den höchsten Tugenden gehörte, weil sie es wert war, dass man sich *um ihrer selbst willen* für sie entschied, während andere Tugenden, wie zum Beispiel Tapferkeit im Krieg oder die edle Regierungsführung, nur deshalb tugendhaft waren, weil sie zu etwas *anderem* führten. Das lateinische Wort für Beschäftigung, Tätigkeit, Arbeit lautet *negotium,* direkt übersetzt also

»Nicht-Muße«, worin die Haltung zum Ausdruck kommt, dass Arbeit die Negation der höchsten menschlichen Berufung ist. In dieser Interpretation mag Arbeit für bestimmte Menschen eine unvermeidliche Notwendigkeit darstellen – vor allem für die Sklaven, deren Plackerei die Muße der Bürger von Athen und Rom überhaupt erst ermöglichte –, aber sie gilt als im Kern unwürdig und ist schon deshalb mit Sicherheit nicht der zentrale Sinn des Lebens.

Diese grundsätzliche Vorstellung hielt sich über Jahrhunderte der darauffolgenden historischen Umbrüche: dass Muße das Gravitationszentrum des Lebens war, der Normalzustand, dem gegenüber Arbeit eine zeitweise unvermeidliche Unterbrechung darstellte. Selbst das beschwerliche Leben mittelalterlicher englischer Bauern war erfüllt von Muße: Man lebte sie entlang eines Kalenders, der von religiösen Festen und Heiligentagen nur so wimmelte, genauso wie von mehrtägigen Dorffesten, die »Ales« genannt wurden und aus Anlass besonderer Gelegenheiten wie Hochzeiten oder Todesfällen begangen wurden. (Oder auch von weniger besonderen Gelegenheiten wie dem jährlichen Lammen, jener Jahreszeit, in der die Mutterschafe ihren Nachwuchs bekommen – man nutzte wohl so ziemlich jeden Vorwand, um sich zu betrinken.) Manche Historiker behaupten, dass der durchschnittliche Landbewohner im 16. Jahrhundert nur etwa 150 Tage im Jahr gearbeitet hat.[5] Zwar sind diese Zahlen umstritten, aber niemand bezweifelt, dass Muße damals im Zentrum des Lebens stand. Abgesehen von allem anderen mag so viel Freizeit zwar schön gewesen sein, aber freiwillig war sie durchaus nicht. Der soziale Druck, nicht die ganze Zeit zu arbeiten, war hoch: die religiösen Feiertage beging man, weil die Kirche es verlangte; und in einer eng verflochtenen Dorfgemeinschaft war es sicher auch nicht einfach, sich vor den anderen Festivitäten zu drücken. Eine weitere Folge bestand darin, dass der Sinn für Gemächlichkeit auch jene Tage prägte, die mit Arbeit erfüllt waren. »Die arbeitende Bevölkerung«, klagte beispielsweise der Bischof von Durham, James Pilkington, um 1570, »macht morgens eine lange Pause; ein gutes Stück des Tages ist zerronnen, bevor sie zu ihrer Arbeit kommt. Dann muss sie zur gewohnten Zeit frühstücken, obwohl sie es sich nicht einmal verdient hat, ansonsten wird sie widerwillig und beginnt zu murren… Mittags muss ein Schläfchen gemacht, nachmittags etwas getrunken werden, und so vergeht der größte Teil des Tages.«[6]

Doch die Industrialisierung, die durch eine Auffassung von Zeit vorangetrieben wurde, die sich nach der Uhr richtete, machte alldem ein Ende. Fabriken und Minen erforderten die koordinierte Arbeit Hunderter von Menschen, die stundenweise bezahlt wurden, was dazu führte, dass es plötzlich eine scharfe Trennung zwischen Freizeit und Arbeit gab. Indirekt wurde den Arbeiterinnen und Arbeitern eine Art Deal angeboten: Du darfst mit deiner freien Zeit machen, was du willst, solange dadurch deine Nützlichkeit bei der Arbeit nicht beschädigt und im Idealfall sogar vergrößert wird. (Es war also durchaus ein Profitmotiv im Spiel, als die herrschende Klasse sich darüber aufregte, dass man in den unteren Schichten so gern Gin trank: Verkatert zur Arbeit zu erscheinen, weil man sich in seiner Freizeit fröhlich betrunken hatte, war eine Verletzung dieses Deals.) In einem sehr eingeschränkten Sinne führte diese neue Situation zu mehr Freiheit für die arbeitende Bevölkerung, weil ihr ihre Freizeit stärker selbst gehörte als in den Zeiten, in denen beinahe alles, was zu tun oder zu lassen war, von Kirche und Dorfgemeinschaft vorgeschrieben wurde. Gleichzeitig etablierte sich aber auch eine neue Hierarchie. Arbeit betrachtete man nun als den eigentlichen Sinn der menschlichen Existenz; Muße war jetzt lediglich eine Gelegenheit, sich zu erholen und zu reproduzieren – alles zum Zweck der zukünftigen Arbeit. Das Problem bestand darin, dass dem durchschnittlichen Minen- oder Fabrikarbeiter diese industrielle Arbeit nicht hinreichend sinnerfüllt vorkam, um sie zum Mittelpunkt seiner Existenz zu erklären: Man machte diese Arbeit für Geld, nicht um einer ihr innewohnenden Befriedigung willen. Und so wurde also das ganze Leben – Arbeit und Freizeit gleichermaßen – nur noch im Blick auf etwas anderes, in der Zukunft Liegendes geschätzt, und nicht mehr um seiner selbst willen.

Ironischerweise trugen die Gewerkschafter und Arbeitsreformer, die den Achtstundentag und das zweitägige Wochenende erkämpften, selbst zu dieser instrumentellen Haltung zur Muße bei, die besagte, dass sie nur zu rechtfertigen sei, wenn sie einen anderen Zweck habe als puren Genuss. Ihr Argument lautete, dass die Arbeiterinnen und Arbeiter ihre zusätzliche freie Zeit zur Selbstverbesserung durch Bildung und Kultur nutzen würden – dass sie sie also mit anderen Worten für etwas anderes gebrauchen würden als für bloße Entspannung. Dabei ist die Antwort eines Textilarbeiters des 19. Jahrhunderts aus Massachusetts auf die Frage eines Fabrikinspektors, was er gern tun würde, wenn er mehr Freizeit hätte, einfach nur herzerwärmend: Er sagte, er hätte Lust, »herumzulaufen und zu schauen, was so los ist«.[7] Diese Arbeiter sehnten sich nach echter Muße, nicht nach einer anderen Art von Produktivität. Sie verlangten das, was der undogmatische Marxist Paul Lafargue später im Titel seiner berühmtesten Schrift *Das Recht auf Faulheit* nennen würde.[8]

All das hat bei uns zu einer ziemlich bizarren Vorstellung

davon geführt, was es bedeutet, seine Zeit »gut« zu nutzen – und umgekehrt, was als Zeitverschwendung gilt. In diesem Blick auf Zeit ist alles, was nicht auf die Schaffung irgendeines zukünftigen Werts abzielt, der Definition nach purer Müßiggang. Erholung ist erlaubt, aber nur für den Zweck der Reproduktion der Arbeitskraft oder vielleicht noch für andere Formen der Selbstverbesserung. Für Menschen mit dieser Haltung ist es schwierig, einen Moment der Ruhe nur um seiner selbst willen zu genießen, ohne an irgendwelche potenziellen zukünftigen Vorteile zu denken, weil Ruhe, die keinen instrumentellen Wert hat, sich wie Verschwendung anfühlt.

In Wahrheit aber ist genau dieser »verschwenderische« Umgang mit zumindest einem Teil der eigenen Zeit – ein Umgang, der einfach nur die Freude an der jeweiligen Erfahrung in den Mittelpunkt stellt – der einzige Weg, die eigene Zeit *nicht* zu verschwenden – wirklich in einen Zustand der Muße zu geraten, ohne unterschwellig doch irgendwie eine Art Selbstverbesserung, die auf die Zukunft abzielt, im Kopf zu haben. Um das einzige Leben, das einem zur Verfügung steht, in einem möglichst umfassenden Sinn wirklich zu *leben,* muss man gerade darauf *verzichten,* jede freie Minute für persönliches Wachstum zu nutzen. Aus dieser Perspektive ist Faulheit nicht einfach verzeihlich; sie ist gewissermaßen Pflicht. »Wenn die Befriedigung eines alten Mannes, der ein Glas Wein trinkt, nichts zählt«, schrieb Simone de Beauvoir, »dann sind Produktivität und Reichtum nichts als schale Mythen; sie haben nur insofern Bedeutung, als sie sich in die lebendige Freude eines Individuums verwandeln können.«[9]

Pathologische Produktivität

Und doch müssen wir uns hier auch mit einer wenig anerkannten Wahrheit über die Ruhe auseinandersetzen, nämlich der, dass wir nicht einfach nur die unschuldigen Opfer eines Wirtschaftssystems sind, das sie uns verweigert. Denn wir verwandeln uns zunehmend in Menschen, die sich eigentlich nicht ausruhen wollen – die es in ihrem Bemühen, Dinge geregelt zu bekommen, im wahrsten Sinne des Wortes unangenehm finden, eine Pause zu machen, und die kribbelig werden, wenn sie das Gefühl befällt, nicht ausreichend produktiv zu sein. Ein extremes Beispiel ist die Romanautorin Danielle Steel, die im Jahr 2019 in einem Interview mit dem Magazin *Glamour* das Geheimnis lüftete, wie sie es geschafft hatte, bis zu ihrem 72. Lebensjahr 179 Bücher zu schreiben; sie veröffentlichte beinah sieben Bücher pro Jahr: einfach indem sie fast buchstäblich ununterbrochen arbeitete, 20 Stunden am Tag, mit mehreren 24-Stunden-Schichten pro Monat, einer einzigen Ferienwoche im Jahr und praktisch keinem Schlaf. (»Ich gehe erst ins Bett, wenn ich so müde bin, dass ich auf dem Fußboden einschlafen könnte«, zitierte man sie. »Vier Stunden Schlaf sind richtig gut für mich.«[10]) Steel wurde überall für ihre »knallharte« Arbeitsmoral gepriesen. Doch gleichzeitig ist es sicherlich nicht weit hergeholt, ein solches Pensum als Ausdruck eines ernsthaften Problems zu empfinden – zumindest für eine tief sitzende Unfähigkeit, auf die produktive Nutzung von Zeit zu verzichten. Tatsächlich scheint auch Steel selbst zuzugestehen, dass sie ihre Produktivität als Methode benutzt, mit schwierigen Gefühlen umzugehen. So hat sie einen erwachsenen Sohn wegen einer Überdosis Drogen verloren und nicht weniger als fünf Scheidungen hinter sich – und Arbeit, so berichtete sie dem Magazin, sei »meine Rettung. Selbst wenn in meinem Privatleben schlimme Dinge passiert sind: die Arbeit war das, was konstant blieb. Es ist das Bleibende, zu dem ich Zuflucht nehmen kann.«

Natürlich wäre es unfreundlich, Steel vorzuwerfen, dass ihre Unfähigkeit zu entspannen pathologisch ist, aber gleichzeitig ist es mir wichtig zu betonen, dass dieses Leiden ziemlich weit verbreitet ist. Ich selbst habe wie so viele andere sehr akut darunter gelitten; und anders als Steel kann ich nicht behaupten, dass ich – gewissermaßen als positiver Nebeneffekt dieses Leidens – Millionen von Leserinnen und Lesern romantischer Romane glücklich gemacht habe. Sozialpsychologen nennen die Unfähigkeit, sich auszuruhen, »Faulheitsaversion«, was eher nach einer weiteren kleinen Verhaltensmacke klingt;[11] aber in seiner berühmten Theorie der »protestantischen Arbeitsethik« hat der deutsche Soziologe Max Weber genau diese Unfähigkeit als eines der Hauptmerkmale der modernen Seele beschrieben.[12] Weber zufolge kam sie ursprünglich von den calvinistischen Christen Nordeuropas, die an die Vorherbestimmungslehre glaubten – daran, dass jeder Mensch schon vor seiner Geburt entweder dazu bestimmt ist, zu den Auserwählten zu gehören, und daher das Recht hat, nach seinem Tod die Ewigkeit mit Gott im Himmel zu verbringen, oder zu den Verdammten und insofern unter Garantie in der Hölle landet. Weber zufolge erhielt der frühe Kapitalismus viel von seiner Energie von calvinistischen Kaufleuten und Gewerbetreibenden, die der Ansicht waren, dass unermüdliche harte Arbeit eine der besten Methoden sei, anderen Menschen – aber auch sich selbst – zu beweisen, dass man zur ersten Kategorie gehörte, nicht zur zweiten. Dass sie sich einem bescheidenen Lebenswandel verschrieben hatten, bildet gewissermaßen die zweite Hälfte von Webers Theorie des Kapitalismus: Wenn Menschen ihr Leben damit verbringen, durch harte Arbeit Reichtümer anzuhäufen, aber sich gleichzeitig verpflichtet fühlen, diese nicht im Luxus zu verprassen, dann ist die unweigerliche Folge eine beachtliche Kapitalakkumulation.

Diese Lebensweise muss etwas ausgesprochen Quälendes gehabt haben. Es war ausgeschlossen, dass all die harte Arbeit die Wahrscheinlichkeit der Errettung erhöhte, schließlich bestand ja die Pointe der Vorherbestimmung gerade darin, dass nichts das eigene Schicksal beeinflussen konnte. Andererseits, würde jemand, der immer schon gerettet ist, nicht natürlicherweise einen Hang zu Tugendhaftigkeit und Sparsamkeit an den Tag legen? Aus diesem Blickwinkel wurde Faulheit zu einer extrem angstbesetzten Erfahrung, die unter allen Umständen vermieden werden musste – nicht einfach ein Laster, das zur Verdammung führte, wenn man ihm zu weitgehend nachgab, wie viele andere Christen es lange geglaubt hatten, sondern vielleicht der Beweis für die grauenvolle Wahrheit, dass man immer schon verdammt *war*.

Wir rühmen uns heute, solchen Aberglauben überwunden zu haben. Und doch verbirgt sich in unserem Unbehagen gegenüber allem, das sich zu sehr nach Zeitverschwendung anfühlt, ein Verlangen, das dem nach ewiger Erlösung nicht unähnlich ist. Solange man jede Stunde des Tages mit irgendeiner Form von Anstrengung verbringt, kann man an dem Glauben festhalten, dass all dieses Bemühen einen irgendwohin bringt – zu einem imaginierten zukünftigen Zustand der Perfektion, einem Himmelreich, in dem alles glattläuft, die Begrenzung der eigenen Zeit nichts Schmerzhaftes mehr ist und man von dem schuldbewussten Gefühl befreit ist, dass man mehr tun müsste, um die eigene Existenz zu rechtfertigen. Vielleicht sollten wir auch nicht zu überrascht sein, wenn die Aktivitäten, mit denen wir unsere freie Zeit verbringen, zunehmend nicht nur der Arbeit ähneln, sondern in manchen Fällen, wie beispielsweise bei SoulCycle-Kursen oder CrossFit-Work-outs, einer körperlichen Bestrafung – der Selbstgeißelung der schuldbewussten Sünder, die ängstlich bemüht sind, jeden Makel der Faulheit zu eliminieren, bevor es zu spät ist.[13]

Sich um der Ruhe selbst willen auszuruhen – eine faule Stunde einfach nur so zu genießen – setzt voraus, dass man akzeptiert, dass es so und nicht anders ist: dass das eigene Leben *nicht* auf einen zukünftigen Zustand des vollkommenen, unangreifbareren Glücks hinausläuft und dass eine solche Annahme im Umgang mit unserer Zeit im Gegenteil unsere 4000 Wochen systematisch ihres Wertes beraubt. »Doch sind wir alle die Summe sämtlicher Augenblicke unseres Lebens«, schreibt Thomas Wolfe, »in ihnen liegt alles, was wir sind: dies können wir weder vermeiden noch verbergen.«[14] Wenn wir die kurze Zeit, die wir auf diesem Planeten haben, genießen wollen, dann sollten wir am besten jetzt damit anfangen.

Ruheregeln

Angesichts der Schuld, die ich der Religion für die moderne westliche Unfähigkeit zur echten Entspannung in die Schuhe geschoben habe, könnte es zunächst etwas sonderbar wirken, dass ich nun vorschlage, sich auf der Suche nach Gegenmaßnahmen ebenfalls in der Religion umzusehen. Denn es waren die Mitglieder religiöser Gemeinschaften, die als Erste ein wesentliches Merkmal von Ruhe begriffen, nämlich dass sie nie einfach als Normalzustand eintritt, wenn man eine Pause von der Arbeit macht. Man braucht Methoden, um Ruhe tatsächlich erfahren zu können.

Freunde von mir wohnen in einem Mehrfamilienhaus auf der New Yorker Lower East Side, einem traditionell jüdischen Viertel, das mit einem »Sabbatfahrstuhl« ausgestattet ist: Wenn man ihn zwischen Freitagabend und Samstagnacht betritt, hält er auf jedem Stockwerk, selbst wenn niemand ein- oder aussteigen möchte, denn er wurde so programmiert, dass den jüdischen Bewohnerinnen und Bewohnern und Besucherinnen und Besuchern die Verletzung der Regel erspart wurde, die es verbietet, am Sabbat elektrische Schalter zu bedienen. (Das eigentliche, im jüdischen Gesetz festgelegte Verbot galt in Wirklichkeit dem Entzünden von Feuern, aber die meisten modernen Autoritäten interpretieren es so, dass es auch das Schließen von elektrischen Kreisläufen umfasst. Die anderen 38 Kategorien verbotener Tätigkeiten werden heute meist so ausgelegt, dass Dinge wie das Aufblasen von Schwimmflügeln am Swimmingpool genauso verboten sind wie das Abwickeln von Toilettenpapier von einer Rolle.) Solche Regeln kommen den meisten von uns absurd vor. Doch wenn das stimmt, ist diese Absurdität perfekt an die ebenso absurde Realität von Menschen angepasst, die diese Art von Druck nun einmal zu brauchen scheinen, um sich selbst dazu zu bringen, sich auszuruhen. Die Journalistin Judith Shulevitz erklärt das so:

> Die meisten Menschen nehmen fälschlicherweise an, dass man einfach nur aufhören muss zu arbeiten, um nicht zu arbeiten. Die Erfinder des Sabbats erkannten, dass dieses Unterfangen sehr viel komplizierter ist. Man kann nicht

> ganz einfach und nebenbei runterschalten, so, wie man vielleicht am Ende eines langen Tages ins Bett schlüpfen kann. Wie es in der Filmkomödie »Ein Kater macht Theater« heißt: »Es macht Spaß, Spaß zu haben, aber man muss wissen, wie.« Das ist der Grund, warum der puritanische und der jüdische Sabbat von so anspruchsvollen Regelwerken strukturiert wurden und so ausführliche Vorbereitung erforderten – zumindest ein geschrubbtes Haus, eine volle Speisekammer und ein heißes Bad. Es gab diese Regeln nicht, um die Gläubigen zu quälen. Sie waren vielmehr dazu gedacht, den Gläubigen klarzumachen, dass es einen ziemlichen Willensakt braucht, um aus dem Zirkel der permanenten Anstrengung auszubrechen – und dass dieser Willensakt durch Rituale und soziale Kontrolle abgesichert werden muss.[15]

Die Idee eines gemeinschaftlichen freien Tages klingt heute beinahe altmodisch, und sie lebt hauptsächlich in den Erinnerungen jener Menschen fort, die heute älter als 40 sind und sich noch daran erinnern, wie es war, als die meisten Läden nur sechs Tage die Woche geöffnet hatten – und vielleicht in einigen seltsamen Gesetzesüberbleibseln wie dem Alkoholverkaufsverbot, das in meiner Stadt für den Sonntagvormittag gilt. In der Folge ist die Gefahr groß, dass wir vergessen, was für ein radikaler Gedanke der Sabbat schon immer gewesen ist – radikal auch deshalb, wie die früheren Sklaven, die ihn ins Leben riefen, sich immer wieder die Mühe machten zu zeigen, weil er für jeden galt, ohne Ausnahme. (Shulevitz bemerkt, dass in den Thoraversen, die die Regeln des jüdischen Sabbats festlegen, die Tatsache, dass sogar Sklaven die Erlaubnis bekommen müssten, sich auszuruhen, sogar zweimal erwähnt wird, als wäre das ein fremder

Gedanke, von dem die Autoren des Textes wussten, dass er den Gläubigen einigermaßen energisch klargemacht werden müsste.) Seit dem Aufkommen des Kapitalismus ist dieser Gedanke auch in einer anderen Hinsicht radikal: Während diese Wirtschaftsweise ihre Energie aus dem ununterbrochenen, ängstlichen Bemühen um »mehr« zieht, steht der Sabbat für den Gedanken, dass es, egal, wie viel Arbeit man bis zum Freitag- oder Samstagabend geschafft hat, einfach *genug* sein könnte – dass es jetzt erst einmal keinen Sinn mehr machte zu versuchen, noch mehr zu schaffen. In seinem Buch *Sabbath as Resistance* beschreibt der christliche Theologe Walter Brueggemann den Sabbat als eine Einladung, einen Tag in der Woche »in dem Bewusstsein zu verbringen, dass wir uns auf der empfangenden Seite der Gaben Gottes befinden«.[16] Man braucht kein gläubiger Mensch zu sein, um sofort die tiefe Erleichterung zu verspüren, die in der Idee steckt, »auf der empfangenden Seite« zu stehen – dem Gedanken, dass man zumindest *heute* nicht *mehr* tun muss, um seine Existenz zu rechtfertigen.

Trotzdem war es nie schwieriger als heute, diesen notwendigen psychischen Schritt zu tun – die eigene Arbeit lange genug zu unterbrechen, um das stimmige, harmonische, irgendwie gehaltvollere Erlebnis einer Zeit zu ermöglichen, das eintritt, wenn man »auf der empfangenden Seite« des Lebens steht: das Gefühl, die Uhr hinter sich zu lassen und in einen Zustand der »tiefen Zeit« einzutauchen, anstatt pausenlos darum zu ringen, sie im Griff zu behalten. Früher machten gesellschaftliche Konventionen es noch relativ leicht, sich freizunehmen: Man konnte nicht einkaufen gehen, wenn die Läden nicht aufhatten, und man konnte nicht arbeiten, wenn das Büro abgeschlossen war. Davon abgesehen fiel es sehr viel schwerer, die Kirche oder das Sonntagsessen mit der erweiterten Familie zu schwänzen, wenn man wusste, dass die eigene Abwesenheit kritisch bemerkt werden würde. Heute jedoch geht der Druck genau in die andere Richtung: Die Läden sind den ganzen Tag geöffnet (und online auch die ganze Nacht). Und dank der Digitaltechnik ist es nur allzu einfach, von zu Hause aus weiterzuarbeiten.

Regeln, die von Einzelpersonen und Familien aufgestellt werden, wie die zunehmend populäre Idee eines »digitalen Sabbats«, können diese Vakuum in gewisser Weise füllen. Aber ihnen fehlt die soziale Kontrolle, die entsteht, wenn alle anderen die Regel ebenfalls befolgen – ohne diese sind sie sehr viel schwerer zu befolgen: Sie beruhen allein auf Willenskraft und sind insofern sehr viel anfälliger für die im vorherigen Kapitel dargelegten Schwierigkeiten, die entstehen, wenn man krampfhaft versucht, »mehr im Hier und Jetzt zu leben«. Um wirkliche Ruhe zu erleben, müssen wir die Erwartung, dass es uns damit gut gehen wird, zunächst aufgeben. »Es gibt nichts, was unserem Zeitalter fremder ist als Muße«, schreibt der Philosoph John Gray. Und er ergänzt: »Wie kann es so etwas wie Spiel geben, wenn nichts Bedeutung in sich selbst hat, sondern nur insofern, als es zu etwas anderem führt?«[17] In einem solchen Zeitalter ist im wahrsten Sinne des Wortes garantiert, dass echtes Innehalten – statt etwa für einen Zehnkilometerlauf zu trainieren oder sich auf den Weg zu einem Meditations-Retreat zu machen – zunächst eher keine Freude, sondern vielmehr ein extremes Gefühl des Unbehagens auslösen wird. Dieses Unbehagen ist kein Zeichen dafür, dass man lieber nicht innehalten sollte. Sondern dafür, es im Gegenteil unbedingt zu tun.

Wandern als Selbstzweck

Es ist gerade einmal kurz nach 7:30 Uhr, als ich an einem regnerischen Hochsommermorgen mein Auto am Straßenrand abstelle, den Reißverschluss meiner wasserdichten Jacke hochziehe und mich zu Fuß auf den Weg in die Hochmoore der nördlichen Yorkshire Dales mache. Die Schönheit dieser Landschaft entfaltet sich am eindrucksvollsten, wenn man allein ist und keine Gefahr besteht, dass man durch interessante Gespräche von der dramatischen Kargheit um einen herum abgelenkt wird. Ich bin also froh, allein unterwegs zu sein, als ich den Hügel hinauf an einem Wasserfall mit einem herrlich satanischen Namen – Hell Gill Force – vorbeilaufe und die offene Landschaft erreiche, wo das Geräusch meiner Wanderschuhe ein paar Moorhühner aus ihrem Versteck in der Heide aufschreckt. Etwa eineinhalb Kilometer weiter, fernab von jedem Weg, stolpere ich über eine nicht mehr genutzte Steinkirche, deren Türen nicht verschlossen sind. Die Stille dort drinnen fühlt sich an, als wäre sie jahrelang nicht gestört worden, obwohl wahrscheinlich noch gestern Abend ein paar Wanderer hier gewesen sind. 20 Minuten später bin ich ganz oben auf dem Moor, das Gesicht im Wind, und genieße diese besondere Ödnis, die ich schon immer so geliebt habe. Ich weiß, dass es Menschen geben soll, die sich lieber an einem karibischen Strand aalen, anstatt klitschnass unter einem düsteren Himmel zwischen den Ginsterbüschen herumzustapfen – aber ich werde nicht so tun, als würde ich sie verstehen.

Natürlich ist dies einfach nur ein Spaziergang in der Natur, eine der banalsten Freizeitbeschäftigungen, die man sich vorstellen kann – und doch hat sie als eine Art und

Weise, seine Zeit zu verbringen, eine oder zwei Eigenschaften, die es wert sind, genauer beachtet zu werden. Zum einen ist es beim Spazierengehen, anders als bei fast allem anderen, was ich mit meinem Leben mache, völlig irrelevant, ob ich gut darin bin oder nicht: Alles, was ich tue, ist Laufen, eine Fähigkeit, die sich bei mir nicht nennenswert verbessert hat, seit ich vier Jahre alt war. Darüber hinaus hat ein Spaziergang keinen *Zweck,* im Sinne eines angestrebten Ergebnisses oder eines Ziels, das man erreichen möchte. (Sogar der Gang zum Supermarkt hat ein Ziel – zum Supermarkt zu kommen –, während man bei einer Wanderung entweder einem Rundweg folgt oder einen Punkt erreicht und dann umkehrt, wodurch die effizienteste Weise, diesen Endpunkt zu erreichen, darin bestehen würde, ihn von vornherein nicht zu verlassen.) Es gibt beim Wandern zwar positive Nebeneffekte, wie die Tatsache, dass man körperlich fit bleibt, aber das ist normalerweise nicht der Grund, aus dem Menschen spazieren oder wandern gehen. Einen Spaziergang in der Natur zu machen ist – genau wie seinen Lieblingssong zu hören oder sich mit Freunden zu verabreden – daher ein gutes Beispiel für das, was der Philosoph Kieran Setiya eine »atelische Handlung« nennt, womit er meint, dass ihr Wert nicht aus dem Telos, dem letztendlichen Ziel erwächst. Man sollte nicht danach streben, einen Spaziergang »hinter sich zu bringen«; und es ist wohl eher unwahrscheinlich, im Leben einen Punkt zu erreichen, an dem man all die Spaziergänge absolviert hat, die man sich vorgenommen hatte. »Sie können damit aufhören, und das werden Sie schließlich auch«, erklärt Setiya. »Aber Sie können diese Handlungen nicht abschließen. Sie haben keine Grenze, kein Resultat, das sie, wenn es erzielt ist, beendet.« Und so liegt der einzige Grund, aus dem man sie verfolgt, in ihnen selbst: »Beim

Spazierengehen geht es um nichts anderes als um das, was man gerade tut.«[18]

In seinem Buch *Midlife-Crisis* berichtet Setiya, dass er kurz vor seinem 40. Geburtstag spürte, wie sich in ihm nach und nach ein Gefühl der Leere breitmachte, von dem er erst viel später verstand, dass es die Folge eines projektzentrierten Lebens war, das nicht etwa atelischen Aktivitäten den Vorrang gab, sondern telischen, deren Hauptzweck darin bestand, sie zu erledigen beziehungsweise bestimmte Ergebnisse zu erzielen. Er veröffentlichte Aufsätze in philosophischen Zeitschriften, um seine akademische Festanstellung zu beschleunigen; er bewarb sich auf feste Stellen, um sich einen guten Ruf und finanzielle Sicherheit zu verschaffen; er unterrichtete Studierende, um diese Ziele zu erreichen, aber auch, um ihnen zu Studienabschlüssen zu verhelfen, die es ihnen ermöglichten, sich um ihre eigenen Karrieren zu kümmern. Mit anderen Worten, er litt unter genau dem Problem, um das es uns hier geht: Wenn man ein beinahe vollständig instrumentelles Verhältnis zur Zeit hat, dann verliert der Augenblick seine Bedeutung. Dass dieses Gefühl in Form der Midlife-Crisis zuschlägt, ergibt Sinn, denn die Mitte des Lebens ist der Punkt, an dem viele von uns sich bewusst werden, dass der Tod näher rückt – und dieses Bewusstsein der Sterblichkeit verhindert, dass man weiter ignoriert, wie absurd es ist, ausschließlich für die Zukunft zu leben. Wo ist die Logik, wenn man Erfüllung immer wieder auf einen späteren Punkt verschiebt – in einer Situation, in der man sehr bald kein »später« mehr übrig hat?

Der Philosoph Arthur Schopenhauer, dessen schonungsloser Pessimismus unübertroffen ist, hat wohl die Leere dieser Lebensweise als unvermeidliche Folge des menschlichen Begehrens an sich aufgefasst. Wir verbringen unsere

Tage damit, verschiedenste Ziele zu verfolgen, die wir erreichen möchten; aber bei jedem dieser Ziele – zum Beispiel eine Festanstellung an der Universität – ist es so, dass man es entweder noch nicht erreicht hat (und unzufrieden ist, weil man nicht hat, was man sich wünscht) oder es bereits erreicht hat (und unzufrieden ist, weil man nichts mehr hat, wonach man streben kann). Wie Schopenhauer in seinem Meisterwerk *Die Welt als Wille und Vorstellung* darlegt, ist es für menschliche Wesen zutiefst schmerzhaft, »ein Objekt des Wollens« zu haben – etwas, das man in seinem Leben tun oder haben möchte –, denn es noch nicht zu haben ist schlecht, aber es zu bekommen ist unter Umständen noch schlechter: »Fehlt es ihm hingegen an Objekten des Wollens, indem die zu leichte Befriedigung sie ihm sogleich wieder wegnimmt; so befällt ihn furchtbare Leere und Langeweile: d.h. sein Wesen und sein Dasein selbst wird ihm zur unerträglichen Last. Sein Leben schwingt also, gleich einem Pendel, hin und her, zwischen dem Schmerz und der Langeweile (...).«[19] Vielleicht ist aber der Gedanke einer atelischen Aktivität eine Alternative, die Schopenhauer einfach nicht in den Sinn gekommen ist und die zumindest auf eine Teillösung für das Problem eines übermäßig instrumentalisierten Lebens verweist. Vielleicht versuchen wir einfach einmal, mehr Aktivitäten in unseren Alltag zu integrieren, die wir ausschließlich um ihrer selbst willen tun – zumindest einen Teil unserer Zeit mit Dingen zu verbringen, bei denen das Einzige, was wir von ihnen erwarten, sie selbst sind.

Rod Stewart, radikal

Es gibt einen sehr viel weniger schicken Begriff für die Aktivitäten, die Setiya als »atelisch« bezeichnet: Hobbys. Dass er dieses Wort nicht so gern benutzt hat, ist verständlich, denn es hat heutzutage einen leicht lächerlichen Beigeschmack. Für viele von uns ist der Mensch, der sich stark mit seinem Hobby – zum Beispiel dem Bemalen winziger Fantasiefigürchen oder dem Sammeln seltener Kakteen – identifiziert, eine Person, die ihr Engagement im richtigen Leben zugunsten dieses Hobbys stark reduziert hat. Und doch ist es wahrscheinlich kein Zufall, dass Hobbys in einer Ära, die so besessen von der instrumentellen Nutzung der Zeit ist, als etwas leicht Peinliches gelten. In Wahrheit ist der, der ein Hobby hat, heutzutage ein Subversiver. Er behauptet beharrlich, dass es Dinge gibt, die es wert sind, sie um ihrer selbst willen zu tun, ohne dass sie sich nach der Logik der Produktivität und des Profits in irgendeiner Weise auszahlen. Dass wir uns über den eifrigen Briefmarkensammler und den Eisenbahnfan lustig machen, könnte sogar eine Art Abwehrmechanismus sein, den wir mobilisieren, um uns vor der Einsicht zu schützen, dass diese Menschen auf eine Weise glücklich sind, die dem Rest von uns – die wir unser telisches Leben führen – verwehrt ist. Dies kann außerdem zu der Erklärung beitragen, warum es heutzutage weitaus weniger peinlich (sondern vielmehr im positiven Sinne schick) ist, ein kleines »Nebenprojekt« zu haben, eine hobbyähnliche Tätigkeit, die aber explizit mit dem Ziel des Profitmachens verfolgt wird.

Und insofern sollte sich ein gutes Hobby, damit es zur Quelle wahrer Erfüllung wird, vielleicht tatsächlich ein bisschen peinlich anfühlen; gewissermaßen als Erkennungszeichen, dass man es wirklich nur um seiner selbst willen tut und nicht für irgendein gesellschaftlich anerkanntes Ergebnis. Mein Respekt für den Rockstar Rod Stewart jedenfalls wuchs vor ein paar Jahren gewaltig, als ich aus einem Zeitungsartikel über ein Interview, das er der Zeitschrift *Railway Modeler* gegeben hatte, erfuhr, dass er seit 20 Jahren an der Modelleisenbahnumgebung einer amerikanischen Großstadt der 1940er-Jahre arbeitete, einer fiktiven Mischform aus New York und Chicago, mit Wolkenkratzern, altmodischen Automobilen und rußigen Bürgersteigen, wobei der Ruß von Sir Rod persönlich aufgemalt wurde.[20] (Er nahm immer die ganze Anlage mit, wenn er auf Tour ging, und brachte sie in einem eigens dafür reservierten Hotelzimmer unter.) Vergleichen Sie nun Stewarts Hobby mit, sagen wir, den Kitesurfing-Eskapaden des Unternehmers Richard Branson. Wahrscheinlich findet Branson Kitesurfing wirklich toll. Aber es fällt schwer, die Wahl seiner Freizeitaktivität nicht als kalkulierte Anstrengung zu interpretieren, sein Markenzeichen als Draufgänger zu stärken – während Stewarts Modelleisenbahnhobby zu seinem Image als Lederhosenrocker, der mit rauer Stimme »Do Ya Think I'm Sexy?« singt, in einem so großen Gegensatz steht, dass man nicht umhinkommt, den Schluss zu ziehen, dass er dieser Tätigkeit aus Liebe, und nur aus Liebe, nachgeht.

Noch in einem weiteren Sinne stellen Hobbys für das herrschende Produktivitäts- und Leistungsdenken eine Herausforderung dar: Es ist völlig in Ordnung, wenn nicht sogar besser, sie nur mittelmäßig zu beherrschen. Dem Magazin *Railway Modeler* gestand Stewart jedenfalls, dass er nicht einmal besonders gut darin sei, Modelleisenbahnumgebungen zu bauen. (Und dass er jemanden bezahlte, der ihm die fummeligen Elektrodrähte verlegte.) Aber vielleicht ist genau das der Grund, dass es ihm so viel Spaß macht: Einer Beschäftigung nachzugehen, bei der man keine außergewöhnlichen Fähigkeiten an den Tag legt, bedeutet, sich zumindest für einen Augenblick von dem dringenden Bedürfnis zu befreien, seine »Zeit gut zu nutzen«, was in Stewarts Fall wahrscheinlich bedeutet, weiterhin große Publikumsmassen anzuziehen, für ausverkaufte Stadien zu sorgen und der Welt zu zeigen, dass er es immer noch draufhat. Meine andere Lieblingsbeschäftigung neben dem Wandern – auf meinem elektrischen Klavier die Songs von Elton John zu spielen – ist teilweise auch deshalb so erhebend, weil nicht die geringste Gefahr besteht, dass meine erschreckend unterentwickelte Musikalität jemals mit Geld oder jubelnden Kritiken bedacht werden wird. Im Gegensatz dazu ist Schreiben für mich die sehr viel aufreibendere Tätigkeit, in die ich mich nur selten so vertiefen kann, dass ich alles um mich herum vergesse. Das liegt eindeutig daran, dass ich die Hoffnung nicht aufgeben kann, es eines Tages so brillant zu tun, dass ich damit reich und berühmt werde, oder es zumindest so gut zu machen, dass mein Selbstwertgefühl dadurch ausreichend gestärkt wird.

Die Verlegerin und Redakteurin Karen Rinaldi hat ein ähnliches Verhältnis zum Surfen wie ich zu kitschigem Piano-Rock, nur krasser: Sie verwendet jede freie Minute darauf und hat ihre gesamten Ersparnisse für ein kleines Stück Land auf Costa Rica ausgegeben, um näher am Meer zu sein. Sie gibt freimütig zu, dass sie bis heute eine grottenschlechte Surferin ist. (Sie musste fünf Jahre üben, um zum ersten Mal eine Welle zu erwischen.) Aber »in dem Prozess, in dem ich versuchte, einen Moment der Glückseligkeit zu erleben«, erklärt Rinaldi, »machte ich eine ganz andere Erfahrung: sicherlich auch die Erfahrung von Geduld und

Demut, aber vor allem die Erfahrung von *Freiheit.* Freiheit, das Nutzlose zu verfolgen. Und die Freiheit, etwas schlecht zu machen und zu merken, dass es einem egal ist, ist eine Offenbarung.«[21] Es kommt nicht auf das Ergebnis an. Und das ist auch gut so, denn das Ergebnis kommt immer erst später – und später ist immer zu spät.

10

Die Ungeduldsspirale

Falls Sie schon einmal längere Zeit in einer Stadt verbracht haben, in der gehupt wird wie wahnsinnig – New York oder, sagen wir, Mumbai –, dann wissen Sie, wie verrückt einen dieses Geräusch machen kann, was gar nicht einmal hauptsächlich daran liegt, dass es Frieden und Ruhe stört, sondern vor allem daran, dass diese Störung so sinnlos ist: Sie beeinträchtigt die Lebensqualität von anderen Menschen, ohne die des Hupenden auch nur ansatzweise zu verbessern. In meiner Ecke von Brooklyn beginnt die Feierabendverkehrshuperei nachmittags gegen 16 Uhr und dauert bis etwa 20 Uhr an; und in dieser Zeit sind es wahrscheinlich nicht mehr als eine Handvoll Hupgeräusche, die einem praktischen Zweck dienen, wie dem, jemanden auf eine Gefahr aufmerksam zu machen oder der Person im Auto vor einem klarzumachen, dass sie nicht bemerkt hat, dass die Ampel gerade auf Grün umgesprungen ist. Alles andere Hupen bedeutet schlicht und einfach: »Beeil dich!«, obwohl ja alle gemeinsam in der gleichen Blechlawine stecken, alle mit dem identischen Wunsch voranzukommen und der gleichen Unfähigkeit, diesen Wunsch in die Tat umzusetzen. Kein Autofahrer, der seine fünf Sinne beisammen hat, kann ernsthaft glauben, dass seine Huperei in Bezug auf sein Vorankommen irgendetwas nützt. Das sinnlose Hupen ist insofern ein weiteres Symptom dafür, dass wir unsere Grenzen in Bezug auf die Zeit nicht anerkennen wollen: Es ist das Wutgeheul darüber, dass wir nicht in der Lage sind, die Welt um uns herum so zu manipulieren, dass sie sich so schnell bewegt, wie wir es gern hätten.

Dass eine solche diktatorische Haltung gegenüber der Realität letztendlich viel Leid verursacht, ist eine der zentralen Einsichten der chinesischen Religion des Taoismus. Das *Daodejing* ist voller Geschmeidigkeits- und Nachgiebigkeitsbilder: Der weise Mensch (so heißt es an vielen Stellen) ist wie ein Baum, der sich im Wind biegt, um nicht zu brechen, oder wie Wasser, das um Hindernisse herumfließt. Die Dinge sind, wie sie sind, legen solche Metaphern nahe, egal, wie leidenschaftlich man sich wünscht, dass sie es nicht wären – und die einzige Hoffnung, die man hat, überhaupt einen echten Einfluss auf die Welt auszuüben, besteht darin, *mit* dieser Tatsache zu arbeiten, anstatt *gegen* sie. Wobei aber das Phänomen der sinnlosen Huperei und der Ungeduld im Allgemeinen eher nahelegt, dass die meisten von uns ziemlich schlechte Taoisten sind. Wir neigen dazu, das Gefühl zu haben, dass es unser Recht ist, dass sich die Dinge in der Geschwindigkeit entwickeln, die wir uns wünschen, und in der Folge machen wir uns selbst unglücklich – nicht bloß, weil wir so viel Zeit damit verschwenden, uns zu ärgern, sondern auch, weil das Unternehmen, die Welt zur Eile anzutreiben, sich regelmäßig als ziemlich sinnlos herausstellt. So hat die Verkehrsforschung schon vor langer Zeit gezeigt, dass man langsamer vorwärtskommt, wenn man ungeduldig fährt. (Ein typisches Beispiel wäre das dichte Auffahren beim Warten an einer roten Ampel, das für den Fahrer selbst vollkommen kontraproduktiv ist, weil er, sobald der Verkehr wieder in Bewegung kommt, nur langsam beschleunigen kann, wenn er nicht auf das Auto vor ihm auffahren möchte.)[1] Dasselbe gilt für viele andere Kraftanstrengungen, die darauf ausgerichtet sind, den Gang der Realität mit Gewalt zu ändern. Wer zu schnell arbeitet, macht mehr Fehler, die er dann in einem zweiten Durchlauf ausbügeln muss; und wer ein Kleinkind beim Anziehen antreibt, um schnell aus dem Haus zu kommen, kann absolut sicher sein, dass er dadurch den Prozess nur in die Länge zieht.

Der Schnelligkeit entkommen

Obwohl es wissenschaftlich schwer nachzuweisen ist, sind wir mit großer Sicherheit heute viel ungeduldiger, als wir es einmal waren. Unsere abnehmende Toleranz für Verzögerungen spiegelt sich in zahlreichen Statistiken, von Gewalt im Straßenverkehr über die Länge von Redebeiträgen von Politikern bis zu der Anzahl von Sekunden, die der durchschnittliche Internetbenutzer beim Warten auf eine langsam ladende Webseite toleriert. (Man hat ausgerechnet, dass Amazon 1,6 Milliarden Dollar an jährlichen Verkäufen verlöre, wenn die Startseite nur eine Sekunde langsamer laden würde.[2]) Doch auf den ersten Blick ist das, wie ich schon in der Einleitung erwähnt habe, ziemlich verwunderlich. Jede neue Technologie von der Dampfmaschine bis zur mobilen Breitbandtechnik hat dazu geführt, dass wir Dinge schneller erledigen können als zuvor. Sollte dadurch nicht unsere Ungeduld *verringert* worden sein, indem wir der Geschwindigkeit, die wir uns offenbar wünschen, etwas näher gekommen sind? Und doch haben seit dem Anfang des Zeitalters der Beschleunigung die Menschen auf all die Möglichkeiten, Zeit einzusparen, nicht etwa mit Befriedigung reagiert, sondern mit zunehmender Ungeduld darüber, das Leben nicht noch mehr beschleunigen zu können.

Auch dieses Rätsel lässt sich auflösen, wenn man den Drang nach Beschleunigung als eine Art Widerstand gegenüber den natürlichen Grenzen des Menschseins versteht. Dass der technische Fortschritt unsere Ungeduldsgefühle verstärkt, liegt daran, dass jede neue Erfindung uns scheinbar näher an den Punkt bringt, an dem wir unsere Grenzen vollständig transzendieren können; sie wirkt wie ein Versprechen, dass wir es *diesmal endlich* schaffen, die verstreichende Zeit durch diese Art der Beschleunigung vollständig unter Kontrolle zu bekommen. Umgekehrt wird dann jede Erinnerung daran, dass wir in Wirklichkeit dieses Maß an Kontrolle *niemals* erreichen werden, zu einem eher unerfreulichen Gefühl. Sobald man sein Mittagessen in 60 Sekunden in einer Mikrowelle aufwärmen kann, wird es scheinbar realistisch, das gewünschte Resultat vielleicht auch sofort, in null Sekunden zu erreichen – und umso verrückter macht es einen, dass man stattdessen immer noch eine ganze Minute warten muss. (Vielleicht haben Sie schon einmal bemerkt, wie häufig auf dem Timer der Büro-Mikrowelle von der Person, die sie vorher benutzt hat, noch sieben oder acht Sekunden übrig sind, was ziemlich genau den Augenblick dokumentiert, in dem ein Kollege oder eine Kollegin die Nerven verloren hat.) Leider ist es auch keine Lösung, wenn Sie es mithilfe von innerer Aufrichtigkeit ganz individuell schaffen, solche Reaktionen zu vermeiden, weil Sie natürlich weiterhin der *gesellschaftlichen* Ungeduld unterworfen sind – also den in unserer Kultur immer höhergeschraubten Erwartungen darüber, wie schnell bestimmte

Dinge erledigt sein sollten. Sobald eine Mehrheit der Menschen findet, dass man in der Lage sein sollte, innerhalb von einer Stunde 40 E-Mails zu beantworten, wird die Frage, ob Sie permanent in Lohn und Brot sind, unter Umständen davon abhängen, dass Sie genau dieses Pensum schaffen, und zwar unabhängig davon, wie sinnvoll Ihnen persönlich diese Erwartung scheint.

Dieses immer schlimmer werdende Unbehagen, der Wunsch, die Realität immer mehr zu beschleunigen, findet vielleicht seinen anschaulichsten Ausdruck in dem, was mit der Erfahrung des Lesens passiert ist. Seit etwa zehn Jahren berichten immer mehr Menschen davon, dass sie, wann immer sie ein Buch zur Hand nehmen, von einem Gefühl überwältigt werden, das sie mit Ausdrücken wie »Ruhelosigkeit« und »Abgelenktheit« beschreiben, das aber wohl am besten als eine Art von Ungeduld beschrieben werden kann, eine Art Widerwille darüber, dass der Akt des Lesens mehr Zeit beansprucht, als man möchte. »Mir fällt es immer schwerer, mich auf Wörter, Sätze, Absätze zu konzentrieren«, beklagt Hugh McGuire, der Gründer des kostenfreien Hörbuchanbieters LibriVox, der (zumindest bis vor Kurzem) sein Leben lang belletristische Literatur gelesen hat.[3] »Ganz zu schweigen von Kapiteln. Kapitel bestehen manchmal aus vielen Seiten voller Absätze.« Er beschreibt eindrucksvoll, was sich an der früher so genüsslichen Erfahrung, mit einem Buch ins Bett zu schlüpfen, verändert hat: »Ein Satz. Zwei Sätze. Vielleicht drei. Und dann … brauche ich nur *kurz* etwas anderes. Etwas, das mir über die Runden hilft. Etwas, mit dem ich mich am Hinterkopf kratzen kann – kurz mal auf dem iPhone meine E-Mails checken; eine Antwort auf einen lustigen Tweet von William Gibson formulieren und dann doch wieder löschen; den Link zu einem guten, wirklich sehr guten Artikel im *New Yorker* finden und öffnen …«

Viele Menschen beklagen, dass sie nicht mehr »die Zeit zum Lesen« haben, aber, wie der Romanautor Tim Parks gezeigt hat, stimmt es meistens einfach nicht, dass man im Laufe des Tages wirklich keine freie halbe Stunde finden würde. Gemeint ist mit dieser Klage vielmehr die Ungeduld, die einen beschleicht, sobald man ein Quäntchen Zeit gefunden hat und versucht, in ein Buch zu blicken. »Es geht nicht einfach nur darum, dass man häufig unterbrochen würde«, schreibt Parks. »Vielmehr ist es so, dass man sich zu Unterbrechungen *hinreißen* lässt.«[4] Es geht gar nicht so sehr darum, dass wir zu beschäftigt sind oder zu ablenkbar, sondern darum, dass wir die Wahrheit nicht akzeptieren wollen, dass Lesen eine Tätigkeit ist, die ihren eigenen Rhythmus hat. Man kann diese Tätigkeit nur sehr begrenzt beschleunigen, wenn sie nicht ihren Sinn verlieren soll; sie verweigert, so könnte man es formulieren, gewissermaßen ihre Einwilligung in unseren Wunsch, das Verstreichen der Zeit zu kontrollieren. Etwas vernünftig zu lesen dauert nun einmal so lange, wie es dauert, und das gilt auch für sehr viele andere Aspekte der Realität, auch wenn es uns schwerfällt, das zu akzeptieren.

Aufhören müssen, aber nicht aufhören können

Schon in den späten 1990er-Jahren bemerkte die in Kalifornien ansässige Psychotherapeutin Stephanie Brown bei ihren Klienten, die auf der Suche nach Hilfe in ihre in Menlo Park, dem Zentrum von Silicon Valley, gelegene Praxis kamen, ein auffälliges neues Muster.[5] Als nämlich der Dot-com-Boom langsam Fahrt aufnahm, war sie mit seinen ersten Opfern konfrontiert: gut bezahlten, sozial anerkannten Leistungsmenschen, die sich so sehr an ein Leben in permanenter Bewegung und Stimulation gewöhnt hatten, dass die meisten von ihnen so etwas wie körperlichen Schmerz empfanden, wenn sie während einer Therapiesitzung 50 Minuten am Stück sitzen bleiben mussten. Brown brauchte nicht lange, um herauszufinden, dass ihr dringendes Gefühl der Eile eine Form der Selbstmedikation war – etwas, das sie taten, um etwas anderes nicht zu fühlen. »Sobald ich etwas langsamer mache«, erzählte ihr eine Klientin, der sie vorgeschlagen hatte, darüber nachzudenken, die Dinge etwas ruhiger angehen zu lassen, »werde ich von einem Angstgefühl überwältigt und schaue mich nach etwas um, das mir helfen kann, es wegzubekommen.« Nach dem Smartphone greifen, sich in eine To-do-Liste vertiefen, sich im Fitnesscenter auf einer Maschine abstrampeln – all diese Formen der Schnelllebigkeit dienten auf die eine oder andere Weise der Vermeidung von Gefühlen. Nach einigen Monaten dämmerte es Brown, dass sie in dieser Form des Vermeidungsverhaltens sich selbst wiedererkannte. Ihre diesbezüglichen Erfahrungen gehörten in ein Leben, das sie vor langer Zeit hinter sich gelassen hatte. Und dennoch war die Verbindung klar: »Diese Menschen erzählten *genau das Gleiche!*«, sagte sie mir, und die Aufregung über diese ursprüngliche Entdeckung war ihrer Stimme noch immer anzuhören. Die Leistungsmenschen von Silicon Valley erinnerten Brown an ihre eigene Zeit als Alkoholikerin.

Um die Wichtigkeit dieser Entdeckung zu verstehen, muss man wissen, dass Brown, wie viele Menschen, die früher alkoholabhängig waren, zutiefst überzeugt von dem Zwölf-Punkte-Programm der Anonymen Alkoholiker ist, das davon ausgeht, dass Alkoholismus im Grunde der vergebliche Versuch ist, Kontrolle über seine eigenen Gefühle auszuüben. Anfangs trinkt der zukünftige Alkoholiker, um irgendeinen schmerzhaften Aspekt seines Gefühlslebens zu verdrängen: Brown selbst begann ihrer eigenen Aussage nach regelmäßig zu trinken, als sie 16 Jahre alt war, weil es für sie die einzige Möglichkeit zu sein schien, das Gefühl einer zwischen ihr und ihren Eltern herrschenden unüberwindlichen emotionalen Distanz in Schach zu halten. Ihre beiden Elternteile kämpften schon ihr Leben lang mit diversen Abhängigkeiten. »Ich wusste schon ganz früh, dass auf schreckliche Weise etwas mit unserer Familie nicht stimmte«, erinnerte sie sich, »aber als mir mein Vater zum ersten Mal, ich glaube, es war auf einer Hochzeit, ein Glas Champagner anbot, war ich begeistert, das weiß ich noch. Es war, als ob ich endlich Teil dieser Familie sein durfte.«

Am Anfang sieht es immer so aus, als ob diese Strategie funktionierte, weil Alkohol unerwünschte Gefühle tatsächlich dämpfen kann. Auf lange Sicht schlägt dieses kurzfristige Gegenmittel aber auf katastrophale Weise zurück. Trotz all der Anstrengungen, seinen schmerzhaften Erfahrungen zu entkommen, ist man in Wahrheit noch immer da, wo man ist – gefangen in einer dysfunktionalen Familie oder einer missbräuchlichen Beziehung, mitten in einer Depression oder damit beschäftigt, sich nicht mit den Auswirkungen eines Kindheitstraumas zu beschäftigen – und so kehren die Gefühle bald zurück, und man braucht noch mehr Alkohol, um sie zu betäuben. Erst jetzt bekommt die Alkoholikerin zusätzliche Probleme: Sie muss nicht nur darum kämpfen, durch das Trinken ihre Gefühle unter Kontrolle zu halten, sondern gleichzeitig versuchen, ihren Alkoholkonsum im Griff zu behalten, um nicht ihre Liebesbeziehung, ihren Job oder sogar ihr Leben aufs Spiel zu setzen. Wahrscheinlich wird es nach und nach bei der Arbeit und zu Hause immer mehr Probleme geben, was Scham auslöst – und genau das zieht weitere schwierige Gefühle nach sich, die sich am einfachsten mit noch mehr Alkohol betäuben lassen. Das ist der Teufelskreis im Herzen der psychischen Abhängigkeit. Man weiß, dass man aufhören *muss,* aber man *kann* nicht aufhören, weil genau das, was einem schadet – Alkohol –, das einzige Mittel zu sein scheint, jene negativen Gefühle unter Kontrolle zu halten, zu deren Entstehung das Trinken beigetragen hat.

Vielleicht erscheint es unangemessen und übertrieben, die »Schnelligkeitssucht«, wie Brown unsere moderne Krankheit des beschleunigten Lebens nennt, mit einer so ernsten Erkrankung wie der Alkoholabhängigkeit zu vergleichen. Es gibt tatsächlich auch immer wieder Leute, die diesen Vergleich als verletzend empfinden. Dabei geht es ihr jedoch nicht um die Behauptung, dass zwanghafte Eile körperlich so zerstörerisch sei wie exzessives Trinken. Sie möchte einfach nur darauf hinweisen, dass der grundlegende Mechanismus derselbe ist. Während alles immer schneller geht, verfallen wir zunehmend dem Glauben, dass unser Glück und unser finanzielles Auskommen davon abhängen, dass wir mit übermenschlicher Geschwindigkeit arbeiten, vorwärtskommen und Dinge erledigen. Wir haben panische Angst davor, nicht mithalten zu können – und um diese Befürchtung zu unterdrücken und das Gefühl zu bekommen, dass wir unser Leben unter Kontrolle haben, machen wir noch schneller. Aber genau das führt in die Spirale der Abhängigkeit. Wir treiben uns immer mehr an, um die Angst loszuwerden, doch in Wirklichkeit wird dadurch die Angst nur größer, denn es wird immer deutlicher, dass es uns niemals gelingen wird, uns selbst und den Rest der Welt dazu zu bringen, so schnell zu werden, wie wir es für nötig halten. (Nebenbei leiden wir zunehmend unter den Auswirkungen der ständigen Hetzerei: Bei der Arbeit erzielen wir schlechtere Ergebnisse, wir ernähren uns schlechter, unsere Beziehungen gehen in die Brüche.) Und doch erscheint es uns so, als könnten wir mit dieser Angst nur umgehen, indem wir uns immer mehr beeilen. Wir wissen, dass wir damit aufhören müssen, haben aber das Gefühl, es einfach nicht hinzubekommen.

Diese Lebensweise ist nicht durch und durch unangenehm: Genau wie der Schwips beim Alkohol hat auch das Leben in dieser absurden Geschwindigkeit etwas Berauschendes. (Wie der Wissenschaftsautor James Gleick hervorhebt, ist es kein Zufall, dass die Worte »rauschen« [wie in »vorbeirauschen«] und »Rausch« die gleiche etymologische Wurzel haben.)[6] Doch als Methode, seinen Seelenfrieden zu finden, ist dieses Leben zutiefst ungeeignet. Aber während mitfühlende Freunde vielleicht intervenieren und einem zu helfen versuchen, wenn man in den Alkoholismus abgleitet, ist Schnelligkeit etwas, das gesellschaftlich stark anerkannt ist. Selbst die besten Freunde lassen sich dazu hinreißen, einen dafür zu loben, wie »energiegeladen« man wieder ist.

Die Aussichtslosigkeit einer solchen Situation – in der die Anstrengungen des Abhängigen, die Kontrolle zurückzubekommen, ihn immer weiter in die Abwärtsspirale des Kontrollverlustes hineintreiben – ist die Basis der zunächst paradox klingenden Einsicht, für die die Anonymen Alkoholiker berühmt geworden sind: nämlich dass man nicht wirklich hoffen kann, den Alkohol zu besiegen, bis man alle Hoffnung aufgegeben hat, den Alkohol zu besiegen. Diese notwendige Verschiebung des Blicks wird normalerweise möglich, wenn man »den Tiefpunkt erreicht«, was in der Sprache der Selbsthilfeorganisation für eine Situation steht, in der alles so schlimm geworden ist, dass man sich einfach nicht mehr selbst belügen kann. An diesem Punkt wird es für den Alkoholiker unmöglich, weiterhin zu leugnen, dass er einfach nicht die Fähigkeit besitzt, mithilfe von Alkohol seine schwierigsten Gefühle zu unterdrücken. (»Wir gaben zu«, lautet der erste der fünf Schritte der Anonymen Alkoholiker, »dass wir dem Alkohol gegenüber machtlos sind – und unser Leben nicht mehr meistern konnten.«[7]) Und erst dann, nachdem man mit dem destruktiven Versuch, das Unmögliche zu erreichen, Schluss gemacht hat, kann man anfangen, an dem zu arbeiten, was möglich *ist:* der Realität ins Auge zu sehen – vor allem der Realität, dass man kein moderates Maß des Alkoholkonsums findet, das mit einem funktionierenden Leben zu vereinbaren wäre – und dann langsam und nüchtern daran zu arbeiten, sich eine produktivere und erfüllendere Existenz aufzubauen.

So ähnlich, argumentiert Brown, müssen auch wir Schnelligkeitssüchtigen auf dem Boden der Tatsachen ankommen. Wir müssen aufgeben: gegenüber der Realität kapitulieren, dass die Dinge eben einfach so lange dauern, wie sie dauern, dass man seine Ängste nicht dadurch beruhigen kann, dass man schneller arbeitet, einfach weil es gar nicht in unserer Macht steht, das Tempo der Realität zu bestimmen, so sehr wir es auch glauben, und dass wir immer wieder in den Sog der Schnelligkeit geraten, in dem wir meinen, umso schneller werden zu müssen, je schneller wir sind. Als Browns Klienten diese Vorstellung aufgaben, passierte etwas Unerwartetes – etwas, das dem Aufgeben des unrealistischen Kontrollstrebens beim Alkoholiker ähnelt, der daraufhin die harte, schlichte, die Realität anerkennende Erfahrung der Genesung macht. Psychotherapeuten nennen diesen Prozess »Veränderung zweiter Ordnung«, womit sie meinen, dass es hier nicht um eine schrittweise Verbesserung geht, sondern um einen Perspektivwechsel, der alles in ein vollkommen anderes Licht stellt. Wenn man endlich der Tatsache ins Auge blickt, dass man nicht bestimmen kann, wie schnell etwas geht, hört man auf, schneller laufen zu wollen als die eigene Angst, und die Angst verwandelt sich. Sich in ein schwieriges Arbeitsprojekt zu vertiefen, das einfach nicht beschleunigt werden kann, ist nun kein Auslöser für Stressgefühle mehr, sondern ein belebender Akt der bewussten Entscheidung; und einem schwierigen Roman die Zeit zu geben, die er braucht, macht ihn wieder zu einer Quelle des Genusses. »Man kultiviert eine Wertschätzung für Ausdauer, dafür, dranzubleiben und einen Schritt nach dem anderen zu machen«, erklärt Brown. Man hört auf »zu verlangen, dass es sofort eine Lösung gibt, dass man sofort von Unbehagen und Schmerz befreit wird – man glaubt einfach nicht mehr an solche magischen Reparaturen«. Während wir eintauchen in das Leben, wie es wirklich ist, entfährt uns ein Seufzer der Erleichterung. Und im klaren Bewusstsein der eigenen Begrenztheit kultivieren wir nach und nach die uncoolste, aber vielleicht wichtigste Superkraft überhaupt: Geduld.

11

Im Bus sitzen bleiben

Es ist nicht übertrieben zu behaupten, dass Geduld einen sehr schlechten Ruf hat. Zum einen erscheint einem die Aussicht auf etwas, von dem einem gesagt wurde, dass es Geduld erfordert, von vornherein schon einmal ziemlich unattraktiv. Darüber hinaus hat aber Geduld vor allem etwas beunruhigend Passives an sich. Es ist die Tugend, die man traditionell Hausfrauen aufgezwungen hat, während ihre Männer ein viel interessanteres Leben außerhalb des Hauses führten; oder rassifizierten Minderheiten, denen gesagt wurde, dass sie nur noch ein paar Jahrzehnte warten müssten, bis auch sie die vollständigen Bürgerrechte bekämen. Die talentierte, aber bescheidene Kollegin, die »geduldig wartet«, bis man sie befördert, wird, so scheint es uns, sehr lange warten: Sie sollte stattdessen lieber etwas lauter mit ihren Leistungen prahlen. In all den angesprochenen Fällen soll Geduld dazu dienen, dass sich Menschen damit abfinden, dass sie machtlos sind, sie soll ihnen helfen, sich in der theoretischen Hoffnung auf bessere Tage mit ihrer untergeordneten Position abzufinden. Doch seit sich alles immer mehr beschleunigt, haben hier erhebliche Verschiebungen stattgefunden. In immer mehr Kontexten wird Geduld zu einer *Form* von Macht. In einer Welt, in der alle in Eile sind, wird die Fähigkeit, diesem Drang zu widerstehen – den Dingen die Zeit zu geben, die sie nun einmal brauchen –, zu einer Möglichkeit, in der Welt wirksam zu werden, die Arbeit zu tun, die wirklich zählt, und aus dem eigenen Tun Befriedigung zu ziehen, anstatt diese immer wieder auf die Zukunft zu verschieben.

Diese Lektion habe ich von Jennifer Roberts gelernt, die an der Harvard University Kunstgeschichte unterrichtet.[1] Die erste Aufgabe in ihrem Seminar ist immer dieselbe, und die Entsetzensschreie, die sie den Studierenden entlockt, sind legendär: Suchen Sie sich ein Gemälde oder eine Skulptur in einem der hiesigen Museen aus, fahren Sie dort hin und betrachten Sie das Kunstwerk drei Stunden am Stück. E-Mails und soziale Medien sind tabu; auch kurz zu Starbucks laufen ist verboten. (Roberts hat sich schweren Herzens dazu durchgerungen, kurze Toilettengänge zu erlauben.) Als ich einem Freund erzählte, dass ich vorhatte, nach Harvard zu fahren, um mich mit Roberts zu treffen, und dass ich die Gemäldebetrachtungsübung auch selbst durchführen wollte, warf er mir einen Blick zu, in dem sich Bewunderung und leichte Besorgnis um meine psychische Gesundheit mischten, so, als hätte ich gerade angekündigt, dass ich in einem Kajak allein den Amazonas hinunterfahren wollte. Und die Sorge um mein psychisches Wohlergehen war tatsächlich nicht aus der Luft gegriffen. Es gab während der Übung sehr lange Augenblicke, in denen ich unglücklich auf meinem Sitz im Harvard Art Museum hin- und herrutschte und nur allzu gern alles Mögliche getan hätte, das ich normalerweise nicht ausstehen kann – Klamotten shoppen, in flachen Paketen verpackte Möbel zusammenbauen, meinen Oberschenkel mit Reißzwecken spicken –, einfach weil ich all das hätte *schnell* machen können, anstatt dort einfach nur zu sitzen und mich in Geduld zu üben.

Diese Reaktionen waren für Roberts nicht überraschend. Sie bestand darauf, dass die Übung genau drei Stunden lang durchgeführt wurde, weil sie wusste, dass einem diese Zeitspanne schmerzhaft lang vorkommen kann, vor allem, wenn man an ein sehr schnelles Leben gewöhnt ist. Sie wollte ihre Studierenden dazu zwingen, aus erster Hand zu erfahren, dass es seltsamerweise beinahe unerträglich ist, in einer bestimmten Lage festzustecken, ohne das Tempo erhöhen zu können. Aber die Studierenden sollten auch lernen, wie wertvoll es sein kann, dieses Unbehagen zu durchleben und zu überwinden und schließlich zu dem durchzudringen, was darunter liegt. Roberts erzählte mir, dass ihr die Idee mit der Übung gekommen war, weil ihre Studierenden unglaublich schnell sein mussten, es einen regelrechten Druck in diese Richtung gab – durch die Digitaltechnik, aber auch durch die extreme Konkurrenz, die in Harvard herrschte –, sodass sie nach und nach das Gefühl bekam, dass es einfach nicht ausreichte, wenn Dozentinnen wie sie einfach nur Aufgaben stellten und auf die Ergebnisse warteten. Es kam ihr plötzlich so vor, als würde sie ihre Pflicht vernachlässigen, wenn sie nicht gleichzeitig versuchte, Einfluss auf das Tempo auszuüben, in dem ihre Studierenden arbeiteten, und ihnen zu helfen, ihre Geschwindigkeit so weit zu drosseln, wie es die Kunst erforderte. »Sie brauchten jemanden, der ihnen die Erlaubnis gab, ihre Zeit für *alles Mögliche* zu nutzen«, sagte sie mir. »Irgendjemand musste sie mit einem anderen Satz von Regeln und Verboten ausstatten als dem, von dem ihr Leben bis dahin dominiert wurde.«

Es gibt Kunstformen, die ihr Publikum regelrecht zu einer Entschleunigung zwingen: Als Zuschauerin einer Oper, zum

Beispiel der *Hochzeit des Figaro,* oder des Films *Lawrence von Arabien* hat man keine große Wahl, als dem Werk die Zeit zu geben, die es braucht. Bei anderen Kunstarten, unter anderem bei der Malerei, sind äußere Beschränkungen dagegen ausgesprochen hilfreich – einfach weil es zu leicht ist, sich selbst davon zu überzeugen, dass das sekundenlange *Betrachten* eines Gemäldes ausreicht, um es wahrhaft zu *sehen.* Um also ihre Studierenden davon abzuhalten, eine Aufgabe im Schnelldurchlauf zu erledigen, musste Roberts die Verhinderung des Schnelldurchlaufs selbst zur Aufgabe machen.

Sie führte diese Übung auch selbst durch, und zwar mit einem Gemälde namens *Boy with a Squirrel* des amerikanischen Künstlers John Singleton Copley. (Es zeigt einen Jungen mit einem Eichhörnchen.) »Ich brauchte neun Minuten, um zu bemerken, dass die Form, die das Ohr des Jungen hatte, haargenau die Form der Fellkrause wiederholte, die sich um den Bauch des Eichhörnchens schlang«, schrieb Roberts später, »und dass Copley dadurch eine Verbindung zwischen dem tierischen und dem menschlichen Körper herstellte … Es dauerte mehr als 45 Minuten, bis ich verstand, dass die scheinbar zufälligen Knitter und Falten in dem Vorhang, der im Hintergrund des Gemäldes zu sehen war, tatsächlich die Augen- und Ohrform des Jungen exakt wiederholten.«

Der Geduld, die aus der Anstrengung erwächst, dem Drang zur Eile zu widerstehen, haftet nichts Passives oder Resigniertes an. Im Gegenteil, sie ist ein aktiver, fast schon muskulärer Zustand aufmerksamer Präsenz – und sein Nutzen reicht, wie wir sehen werden, weit über die Wertschätzung von Kunst hinaus. Doch nur fürs Protokoll: Folgendes passiert, wenn man drei Stunden am Stück auf einem kleinen Campingsessel in Harvard Art Museum sitzt und das Gemälde *Baumwolle Kaufleute in New Orleans* von Edgar Degas betrachtet, während das Handy, der Laptop und andere Ablenkungsmöglichkeiten außer Reichweite im Schließfach verstaut sind: Die ersten Minuten vergehen damit, dass man sich fragt, auf was in aller Welt man sich da eingelassen hat. Man erinnert sich daran – wie konnte das in Vergessenheit geraten? –, dass man Kunstausstellungen schon immer gehasst hat, vor allem die ansteckende Lethargie, die die schlurfenden Zuschauergruppen in den Räumen hinterlassen. Dann überlegt man, ob man das Gemälde wechselt, von einem Werk, dessen Langweiligkeit einem plötzlich offensichtlich zu sein scheint (zu sehen sind drei Männer in einem Raum, die Baumwollballen inspizieren) zu einem anderen Bild in der Nähe, auf dem anscheinend winzige Seelen abgebildet sind, die in der Hölle gefoltert werden. Aber dann wäre man gezwungen, vor sich selbst zuzugeben, dass man mit dem Aussuchen eines neuen Gemäldes noch mal von vorne anfangen würde und dadurch genau der Ungeduld nachgegeben hätte, der man hier eigentlich widerstehen lernen wollte – letztlich wäre es ein Versuch, die eigenen Erfahrungen genau auf die Weise zu manipulieren, die man vermeiden wollte. Also bleibt man sitzen und wartet. Verdrießlichkeit weicht Müdigkeit, dann ruheloser Gereiztheit. Die Zeit verlangsamt sich. Man fragt sich, ob inzwischen eine Stunde rum ist, aber wenn man auf die Uhr blickt, sieht man, dass nur 17 Minuten vergangen sind.

Und dann, etwa um die 80. Minute herum, aber ohne genau zu bemerken, wann und wie es passiert ist, gibt es plötzlich eine winzige Verschiebung. Endlich gibt man den Versuch auf, dem Unbehagen der so langsam verstreichenden Zeit zu entkommen, und siehe da: Das Unbehagen lässt nach. Und der Degas beginnt langsam, seine versteckten Details zu enthüllen: den subtilen Ausdruck der Wachsamkeit und Traurigkeit auf den Gesichtern der drei Männer – von denen einer, wie man erst jetzt wirklich bemerkt, ein Schwarzer Händler in einem ansonsten weißen Milieu ist – und ein unerklärlicher Schatten, den man vorher nicht gesehen hat, als würde eine vierte Person außerhalb der Szene lauern; schließlich eine seltsame optische Täuschung, die eine der Figuren entweder als ganz normal oder als durchsichtig erscheinen lässt, wie ein Geist, je nachdem, wie die Augen den Rest des Bildes interpretieren. Nach kürzester Zeit erlebt man die Szene in ihrer ganzen sinnlichen Fülle: die Feuchtigkeit und Enge dieses Raumes in New Orleans, das Knacken des Dielenbodens, den Geruch von Staub in der Luft.

Hier hat sich eine Veränderung zweiter Ordnung zugetragen: Nun, da man es aufgegeben hat, die Geschwindigkeit, in der sich das Erlebnis entfaltet, zu diktieren, kann das eigentliche Erleben anfangen. Und man beginnt zu verstehen, was der Philosoph Robert Grudin meinte, als er das Erlebnis der Geduld als »anfassbar, essbar« bezeichnete,[2] als ob Geduld den Dingen eine Kaubarkeit gibt – das Wort trifft es nicht ganz, aber es ist das Beste, was mir einfällt –, etwas, das mit den Zähnen zu greifen ist. Als Belohnung dafür, dass man die Fantasie aufgegeben hat, man könne den Rhythmus der Realität manipulieren, bekommt man endlich ein echtes Gefühl von Halt in der Realität. Oder man könnte auch sagen: *Das Leben, wie es leibt und lebt.*

Hinschauen und abwarten

In seinem Buch *Der wunderbare Weg* erzählt der Psychotherapeut M. Scott Peck von der lebensverändernden Erfahrung, dem Tempo der Realität nachzugeben – Geduld erscheint in dieser Geschichte nicht nur als eine friedlichere und gegenwartsbezogenere Lebensweise, sondern auch als Fähigkeit mit einem ganz konkreten Nutzen. Bis zum Alter von 37 Jahren, schreibt Peck, habe er sich selbst immer als »mechanischen Idioten« beschrieben: beinahe komplett unfähig, wenn es um das Reparieren von Haushaltsgegenständen, Autos, Fahrrädern und so weiter ging. Dann lief er eines Tages einem Nachbarn über den Weg, der gerade dabei war, seinen Rasenmäher zu reparieren, und er machte ihm ein Kompliment, indem er sich selbst herabsetzte: »Ich bewundere Sie wirklich. Zu solchen Sachen war ich nie imstande.«

»Weil Sie sich nicht die Zeit dazu nehmen«,[3] antwortete der Nachbar – eine Bemerkung, die noch lange an Peck nagte, ihm irgendwie auf der Seele lag und ihm einige Wochen später wieder einfiel, als sich die Handbremse im Auto einer Patientin verklemmt hatte. Normalerweise, so schreibt er, hätte er »sofort an ein paar Drähten gezogen, ohne auch nur die nebelhafteste Ahnung von dem zu haben, was ich da tat, und wenn nichts Konstruktives dabei herausgekommen wäre, hätte ich die Hände gehoben und erklärt: ›Das ist zu kompliziert für mich.‹« Doch diesmal erinnerte sich Peck an die Mahnung seines Nachbarn:

> Ich legte mich in ihrem Wagen vor den Vordersitzen auf den Boden. Dann nahm ich mir die Zeit, mich bequem hinzulegen. Als ich bequem lag, nahm ich mir die Zeit,

> die Situation anzuschauen. (…). Zuerst erkannte ich nur ein verwirrendes Durcheinander von Drähten und Röhren und Stangen, deren Bedeutung ich nicht kannte. Allmählich aber, ganz langsam, konnte ich den Bremsapparat ausmachen und seinen Verlauf verfolgen. Dann wurde mir klar, dass es da einen kleinen Schnapper gab, der verhinderte, dass sich die Bremse löste. Ich besah mir den Schnapper in aller Ruhe, bis ich erkannte, dass er sich leicht bewegen und die Bremse lösen würde, wenn ich ihn mit der Fingerspitze nach oben drückte. Also tat ich das. Eine einzige Bewegung, ein ganz leichter Druck mit der Fingerspitze, und das Problem war gelöst. Ich war ein Meister der Mechanik!

Pecks Einsicht – dass sich eine Lösung häufig von selbst findet, wenn man es schafft, das Unbehagen auszuhalten, das mit dem Nichtwissen einhergeht – wäre schon hilfreich genug, wenn sie einfach nur als Rat für das Reparieren von Rasenmähern und Autos gemeint wäre. Aber Peck will darauf hinaus, dass diese Erkenntnis auch für den Rest des Lebens gilt: für kreative Arbeit und Beziehungsprobleme, Politik und Elternschaft. Zu spüren, dass jede Realität ihren eigenen Rhythmus hat, ist für uns so unangenehm, dass wir, sobald wir mit einem Problem konfrontiert sind, lieber auf eine Lösung zustürmen – egal welche, Hauptsache, eine Lösung! Deshalb fahren wir unseren Partner an, anstatt ihm zu Ende zuzuhören: Abwarten und Zuhören würde uns dagegen das Gefühl geben – Sie erraten es sicher –, die Dinge nicht unter Kontrolle zu haben. Und weil es sehr viel weniger unsicher ist, etwas zu beenden, als abzuwarten, wie es sich entwickelt, lassen wir uns auf schwierige kreative Projekte oder aufkeimende Liebesbeziehungen häufig gar nicht erst richtig ein. Peck erinnert sich in dem Zusammenhang an eine Patientin, eine erfolgreiche Finanzanalytikerin, die mit der gleichen hektischen Grundeinstellung versuchte, ihre Kinder zu erziehen: »Entweder sie nahm die erstbeste Veränderung vor, die ihr binnen Sekunden in den Sinn kam – den Kindern ein reichhaltigeres Frühstück zu geben oder sie früher zu Bett zu schicken –, ganz gleich, ob eine solche Veränderung irgendetwas mit dem Problem zu tun hatte, oder aber sie kam damit zu ihrer nächsten Therapiesitzung (…): ›Das ist zu kompliziert für mich! Was soll ich tun?‹«

Die drei Prinzipien der Geduld

Wenn es um die Praxis geht, sind drei Faustregeln besonders nützlich, um die kreative Kraft der Geduld im Alltag zu nutzen. Die erste lautet: *Entwickle ein Gefühl für Probleme.* Hinter unserem Drang, mit Hindernissen und Problemen sofort »umzugehen«, um sie so schnell wie möglich zu beseitigen, steht häufig die unausgesprochene Fantasie, dass man vielleicht eines Tages einen Zustand erreicht, in dem man überhaupt keine Probleme mehr hat. Entsprechend empfinden die meisten von uns die Probleme, die uns begegnen, als doppelt problematisch: Erstens wegen des spezifischen Problems, mit dem wir konfrontiert sind, und zweitens, weil wir glauben (wenn vielleicht auch nur unbewusst), dass wir überhaupt keine Probleme haben sollten. Aber ein Zustand völlig ohne Probleme wird ganz offensichtlich niemals eintreten. Um es noch klarer zu sagen, dieser Zustand wäre auch nicht wünschenswert, weil ein Leben ohne Probleme dazu führen würde, dass keine Handlung mehr lohnenswert wäre – wodurch es sinnlos würde. Aber was ist ein »Problem« eigentlich genau? Die einfachste Definition lautet, dass ein Problem etwas ist, dem man sich zuwenden muss – und wenn das Leben keine solche Forderungen stellen würde, hätte es wie gesagt keinerlei Sinn. Sobald man das unerreichbare Ziel aufgibt, sämtliche Probleme, die einem begegnen, auszumerzen, wird es möglich, die Tatsache schätzen zu lernen, dass das Leben im Grunde nichts anderes ist, als sich einem Problem nach dem anderen zu widmen und jedem die Zeit zu geben, die es braucht – dass die Anwesenheit von Problemen im Leben eine sinnvolle Existenz nicht verhindert, sondern ausmacht.

Das zweite Prinzip lautet: *Bejahe das schrittweise Vorgehen.* Der Psychologieprofessor Robert Boice verbrachte seine gesamte akademische Laufbahn damit, die Schreibgewohnheiten seiner Universitätskolleginnen und -kollegen wissenschaftlich zu erforschen, und er kam zu dem Schluss, dass die produktivsten und erfolgreichsten unter ihnen diejenigen waren, die dem Schreiben einen *kleineren* Platz in ihrem Alltag eingeräumt hatten als andere, wodurch es wahrscheinlicher wurde, dass sie sich jeden Tag daransetzten. Sie hatten die Geduld, die man braucht, um die Tatsache zu akzeptieren, dass man an einem einzelnen Tag meistens nicht besonders viel hinbekommt, mit dem Ergebnis, dass sie auf lange Sicht viel mehr schafften. Die täglichen Sitzungen, in denen sie schrieben, waren kurz – sie dauerten manchmal nur zehn Minuten und höchstens vier Stunden –, und am Wochenende nicht zu arbeiten war für diese Kolleginnen und Kollegen eine heilige Regel. Die panischen Doktorandinnen und Doktoranden, denen Boice diese Routine nahezubringen versuchte, hatten selten die Ruhe, ihn überhaupt nur anzuhören. Sie hätten Deadlines, protestierten sie, und könnten sich solche laxen Arbeitsgewohnheiten überhaupt nicht leisten. Sie müssten ihre Doktorarbeiten fertig schreiben, und zwar schnell! Für Boice bestätigten solche Reaktionen genau das, worauf er hinauswollte. Der Wunsch seiner Studierenden, ihre Arbeit so zu beschleunigen, dass sie in rasender Geschwindigkeit abgeschlossen war, war genau das, was verhinderte, dass sie vorwärtskamen. Sie hielten das Unbehagen nicht aus, das entsteht, wenn man sich eingestehen muss, dass man das Tempo eines kreativen Prozesses nur sehr bedingt kontrollieren kann. Und sie versuchten, dieser Erkenntnis zu entkommen, indem sie sich gar nicht erst an die Arbeit machten oder tagelang durcharbeiteten, was wiederum dazu führte, dass sie ihnen durch die Überlastung hassenswert erschien.

Das Wichtigste, wenn man sich entschieden hat, radikal Schritt für Schritt vorzugehen (ein Prinzip, das übrigens den allermeisten Ratgebern zu diesem Thema widerspricht), ist also, am Ende der festgelegten Arbeitszeit die Arbeit auch wirklich zu beenden, auch dann, wenn man noch vor Energie strotzt und das Gefühl hat, jetzt noch einiges schaffen zu können. Wer sich entschieden hat, an einem gegebenen Projekt täglich 50 Minuten zu arbeiten, sollte, sobald diese 50 Minuten abgelaufen sind, aufstehen und das Projekt liegen lassen. Warum? Weil, wie Boice erklärt, der Drang, über diesen Punkt hinaus vorwärtszukommen, »zu einem Großteil aus der Ungeduld besteht, noch nicht fertig zu sein, nicht produktiv genug zu sein, niemals wieder eine so ideale Zeit zum Arbeiten« zu finden.[4] Aufzuhören hilft dabei, den Geduldsmuskel zu trainieren, der es seinerseits ermöglichen wird, dass man immer wieder zu dem Projekt zurückkehrt und auf diese Weise seine Produktivität ein Leben lang erhalten kann.

Das letzte Prinzip lautet: *Originalität ist nur das andere Extrem der Nachahmung.* Der finnisch-amerikanische Fotograf Arno Minkkinen hat die tiefe Wahrheit über die Macht der Geduld einmal mittels einer Parabel über Helsinkis zentralen Busbahnhof veranschaulicht.[5] Dort gebe es, so erklärte er, zwei Dutzend Haltestellen, von denen wiederum jeweils mehrere verschiedene Buslinien abführen. Der erste Teil der Fahrt ist für sämtliche Busse, die von sämtlichen Haltestellen starten, der gleiche: Auf dem Weg durch die Innenstadt hält im wahrsten Sinne des Wortes jeder einzelne Bus an denselben Haltestellen. Seinen Fotografie-Studierenden sagte Minkkinen nun, dass sie jede Haltestelle so betrachten sollten, als wäre sie ein Jahr ihrer künstlerischen Laufbahn. Man entscheidet sich für eine bestimmte Richtung – vielleicht fängt man an, sich der Aktfotografie zu widmen, und nach und nach hat man eine Mappe mit den eigenen Werken zusammen. Drei Jahre (oder Bushaltestellen) später zeigt man diese Werke stolz einem Galeristen. Doch leider wird einem gesagt, dass die Bilder, die man gemacht hat, nicht so originell sind, wie man gedacht hatte, weil sie aussehen wie eine Imitation der Arbeit des Fotografen Irving Penn; es stellt sich heraus, dass Penns Bus auf der gleichen Route unterwegs war wie der eigene. Wütend darüber, dass man drei Jahre seines Lebens vergeudet hat, indem man den abgelaufenen Pfaden eines anderen gefolgt ist, steigt man sofort aus dem Bus, ruft sich ein Taxi und kehrt zum Busbahnhof zurück, von dem aus man ursprünglich losgefahren ist. Diesmal steigt man in einen anderen Bus, will heißen, man wählt ein anderes Genre der Fotografie, um sich zu spezialisieren. Aber nur wenige Bushaltestellen später passiert genau das Gleiche: Man bekommt gesagt, dass auch die neuen Arbeiten nachgeahmt wirken. Also zurück zum Busbahnhof, doch das Muster wiederholt sich immer wieder: Keine der eigenen Arbeiten wird jemals als wirklich eigenständig anerkannt.

Wie lässt sich dieses Problem lösen? »Es ist ganz einfach«, sagt Minkkinen. »Bleiben Sie im Bus sitzen. *Bleiben Sie einfach in dem verfluchten Bus sitzen.*« Sobald die einzelnen Busse erst einmal die Strecke durch die Innenstadt hinter sich haben, fahren sie alle in unterschiedlichen Richtungen weiter, durch die verschiedenen Vororte und hinaus aufs Land. *Genau hier* beginnt die künstlerische Arbeit, die wiedererkennbar ist. Aber sie beginnt überhaupt nur für diejenigen, die die Geduld aufbringen, sich auf die frühe Phase einzulassen – die Trial-and-error-Phase, in der man andere kopiert, sich dabei neue Techniken aneignet und Erfahrungen sammelt.

Was aus dieser Einsicht folgt, ist nicht auf die kreative Arbeit beschränkt. In vielen Bereichen des Lebens gibt es einen starken gesellschaftlichen Druck, auf besondere Weise hervorzustechen, die stinknormalen Möglichkeiten – heiraten, Kinder kriegen, in der Heimatstadt bleiben, einen Bürojob annehmen – abzulehnen und sich für etwas offensichtlich Spannenderes und Originelleres zu entscheiden. Wenn man jedoch dem Unkonventionellen auf diese Weise nachjagt, verweigert man sich selbst die Möglichkeit, die anderen, reicheren Erfahrungen der Einzigartigkeit zu machen, die für diejenigen reserviert sind, die die Geduld haben, zunächst einmal auf dem Hauptweg zu bleiben. Genau wie in Jennifer Roberts dreistündiger Gemäldebetrachtungsübung beginnt dies mit dem Willen, innezuhalten und dort zu sein, wo man ist – sich auf den Teil der Reise, auf dem man sich gerade befindet, einzulassen, anstatt die Wirklichkeit zur Eile zu drängen. Um die Erfahrung des tiefen gegenseitigen Einverständnisses eines alten Ehepaares zu machen, muss man mit ein und derselben Person verheiratet bleiben; um zu wissen, wie es sich anfühlt, in einer bestimmten Gemeinschaft und an einem bestimmten Ort tief verwurzelt zu sein, muss man aufhören herumzureisen. Genau dies sind die wirklich bedeutsamen und einzigartigen Freuden des Lebens, die nun einmal die Zeit brauchen, die sie brauchen.

12

Die Einsamkeit des digitalen Nomaden

Die Geduld, die es ermöglicht, den Dingen die Zeit zu lassen, die sie brauchen, anstatt sie ständig beschleunigen zu wollen, ist nicht der einzige Weg zu einer tieferen Form von Freiheit. Was uns außerdem immer wieder irritiert, sind – Sie werden es oft genug selbst erlebt haben – andere Menschen, die auf unterschiedliche, aber stets ärgerliche Weise unsere Zeitplanung durcheinanderbringen. In fast allen Ratgebern zum Thema Produktivität und Leistungsfähigkeit wird vorausgesetzt, dass Sie selbst, wenn es ideal liefe, der einzige Mensch wären, der über Ihre eigene Zeit entscheiden würde: Sie würden sich die Stunden selbst einteilen, arbeiten, wann Sie möchten, Ferien machen, wann Sie möchten, und wären im Großen und Ganzen niemandem Rechenschaft schuldig. Doch ein solches Ausmaß an Kontrolle hat einen hohen Preis, einen *zu* hohen, um genau zu sein.

Immer wenn ich wieder einmal empört über irgendeine Deadline bin oder über die unvorhersehbaren Schlafenszeiten unseres Kleinkindes oder andere Übergriffe auf meine zeitliche Souveränität, dann versuche ich, mich an die abschreckende Geschichte des Mario Salcedo zu erinnern, eines kubanisch-amerikanischen Finanzberaters, der mit großer Sicherheit den Rekord hält, was die Anzahl von auf einem Kreuzfahrtschiff verbrachten Nächte betrifft. Es gibt wohl kaum Zweifel daran, dass Supermario – wie er von den Angestellten der Royal Caribbean Cruises genannt wird, jener Firma, der er seit 20 Jahren die Treue hält – als jemand, der, abgesehen von der Zeit der Coronapandemie im Jahr 2020, fast ununterbrochen auf einem Kreuzfahrtschiff lebt, die volle Kontrolle über seine eigene Zeit hat. »Ich muss nicht den Müll rausbringen, ich muss nicht sauber machen, ich muss keine Wäsche waschen – ich habe all diese Tätigkeiten, die mir nichts bringen, aus meinem Leben beseitigt, und jetzt habe ich alle Zeit der Welt, das zu tun, was mir Spaß macht«,[1] erzählte er dem Filmemacher Lance Oppenheim, während er sich an Bord der *Enchantment of the Seas* am Pool rekelte. Dennoch ist es für Sie wahrscheinlich nicht überraschend zu hören, dass er nicht besonders glücklich wirkte. In Oppenheims Kurzfilm *The Happiest Guy in the World* streift Salcedo mit einem Cocktail in der Hand über die Decks, starrt aufs Meer hinaus, entlockt den Menschen, die er als »Freunde« bezeichnet – den Angestellten der Royal Caribbean Cruises – hier ein schmallippiges Lächeln und dort ein widerwilliges Wangenküsschen und beschwert sich, dass er auf dem Fernseher in seiner Kabine nicht Fox News empfangen kann. »Ich bin wahrscheinlich der glücklichste Mensch auf der Welt«, informiert er willkürlich ausgewählte Grüppchen von Mitpassagieren mit ein bisschen zu viel Nachdruck; und sie lächeln und nicken und tun höflicherweise so, als würden sie ihn beneiden.

Selbstverständlich steht es mir nicht zu zu behaupten, dass Salcedo nicht so glücklich ist, wie er tut. Vielleicht stimmt es auch einfach. Aber ich weiß mit Sicherheit, dass *ich* nicht glücklich wäre, wenn ich sein Leben führen würde. Das Problem ist meiner Meinung nach, dass sein Lebensstil auf einem Missverständnis über den Wert der Zeit beruht. Um mich der Sprache der Wirtschaftswissenschaft zu bedienen: Salcedo betrachtet seine Zeit als ganz normales »Gut« – eine Ressource, die umso wertvoller ist, je mehr man davon hat. (Dafür ist Geld das klassische Beispiel: Es ist besser, über mehr davon zu verfügen als über weniger.) Doch die Wahrheit ist, dass Zeit gleichzeitig auch ein »Netzwerk-Gut« ist, also eines, das seinen Wert daraus zieht, wie viele andere Menschen ebenfalls Zugriff darauf haben und wie gut ihr Anteil an diesem Gut mit dem eigenen abgestimmt ist. Telefonverbindungen sind hier das beste Beispiel: Telefone sind nützlich, wenn andere Menschen sie ebenfalls besitzen. (Je mehr Menschen ein Telefon besitzen, desto mehr Vorteile hat es, auch selbst eins zu besitzen; sich so viele Telefone wie möglich für den eigenen Gebrauch zu sichern ist dagegen – anders als beim Geld – überhaupt nicht sinnvoll.) Soziale Medien folgen der gleichen Logik. Es kommt nicht darauf an, wie viele Facebook-Profile man hat, sondern darauf, dass andere auch bei Facebook angemeldet sind und dass ihre Profile mit meinem eigenen verbunden sind.

Unter gleichbleibenden Bedingungen ist es – genau wie beim Geld – gut, viel Zeit zu haben. Aber alle Zeit der Welt zu haben nützt einem gar nichts, wenn man gezwungen ist, sie ganz allein zu verbringen. Beinahe alles, was man Wichtiges mit seiner Zeit anstellen kann – sich mit anderen verabreden, Liebesbeziehungen führen, Kinder großziehen, Firmen gründen, politische Bewegungen aufbauen, für technischen Fortschritt sorgen –, setzt voraus, dass diese Zeit mit der Zeit von anderen Menschen synchronisierbar ist. In der Tat ist eine Situation, in der man sehr viel Zeit zur Verfügung hat, aber keine Gelegenheit, sie zur Zusammenarbeit mit anderen zu nutzen, nicht nur sinnlos, sondern auch ziemlich unerfreulich – weshalb für vormoderne Menschen die schlimmste Strafe darin bestand, aus einer Gemeinschaft ausgestoßen zu werden, an irgendeinem entfernten Ort zurückgelassen zu werden, an dem man von dem Lebensrhythmus seines Stammes abgeschnitten war. Supermario scheint sich selbst, indem er so viel Verfügungsmacht über seine Zeit errungen hat, zu einer etwas milderen Variante genau dieses Schicksals verurteilt zu haben.

Abgestimmt unabgestimmt

Beunruhigend ist jedoch Folgendes: Auch wir, die wir, selbst wenn wir es könnten, nicht einmal im Traum daran denken würden, ein Leben wie Salcedo zu führen, machen letztendlich den gleichen simplen Fehler – nämlich die eigene Zeit als etwas zu behandeln, das sich horten ließe. Viel besser wäre es dagegen, die eigene Zeit als etwas zu erkennen, das man teilen muss – selbst wenn es bedeutet, ein winziges bisschen Kontrolle darüber, was man wann mit ihr tut, abzugeben. Doch auch bei mir selbst bestand die Hauptmotivation hinter meiner Entscheidung, meinen Job bei einer Zeitung zu kündigen und mich von zu Hause aus dem Schreiben zu widmen, darin, dass ich mir wünschte, eigenständiger über meine Zeit verfügen zu können. Und das ist auch die implizite Logik hinter vielen Arbeitgebermaßnahmen, von denen wir erst einmal denken, dass sie unanfechtbar positiv sind, wie zum Beispiel die elternfreundliche Gleitzeit oder die Ermöglichung von Heimarbeit, Gepflogenheiten, die nach der Erfahrung des Lockdowns während der Pandemie mit Sicherheit zunehmen werden. »Jemand, der flexibel ist und nur durchschnittlich viele Ressourcen zur Verfügung hat, wird glücklicher sein als ein reicher Mensch, der alles hat außer Flexibilität«,[2] so der neuerdings als Selbsthilfeguru auftretende Comiczeichner Scott Adams über das Ideal der persönlichen Souveränität über die Zeit. Der extremste Ausdruck dieser Einstellung findet sich in der modernen Lebensentscheidung, ein »digitaler Nomade« zu werden – eine Person, die sich selbst aus dem Hamsterrad befreit, um mit ihrem Laptop um die Welt zu reisen und ihre Internetfirma von einem Strand in Guatemala oder einem Berggipfel in Thailand aus zu managen, je nachdem, wo es sie oder ihn gerade hintreibt.

Aber »digitaler Nomade« ist eigentlich eine unpassende Bezeichnung – wenn auch eine, aus der man etwas lernen kann. Traditionelle Nomaden sind keine einsamen Wanderer, die einfach noch keine Laptops haben; sie sind im Gegenteil extrem gruppenfixierte Menschen, die, wenn überhaupt, *weniger* persönliche Freiheit haben als Menschen, die sesshaft sind, was daran liegt, dass ihr Überleben davon abhängt, dass sie erfolgreich zusammenarbeiten. Und in ihren aufrichtigeren Momenten werden auch die digitalen Nomaden zugeben, dass das Hauptproblem an ihrer Lebensweise die massive Einsamkeit ist, die sie auslöst. »Im letzten Jahr habe ich 17 Länder bereist; dieses Jahr werden es zehn sein«, schrieb der Autor Mark Manson, als er noch selbst als digitaler Nomade lebte. »Letztes Jahr sah ich innerhalb von drei Monaten den Taj Mahal, die Chinesische Mauer und Machu Picchu … Aber ich war dort immer allein.«[3] Manson hörte einmal von einem Mitnomaden, »der in Tränen ausbrach, als er in einem kleinen japanischen Vorort beobachtete, wie

Familien in einem Park gemeinsam Fahrrad fuhren«, und dem in diesem Moment dämmerte, dass seine angebliche Freiheit – die theoretische Fähigkeit, zu tun und zu lassen, was er wollte und wann immer er es wollte – dafür gesorgt hatte, dass diese ganz banalen Freuden für ihn unerreichbar geworden waren.

Um es deutlich zu sagen: Mir geht es hier nicht darum zu behaupten, dass Freiberuflichkeit und lange Reisen – und schon gar nicht familienfreundliche Arbeitgeber – an sich etwas Schlechtes seien. Ich möchte nur darauf hinweisen, dass die Medaille eine Kehrseite hat: Jeglicher Zuwachs an persönlicher Freiheit in Bezug auf die Zeit zieht einen entsprechenden Verlust nach sich, indem es immer schwerer wird, die eigene Zeit mit der von anderen Menschen zu synchronisieren. Dem Lebensstil des digitalen Nomaden fehlt der gemeinschaftliche Rhythmus, den es braucht, damit sich tiefe Bindungen entwickeln können. Aber auch ohne dass wir digitale Nomaden sind, wird es für diejenigen unter uns, die die Freiheit genießen, selbst entscheiden zu können, wann und wo sie arbeiten wollen, nicht nur immer schwieriger, berufliche Verbindungen zu knüpfen, sondern auch, Zeitfenster zu finden, in denen wir uns mit Freunden verabreden können: Dass irgendjemand Zeit hat, wenn wir gerade nicht arbeiten wollen, wird tendenziell immer unwahrscheinlicher.

Im Jahr 2013 hat der Wissenschaftler Terry Hartig aus Uppsala in Schweden zusammen mit mehreren Kolleginnen und Kollegen den Zusammenhang zwischen Synchronität mit anderen und Lebenszufriedenheit sehr elegant bewiesen, als er die geniale Idee hatte, die Urlaubsmuster der Schweden mit Statistiken zu vergleichen, die darüber informierten, wie viele Antidepressiva in Apotheken ausgegeben wurden.[4] Das erste seiner beiden wichtigsten Ergebnisse war nicht besonders überraschend: Wenn die Schweden Urlaub haben, sind sie glücklicher (sie besorgten sich weniger Antidepressiva). Das andere Ergebnis war umso aufschlussreicher: Hartig konnte zeigen, dass der Gebrauch von Antidepressiva umso mehr sank, je größer der Anteil derjenigen Menschen an der schwedischen Gesamtbevölkerung war, die sich *gleichzeitig* im Urlaub befanden. Oder: Je mehr Schweden gleichzeitig Urlaub hatten, desto glücklicher waren die Leute insgesamt. Nachweisbare psychische Vorteile waren nicht nur darauf zurückzuführen, dass man Urlaub hatte, sondern auch darauf, dass man die gleichen Urlaubszeiten hatte wie andere Leute. Wenn sich viele gleichzeitig in den Ferien befanden, war es, als würde über dem ganzen Land eine ungreifbare, irgendwie übernatürliche Entspanntheitswolke schweben.

Wenn man darüber nachdenkt, ist daran eigentlich nichts Übernatürliches. Es ist nun einmal sehr viel einfacher, die Beziehungen zu Familienmitgliedern und Freunden zu pflegen, wenn sie ebenfalls frei haben. Davon abgesehen kann man sich, wenn man weiß, dass das Büro leer ist, das ängstliche Grübeln über all die unerledigten Aufgaben, die sich während des Urlaubs anhäufen, genauso sparen wie den Horror vor den E-Mails, die sich im Postfach stapeln, oder den intriganten Kolleginnen und Kollegen, die versuchen, einem den Job streitig zu machen. Dennoch war es fast ein wenig unheimlich, wie durchgängig die Vorteile von aufeinander abgestimmten Ferienzeiten im ganzen Land nachweisbar waren. Hartig konnte zeigen, dass sogar Menschen in Rente, die ja gar keine Jobs mehr hatten, von denen sie sich ausruhen konnten, glücklicher waren, je mehr Menschen aus der schwedischen Gesamtbevölkerung sich gleichzeitig im

Urlaub befanden. Diese Erkenntnis deckte sich mit anderen Forschungsergebnissen, in denen gezeigt worden war, dass auch Langzeitarbeitslose – ebenso wie Berufstätige, die froh sind, sich nach einer anstrengenden Woche ausruhen zu können – am Wochenende wesentlich glücklicher sind, obwohl sie ja gar keine Arbeitswoche hinter sich haben.[5] Der Grund liegt darin, dass die Wochenenden unter anderem deshalb so schön sind, weil man seine Zeit zusammen mit anderen verbringen kann, die ebenfalls frei haben – dazu kommt, dass Arbeitslose das Wochenende als eine Pause von jenen Schamgefühlen erleben, die ihnen suggerieren, dass sie eigentlich arbeiten müssten.

Hartig entzog sich den schwierigen Implikationen seiner Forschungsergebnisse nicht. Sie legten seiner Ansicht nach nahe, dass Menschen nicht etwa *mehr* individuelle Kontrolle über ihre Zeit bräuchten, sondern stattdessen etwas, das er die »soziale Regulation der Zeit« nannte: mehr äußeren Druck, die eigene Zeit in ganz bestimmter Weise zu nutzen. Das setzt jedoch den Willen voraus, sich dem Rhythmus einer Gemeinschaft anzupassen; insgesamt brauche es mehr Traditionen wie den Sabbat, wie er noch vor einigen Jahrzehnten gefeiert wurde, oder die französische Sitte der *grand vacances,* in denen beinah das gesamte gesellschaftliche Leben mehrere Sommerwochen lang zum Erliegen kommt. Vielleicht bedeuten diese Ergebnisse sogar, dass wir mehr Gesetze brauchen, die regeln, wann Menschen arbeiten dürfen und wann nicht, wie zum Beispiel Einschränkungen der Sonntagsöffnungszeiten oder das vor Kurzem verabschiedete europäische Gesetz, das es bestimmten Arbeitgebern untersagt, ihren Mitarbeitern außerhalb der Arbeitszeit E-Mails zu schicken.

Als ich vor einigen Jahren beruflich in Schweden war,

erlebte ich in Form der sogenannten *fika* im Kleinen, was mit dieser Idee gemeint sein könnte. Es geht dabei um jenen Moment des Tages, an dem alle Mitarbeiterinnen und Mitarbeiter eines Betriebs von ihren Arbeitsplätzen aufstehen, um sich zu Kaffee und Kuchen zu versammeln. Das Ganze wirkte auf mich ein bisschen wie ein gut besuchtes Treffen in der Kaffeeküche, nur dass ein Schwede leicht verletzt reagiert – was im Übrigen etwa so ist, wie wenn ein Nichtschwede stark verletzt reagiert –, wenn man behauptet, dass das alles sei. Denn es geschieht etwas Ungreifbares, aber Wichtiges während der *fika.* Die Trennungen werden für kurze Zeit aufgehoben; die Leute mischen sich unabhängig von Alter, Klasse oder Status innerhalb des Büros und sprechen miteinander sowohl über Themen, die mit der Arbeit zu tun haben, als auch über andere Dinge: Etwa eine halbe Stunde lang sind Kommunikation und Geselligkeit wichtiger als Hierarchie und Bürokratie. Ein hoher Manager sagte mir einmal, dies sei mit Abstand der effektivste Weg mitzubekommen, was wirklich in einer Firma los sei. Das Ganze funktioniert aber natürlich nur, weil die, die dabei mitmachen, bereit sind, einen Teil ihrer individuellen Souveränität über die Zeit aufzugeben. Man darf auch zu einer anderen Zeit Kaffee trinken, wenn man unbedingt möchte. Aber es kann sein, dass man damit Stirnrunzeln erntet.

Wie sehr wir profitieren, wenn wir etwas von unserer persönlichen Zeit an gemeinschaftliche Zeit abtreten – ob wir das nun bemerken oder nicht –, sehen wir auch daran, was passiert, wenn Leute mit Gewalt daran gehindert werden, genau dies zu tun. Der Historiker Clive Foss hat beschrieben, zu welchem Albtraum es führte, als die Führung der Sowjetunion in dem Wunsch, das ganze Land in eine möglichst effiziente Maschine zu verwandeln, sich daranmachte, die Zeit selbst neu zu definieren.[6] Die Sowjets waren stark von den Arbeiten des Effizienzexperten Frederick Winslow Taylor inspiriert, dessen Philosophie des »wissenschaftlichen Managements« darauf abzielte, so viel wie möglich aus amerikanischen Fabrikarbeitern herauszupressen. Doch Josef Stalins Chefökonom, Yuri Larin, heckte darüber hinaus einen Plan aus, der in seinem Ehrgeiz, die sowjetischen Fabriken jeden einzelnen Tag des Jahres ohne Pause laufen zu lassen, schon fast grotesk wirkte. Im August 1929 verkündete er, dass die Woche von nun an nicht mehr sieben, sondern fünf Tage habe: vier Tage Arbeit, einen Tag Ruhe. Das Wichtigste daran war jedoch, dass nicht alle Arbeiterinnen und Arbeiter demselben Kalender folgten. Sie wurden vielmehr in fünf Gruppen unterteilt, von denen jede eine andere Farbkennung bekam – gelb, grün, orange, lila, rot – sowie eine andere viertägige Arbeitswoche plus Ruhetag, sodass die Produktion nicht einen einzigen Tag im Jahr gestoppt werden musste. Die sowjetischen Autoritäten argumentierten, dass dabei auch diverse Vorteile für das Proletariat herausspringen würden: mehr regelmäßige arbeitsfreie Tage sowie weniger Andrang in kulturellen Einrichtungen und Supermärkten, weil die Menschen sich gleichmäßiger auf die verschiedenen Tage verteilten.

Der Schriftstellerin Judith Shulevitz zufolge wirkte sich die Maßnahme auf die Bürgerinnen und Bürger der UdSSR aber vor allem so aus, dass sie ihr Sozialleben zerstörte. Es war ganz einfach eine Frage der Abstimmung. Zwei Freunde, die in unterschiedlichen Kalendergruppen waren, fanden nie einen gemeinsamen Tag, an dem sie sich treffen konnten. Eheleute sollten eigentlich in die gleiche Gruppe eingeteilt werden, was aber vielfach nicht gelang, wodurch Familien stark unter Druck gerieten; und auch religiöse

Treffen am Sonntag waren aus ganz offensichtlichen Gründen nicht mehr in dieser Weise möglich – all dies stellte aber aus Moskaus Sicht kein Problem dar, weil es ja zur kommunistischen Mission gehörte, die konkurrierenden Machtzentren der Familie und der Kirche in ihre Schranken zu verweisen. (E.G. Richards, der Historiker, der das Experiment für die Nachwelt dokumentierte, bemerkte einmal, dass »Lenins Witwe, in guter marxistischer Manier, die Tatsache, dass sonntags Familientreffen stattfanden, als ausreichenden Grund betrachtete, diesen Tag vollständig abzuschaffen«.[7]) Oder wie ein ziemlich mutiger Arbeiter sich bei der staatlichen Zeitung *Prawda* beschwerte: »Was sollen wir zu Hause anfangen, wenn die Frau in der Fabrik ist, die Kinder in der Schule sind und niemand uns besuchen kann? Was bleibt einem anderes übrig, als in den öffentlichen Teeraum zu gehen? Was ist das für ein Leben, wenn die freien Tage nach Schichten unterteilt sind und nicht alle Arbeiter gemeinsam Ferien haben? Das ist kein Urlaub, wenn man ihn ganz allein genießen muss.«[8] Die reduzierte Arbeitswoche blieb in verschiedenen Formen bis zum Jahr 1940 bestehen, dann wurde sie abgeschafft, weil es unlösbare Wartungsprobleme mit den Maschinen gab. Zumindest hatte die sowjetische Regierung mit diesem Experiment unabsichtlich gezeigt, dass der Wert der Zeit nicht aus ihrer bloßen Quantität erwächst, sondern auch auf ihrer Synchronisierbarkeit mit der Zeit derjenigen Menschen, die einem am wichtigsten sind.

Gemeinsam im Takt

Es gibt noch eine weitere – beinahe körperliche – Dimension, in der sich die eigene Zeit, wenn sie mit der von anderen synchron geht, *realer* – intensiver, lebendiger, sinnerfüllter – anfühlt. Im Jahr 1941 wurde ein junger Amerikaner namens William McNeill in die United States Army eingezogen und zur Grundausbildung in ein Trainingslager auf einem staubigen Areal im texanischen Buschland geschickt. Eigentlich sollte er dort lernen, wie man Flakgeschütze bedient, aber da es in dem Lager für Tausende Rekruten nur eine einzige derartige Waffe gab und die noch nicht einmal richtig funktionierte, füllten die diensthabenden Offiziere die viele freie Zeit mit traditionellen militärischen Marschübungen. Auf den ersten Blick waren solche Übungen, wie selbst ein Neuling wie McNeill erkannte, vollkommen sinnlos: Während der Zeit des Zweiten Weltkriegs wurden Soldaten schon mit Lastwagen oder Zügen über längere Distanzen transportiert, sie marschierten nicht mehr zu Fuß; und in der Ära der Maschinengewehre wäre ein formeller Militärmarsch mitten in einer Schlacht der Aufforderung an den Feind gleichgekommen, die beteiligten Soldaten doch bitte umgehend niederzumetzeln. Entsprechend unvorbereitet war McNeill auf das Gefühl, das ihn überkam, als er erlebte, wie es war, zusammen mit seinen Mitsoldaten im Gleichschritt zu marschieren:

> Ziellos, aber mit den vorgeschriebenen militärischen Gesten im Gleichschritt über den Exerzierplatz zu marschieren, sich nur noch darauf zu konzentrieren, dass man irgendwie mithielt und die nächste Bewegung korrekt und rechtzeitig ausführte, fühlte sich irgendwie gut

> an. Worte sind nicht geeignet, um zu beschreiben, welche Gefühle durch die kontinuierlichen gemeinsamen Bewegungen entstehen, die mit dem Exerzieren verbunden sind. Ich erinnere mich an ein tiefes Wohlbehagen; eine seltsame Empfindung der persönlichen Erweiterung; das Gefühl, mich zu vergrößern, größer als lebensgroß zu werden, einfach nur durch die Teilnahme an diesem kollektiven Ritual... Dass wir uns schnell und im Takt bewegten, reichte aus, um uns gut mit uns selbst zu fühlen, es befriedigte uns, uns gemeinsam zu bewegen, und wir empfanden ein Gefühl der vagen Freude über die Welt im Ganzen.[9]

McNeill vergaß dieses Erlebnis nie und ließ es nach dem Krieg, als er Historiker geworden war, in einem Buch wieder aufleben, das er *Keeping Together in Time* nannte. Darin legt er dar, dass synchronisierte Bewegungen, genau wie gemeinsames Singen, eine in der Weltgeschichte extrem unterschätzte Kraft waren, die den Zusammenhalt so verschiedener Gruppen wie der Erbauer der Pyramiden oder der Armeen des Osmanischen Reiches ermöglichte, ja selbst der japanischen Büroarbeiter, die sich jeden Morgen von ihren Bürostühlen erheben, um gemeinsam Freiübungen zu machen. Es waren römische Generäle, die als Erste entdeckten, dass man Soldaten, die synchron marschierten, sehr viel längere Strecken zumuten konnte, bevor sie müde wurden. Und es gibt Evolutionsbiologen, die darüber spekulieren, dass die Musik entstanden sein könnte, um größere Gruppen an Stammeskriegern zu koordinieren:[10] In Situationen, in denen andere Formen der Kommunikation zu schwerfällig gewesen wären, konnten sie sich mithilfe der Musik im Gleichschritt fortbewegen, indem sie sich an den Rhythmen und Melodien orientierten.

Auch im Alltag verfallen wir ständig in einen Gleichtakt, normalerweise, ohne es zu bemerken: Im Theater formiert sich der Applaus nach und nach zu einem Rhythmus; und wenn man neben einem Freund, ja sogar neben einem Fremden die Straße entlanggeht, passiert es sehr schnell, dass sich die Schrittrhythmen aneinander anpassen. Der subtile Drang zu koordiniertem Handeln ist so mächtig, dass sogar eingeschworene Rivalen sich ihm nicht entziehen können. Man kann sich kaum zwei Männer vorstellen, die – zumindest auf einer bewussten Ebene – entschlossener gewesen sein könnten, einander zu besiegen, als die beiden Sprinter Usain Bolt und Tyson Gay, die sich beide vorgenommen hatten, bei der Leichtathletik-WM im Jahr 2009 den Hundertmeterlauf der Männer zu gewinnen. Doch eine kleinteilige Analyse des Rennens zeigte, dass Bolt, obwohl er angeblich so entschlossen war, das Rennen gegen Gay zu gewinnen, nicht verhindern konnte, dass er den Laufrhythmus seines Rivalen übernahm.[11] Und es ist fast ganz sicher, dass er davon profitierte: Wissenschaftliche Untersuchungen weisen darauf hin, dass die Unterordnung unter einen äußeren Rhythmus den Gang einer Person unmerklich effizienter macht. Es ist also nicht unwahrscheinlich, dass Gay, ohne es zu wollen, seinem Gegner geholfen hat, einen neuen Weltrekord aufzustellen.

Tänzer kennen die Erfahrung, sich selbst im Tanz zu verlieren, und Synchronität wird zum Portal in eine andere Dimension – zu dem heiligen Ort, an dem die Grenzen des Ich sich auflösen und Zeit nicht mehr zu existieren scheint. Ich selbst kenne dieses Erlebnis aus dem Kirchenchor, wo sich die laienhaften Stimmen zu einer Perfektion vereinigen, die nur wenige meiner Mitsängerinnen und -sänger allein erreichen könnten. (Die psychischen Vorteile des Chorsingens, stellte eine Studie von 2005 trocken fest, werden nicht geschmälert, »wenn das Vokalinstrument nur von mittelmäßiger Qualität ist«.[12]) Dieses Phänomen habe ich sogar in noch viel banaleren Situationen verspürt – zum Beispiel, wenn ich meine monatliche Schicht in unserer Lebensmittelkooperative absolviere und zeitlich abgestimmt mit anderen, mir kaum bekannten Freiwilligen Kisten voller Karotten und Brokkoli auf ein Förderband hieve. Die Verbindung, die ich für eine gewisse Zeit mit diesen Leuten habe, fühlt sich in diesen Stunden tiefer an als die zu meinen tatsächlichen Freunden. Für kurze Zeit kommt es mir vor, als partizipierten wir am gemeinschaftlichen Lebensrhythmus eines Klosters, in dem die für alle gemeinsam geltenden Stunden des Gebets und der Arbeit Zusammenhalt stiften und den Tagen Sinn geben.

In solchen Momenten passiert etwas Geheimnisvolles, das eine große Macht hat, die auch für gefährliche und sogar tödliche Zwecke eingesetzt werden kann. Aus der Perspektive einer militärischen Führung besteht der Hauptvorteil der Synchronität unter den Soldaten nämlich am Ende nicht darin, dass sie gemeinsam große Strecken zurücklegen können. Vielmehr geht es darum, dass sie, sobald sie das Gefühl haben, zu etwas zu gehören, das größer ist als sie selbst, viel bereitwilliger ihr Leben für diese Einheit opfern. Bei einer Probe von Händels *Messias,* unter dem hohen Dach einer Kirche, wird es für einen Freizeitsänger wie mich beinahe vorstellbar, wie jemand in einen solchen Geisteszustand geraten kann. »Wenn ich alleine singe, öffnet sich die Welt nicht in eine Million glänzender Dimensionen der Hoffnung und der Möglichkeiten«, schrieb die Schriftstellerin und Chorsängerin Stacy Horn. Das passiert nur, »wenn ich von meinen Mitsängerinnen und -sängern umgeben bin, von all den unterschiedlichen Tönen, die wir auf eine Weise erklingen lassen, die uns in einen Zustand der Harmonie bringt; von dem Meisterwerk, das in diesem Augenblick unser Gehirn, unseren Körper und unser Herz erfüllt, gemeinsam zum Leuchten gebracht wie synchronisierte Glühwürmchen«.[13]

Die Freiheit, sich nie mit seinen Freunden zu treffen

Die Frage ist, welche Freiheit wir uns eigentlich wünschen, wenn es um die Zeit geht. Auf der einen Seite gibt es das kulturell sehr hochstehende Ziel der individuellen Souveränität – der Freiheit, seine Zeit selbst einzuteilen, individuelle Entscheidungen zu treffen, von den Einmischungen anderer Menschen in die kostbaren 4000 Wochen *frei zu sein.* Auf der anderen Seite gibt es die tiefe Empfindung von Sinnhaftigkeit, die entsteht, wenn man bereit ist, in den Rhythmus der Welt einzufallen: *frei zu sein,* sich in all die wertvollen kooperativen Unternehmungen einzuklinken, die zumindest ein kleines Opfer über die alleinige Kontrolle erfordern, die man normalerweise darüber hat, was man tut und wann man es tut. Die Strategien für die erste Form der Freiheit füllen Produktivitätsratgeber: perfekte Morgenroutinen, strenge individuelle Zeitpläne und Strategien, das Beantworten von E-Mails zeitlich zu begrenzen, dazu Predigten über die Wichtigkeit des »Neinsagens« – alles Bollwerke gegen das Risiko, dass andere Menschen zu viel Einfluss darauf nehmen, wie man seine eigene Zeit nutzt. Und diese Ratschläge sind in gewisser Weise auch wirklich wichtig: Wir müssen in der Tat klare Grenzen ziehen, damit rücksichtslose Chefs, ausbeuterische Arbeitsverhältnisse, narzisstische Partner oder unsere von Schuldgefühlen getriebene Tendenz, alle Menschen glücklich machen zu wollen, nicht vollständig bestimmen, wie unsere Tage verlaufen.

Das Problem mit dieser Art individualistischer Freiheit, betont Judith Shulevitz, besteht aber darin, dass eine diesem Prinzip verfallene Gesellschaft wie unsere sich letztendlich selbst desynchronisiert – und sich in einen Zustand katapultiert, der dem katastrophalen sowjetischen Experiment mit der gestaffelten Fünftagewoche erstaunlich ähnlich sieht. Immer kleinere Teile unseres Lebens sind überhaupt noch im Gleichklang mit denen anderer Menschen. Das hemmungslose Diktat des individualistischen Ethos, das von den Anforderungen der Marktwirtschaft befeuert wird, hat unsere traditionellen Methoden, Zeit zu organisieren, also die Stunden, in denen wir uns ausruhen, arbeiten und die wir in Gesellschaft verbringen, immer unkoordinierter werden lassen. Es wird zunehmend schwierig, Zeit für ein gemütliches Familienessen zu finden, dafür, einen spontanen Besuch bei Freunden zu machen oder außerhalb des Arbeitsplatzes gemeinsam etwas auf die Beine zu stellen, und sei es, gemeinsam einen Gemeinschaftsgarten zu pflegen oder in einer Amateur-Rockband zu spielen.

Für die am wenigsten Privilegierten läuft diese dominante Art der Freiheit auf das Gegenteil von Freiheit hinaus: unplanbare Freiberuflichkeit und »flexible Arbeitspläne«, in denen der Discounter, für den man arbeitet, praktisch jeden Moment anrufen kann, weil man für eine Schicht eingeteilt wurde, denn die benötigten Arbeitskapazitäten basieren auf den stundenweise durch Algorithmen kalkulierten Verkäufen, wodurch es für die Menschen, die in solchen Verhältnissen arbeiten, nahezu unmöglich wird, die Kinderbetreuung, wichtige Arzttermine oder einen Abend mit Freunden im Voraus zu planen. Doch selbst wenn einige von uns dadurch tatsächlich mehr individuelle Kontrolle darüber bekommen, wann wir arbeiten, als die Generationen vor uns, führt das nur dazu, dass nach und nach die Arbeit ins Leben sickert: Sie füllt jeden Winkel mit weiteren unerledigten Aufgaben, ein Phänomen, das sich während des Corona-Lockdowns noch verstärkt zu haben scheint. Es fängt wirklich an, sich so anzufühlen, als wären Sie selbst, Ihr Partner oder Ihre Partnerin sowie Ihre engsten Freunde alle in unterschiedlich farbige sowjetische Arbeitsgruppen eingeteilt worden. Der Grund dafür, dass es für mich so schwierig ist, unter der Woche auch nur eine einzige Stunde für ein vernünftiges Gespräch mit meiner Frau zu finden oder einen Abend, an dem ich meine drei engsten Freunde auf ein Bier treffen kann, ist normalerweise nicht, dass wir »keine Zeit haben«, auch wenn wir uns das selbst manchmal einreden. Wir haben sehr wohl die Zeit – aber es ist einfach unwahrscheinlich, dass dieser Zeitraum für andere derselbe ist wie für uns selbst. Wir sind zwar frei, unseren eigenen, durch und durch individuellen Zeitplänen zu folgen – in unsere Jobs eingespannt sind wir aber natürlich trotzdem, und jeder von uns hat sich ein Leben zurechtgebastelt, das sich nur schwer mit dem der anderen in Übereinstimmung bringen lässt.

All dies hat auch politische Auswirkungen, weil zuallererst Basisinitiativen – die Welt der Politgruppen, Demonstrationen, Protestmärsche und Wahlbeteiligungskampagnen – zu jenen koordinierten Aktivitäten gehören, die für eine desynchronisierte Bevölkerung zunehmend schwer zu realisieren sind. Das führt zu einem Vakuum, das von autokratischen Führungsfiguren besetzt wird, die von der massenhaften Zustimmung von Menschen profitieren, die untereinander ansonsten keine Verbindung mehr haben – entfremdet voneinander, gefangen zu Hause auf der Couch, ein für die Fernsehpropaganda gekidnapptes Publikum. »Totalitäre Bewegungen sind Massenorganisationen von atomisierten, isolierten Individuen«, schrieb Hannah Arendt in *Elemente und Ursprünge totaler Herrschaft*.[14] Es liegt im Interesse des Autokraten, dass das einzige reale Band zwischen seinen Unterstützern ihre Unterstützung für ihn ist. Wenn bei solchen Gelegenheiten synchronisierte Aktionen die Isolation durchbrechen, wie während der weltweiten Demonstrationen, die dem Mord an George Floyd durch die Polizei von Minneapolis im Jahr 2020 folgten, dann hört man nicht selten, wie Demonstrationsteilnehmerinnen und -teilnehmer ihre Erfahrungen mit Worten schildern, die an William McNeills »seltsame Empfindung der persönlichen Erweiterung« erinnern, das euphorisierende Gefühl einer sich verdichtenden und intensivierenden Zeit.

Wie all die anderen Schwierigkeiten mit der Zeit kann auch der Verlust der Synchronität ganz offensichtlich nicht einfach auf der Ebene des Individuums oder der Familie gelöst werden. (Viel Glück dabei, jeden in Ihrer Umgebung zu überreden, immer am gleichen Tag in der Woche freizunehmen!) Aber als Individuen können wir uns sehr wohl fragen, ob wir dem Imperativ der individuellen Zeitsouveränität folgen oder ihm widerstehen wollen. Es ist durchaus möglich, das eigene Leben ein bisschen mehr in die Richtung der zweiten, der gemeinschaftlichen Art der Freiheit zu stupsen. Zum einen können wir uns auf Aktivitäten einlassen, die unseren eigenen Zeitplan etwas weniger flexibel machen – zum Beispiel, indem wir einem Chor oder einer Sportmannschaft, einer politischen oder einer religiösen

Gruppe beitreten –, die uns im Gegenzug dafür aber mit Gemeinschaftlichkeit belohnen. Man kann den Aktivitäten, die in der physischen Welt stattfinden, Vorrang vor denen geben, die in der digitalen Welt stattfinden, in der manchmal selbst gemeinschaftliche Projekte am Ende zu einem seltsamen Gefühl der Isolation führen. Und falls Sie, wie ich selbst, ein Produktivitätsnerd sind und zum Kontrollfreak neigen, sobald es um Ihre eigene Zeit geht, dann können Sie versuchen zu spüren, wie es sich anfühlt, den eigenen Zeitplan *nicht* mit eiserner Hand im Griff behalten zu wollen: manchmal einfach dem Rhythmus des Familienlebens, der Freundschaft und der Gemeinschaftsprojekte den Vorrang über die perfekte Morgenroutine oder das Gesamtwochenplanungssystem zu geben. Dann wird plötzlich die Wahrheit greifbar, dass die eigene Zeit nichts ist, was man für sich behalten sollte – einfach weil sie auch *zu sehr* die eigene sein kann.

13

Die »Dem-Kosmos-ist's-egal-Therapie«

James Hollis, ein Psychotherapeut der Jung'schen Schule, hatte einmal eine Patientin, die sehr erfolgreich als stellvertretende Geschäftsführerin eines Medizintechnikunternehmens arbeitete.[1] Als sie gerade auf einer Dienstreise im Flugzeug über den amerikanischen Mittleren Westen flog und dabei ein Buch las, wurde sie, wie er berichtet, von einem Gedanken überwältigt: »Ich hasse mein Leben.« Ein Unbehagen, das viele Jahre lang in ihr gewachsen war, hatte sich plötzlich in der Erkenntnis kristallisiert, dass sie ihr Leben auf eine Weise verbrachte, die sich nicht mehr sinnvoll anfühlte. Die Liebe für ihren Beruf war längst verschwunden; all die Belohnungen, denen sie nachgejagt war, schienen wertlos; und inzwischen glich ihr Leben nur noch dem Abspulen einer Routine; die Hoffnung, dass sich in der Zukunft doch noch alles in einem glücklichen Leben auszahlen würde, war fast vollständig verschwunden.

Vielleicht kennen Sie das Gefühl. Nicht alle haben es in Form einer plötzlichen Erleuchtung, aber den Verdacht, dass es vielleicht eine reichere, erfüllendere, interessantere Weise geben könnte, seine 4000 Wochen zu verbringen, hat fast jeder schon einmal gehabt – sogar Menschen, die von außen betrachtet ungeheuer erfolgreich wirken. Oder vielleicht kennen Sie die Erfahrung, nach einem ungewöhnlich beglückenden Wochenende in der Natur oder mit alten Freunden in den Alltag zurückzukehren und plötzlich von dem Gedanken überwältigt zu werden, dass sich das Leben öfter so anfühlen sollte – dass es vielleicht nicht völlig vermessen wäre zu erwarten, dass solche zutiefst bereichernden Erfahrungen nicht mehr die absolute Ausnahme sind. Besonders in unserer modernen Welt gibt es keine guten Antworten auf solche Gefühle: Die Religion ist nicht mehr der selbstverständliche, universelle Sinnstifter, und den Sinn des Lebens im Konsum zu suchen hat noch nie funktioniert. Das Gefühl selbst jedoch ist uralt. Unter anderem der Autor des Buches Prediger Salomo im Alten Testament hätte sich jedenfalls im Leid von Hollis' Patientin sofort wiedererkannt: »Als ich aber ansah alle meine Werke, die meine Hand getan hatte, und die Mühe, die ich gehabt hatte, siehe, da war alles eitel und Haschen nach Wind und kein Gewinn unter der Sonne.«[2]

Wenn man plötzlich am Sinn seines eigenen Lebens zweifelt, kann das ziemlich verunsichernd sein. Doch wirklich schlimm ist es eigentlich nicht, weil es zeigt, dass es bereits eine innere Verschiebung gegeben hat. Man könnte solche Zweifel gar nicht hegen, wenn man nicht schon einen anderen Blickwinkel auf sein Leben hätte – einen, von dem aus man sich besser eingestehen kann, dass es keine gute Idee ist, damit zu rechnen, dass irgendwann in ferner Zukunft ein Gefühl der Befriedigung eintritt – später, wenn man erst mal sein Leben in Ordnung gebracht hat oder endlich den Erfolgsmaßstäben der Welt gerecht geworden ist –, und dass es viel besser ist, das Thema *jetzt* anzugehen. Mitten auf einer Geschäftsreise zu erkennen, dass man sein Leben hasst, ist bereits der erste Schritt in ein Leben, das man nicht hasst – denn es bedeutet, dass man begriffen hat, dass *dies* die Wochen sind, die man mit irgendetwas Sinnvollem verbringen muss, wenn das eigene endliche Leben überhaupt irgendetwas bedeuten soll. Aus dieser Perspektive kann man sich endlich einer der grundsätzlichsten Fragen des Zeitmanagements zuwenden: Was müsste sich verändern, wenn man die kurze Zeit, die man hat, so verbringen will, dass sie wirklich zählt?

Die große Pause

Manchmal betrifft so ein Wahrnehmungsschock eine ganze Gesellschaft auf einmal. Den ersten Entwurf dieses Kapitels schrieb ich während des Corona-Lockdowns in New York City, als immer mehr Leute neben all der Angst und Trauer auch eine Art bittersüße Dankbarkeit für das zum Ausdruck brachten, was sie gerade erlebten: Dass es trotz Zwangsurlaub und schlafloser Nächte, in denen man sich fragt, wie man die Miete bezahlen soll, zutiefst beglückend sei, seine Kinder öfter zu sehen oder die Freuden des Gärtnerns oder Brotbackens wiederzuentdecken. Dass Arbeit, Schule und Sozialkontakte erzwungenermaßen pausieren mussten, stellte diverse Annahmen darüber, womit man seine Zeit zu verbringen hat, ganz grundsätzlich infrage. Zum Beispiel stellte sich heraus, dass viele Leute ihre Arbeit wunderbar erledigen konnten, ohne dass sie vorher eine Stunde lang in ein trübes Büro pendeln oder bis 18:30 Uhr an ihrem Schreibtisch sitzen bleiben, um einen besonders engagierten Eindruck zu machen. Für mich stellte sich außerdem heraus, dass ich auf die Restaurantbesuche und Coffee-to-gos, an die ich mich gewöhnt hatte – wohl, weil ich das Gefühl hatte, dass sie mein Leben bereicherten –, ohne jedes Verlustgefühl verzichten konnte. (Was natürlich eine zwiespältige Entdeckung ist, wenn man bedenkt, wie viele Jobs von solchen Dienstleistungen abhängen.) Es wurde außerdem deutlich, dass die Menschen einander wichtiger sind, als man geglaubt hätte – das zeigte sich zum Beispiel in dem Applaus für Menschen, die in Notaufnahmen und auf Intensivstationen arbeiten, in Einkäufen für Nachbarn, die sich in Quarantäne befanden, und in vielen weiteren Akten der Großherzigkeit. Offenbar hatten wir vor dem Virus keine Zeit, einander zu zeigen, wie wichtig wir uns sind.

Zum Besseren hat sich seitdem offensichtlich gar nichts verändert. Doch neben den Verheerungen, die das Virus angerichtet hat, hat es vielleicht *uns* zum Guten verändert, zumindest für kurze Zeit und zumindest in bestimmter Hinsicht: Es half uns, deutlicher wahrzunehmen, was unseren Tagen vor dem Lockdown gefehlt hat und was für seltsame Deals wir – willentlich oder unwillentlich – eingegangen sind, zum Beispiel, uns für einen Job zu entscheiden, der keinerlei Zeit für nachbarschaftliche Kontakte lässt. Das, worüber ich da anfing nachzudenken, wurde von dem New Yorker Schriftsteller und Regisseur Julio Vincent Gambuto als »Möglichkeitsschock« bezeichnet: die beinahe bestürzende Erkenntnis, dass die Dinge radikal anders sein könnten, wenn es kollektiv gewollt wäre. »Was das Trauma uns gezeigt hat«, schrieb Gambuto, »kann nicht mehr ungesehen gemacht werden. Ein Los Angeles ohne Autos hat über sich einen klaren blauen Himmel, weil die Luftverschmutzung einfach aufgehört hat. In einem leisen New York kann man mitten auf der Madison Avenue die Vögel zwitschern hören. Auf der Golden Gate Bridge sind Präriewölfe gesichtet worden. Dies sind die Postkartenansichten einer Welt, wie sie sein könnte, wenn wir es schaffen würden, einen weniger tödlichen Einfluss auf unseren Planeten zu nehmen.«[3] Natürlich offenbarte die Krise auch ein unterfinanziertes Gesundheitssystem, bestechliche Politiker und Politikerinnen, tief verankerte rassistische Ungerechtigkeiten und eine weitverbreitete ökonomische Unsicherheit. Doch selbst das trug zu dem Gefühl bei, endlich zu begreifen, worauf es wirklich ankommt, worauf wir unsere Aufmerksamkeit richten müssen – und genau *das* irgendwie schon immer gewusst zu haben.

Gambuto warnte davor, dass Unternehmen und Regierungen sich zusammentun könnten, um mithilfe von schicken neuen Produkten und Dienstleistungen und ablenkenden Kulturkämpfen dafür zu sorgen, dass wir die kurz aufscheinenden Möglichkeiten so schnell wie möglich wieder vergessen – und dass die meisten von uns sich aus verzweifelter Sehnsucht nach Normalität dazu hinreißen lassen könnten, darauf hereinzufallen. Stattdessen, so sein Vorschlag, könnten wir aber auch das Gefühl der Fremdheit noch einen Augenblick länger festhalten und über die Art und Weise, wie wir die Stunden unseres Lebens verbringen wollen, neu nachdenken:

> Es ist fast unerklärlich und kaum zu glauben. Das größte Geschenk, das wir jemals erhalten haben. Nicht die Toten, nicht das Virus, aber die große Pause … Bitte schrecken Sie nicht vor dem grellen Licht zurück, das durch das Fenster scheint. Ich weiß, es blendet. Mich blendet es auch. Aber der Vorhang ist weit offen … Die große amerikanische Rückkehr zum Normalzustand hat begonnen … [Aber] ich bitte Sie, atmen Sie tief durch, ignorieren Sie

> den ohrenbetäubenden Lärm, und denken Sie scharf darüber nach, was Sie in Ihr Leben zurückholen möchten und was nicht. Dies ist unsere Chance, neu zu definieren, was normal ist, eine seltene und wahrhaft heilige (ja heilige) Gelegenheit, den Bullshit hinter uns zu lassen und nur das wieder aufzugreifen, was für uns wirklich funktioniert, was unser Leben reicher, unsere Kinder glücklicher und uns selbst wirklich stolz macht.

Derartige Überlegungen darüber, was »im Leben am meisten zählt«, können jedoch zu übertriebenen Ansprüchen führen, die eher lähmen. Man bekommt beim Lesen solcher Aufrufe das Gefühl, man müsste mit seiner Zeit unbedingt etwas richtig Beeindruckendes anstellen – den Bürojob kündigen und Entwicklungshelferin werden oder eine Raumfahrtfirma gründen – beziehungsweise, falls man kein Leben führt, in dem solche großen Gesten eine Option sind, sich damit abfinden, dass ein durch und durch sinnvolles Leben für einen selbst eben einfach nicht drin ist. Auf der Ebene der Politik und der gesellschaftlichen Veränderung ist es verlockend, daraus zu schließen, dass nur die revolutionärsten, weltveränderndsten Ziele es wert sind, für sie zu kämpfen – dass es zum Beispiel sinnlos wäre, seine Zeit damit zu verbringen, für eine ältere Angehörige mit Demenz zu sorgen oder ehrenamtlich im Gemeinschaftsgarten um die Ecke mitzuhelfen, während die Probleme der globalen Erwärmung und der Einkommensungleichheit ungelöst bleiben. Bei Anhängern des New Age bekommt genau diese Grandiosität die Form des Glaubens, dass jeder von uns zu einem kosmisch relevanten Zweck auf dieser Welt ist und das Universum nur darauf wartet, dass wir diesen Zweck erkennen und erfüllen.

Und genau deshalb erscheint es mir sinnvoll, die letzte Etappe unserer gemeinsamen Reise mit einer schlichten, doch überraschend befreienden Wahrheit einzuleiten: Dass es nämlich nicht besonders wichtig ist, was wir mit unserem Leben anfangen – und es dem Universum im Grunde herzlich egal ist, wie wir unsere begrenzte Zeit auf Erden nutzen.

Ein halbwegs sinnvolles Leben

Der verstorbene britische Philosoph Bryan Magee brachte gern das folgende faszinierende Argument:[4] Die menschliche Zivilisation ist etwa 6000 Jahre alt, und wir sind daran gewöhnt, uns diese Zeit unglaublich lang vorzustellen: als eine gewaltige Zeitspanne, in deren Verlauf ganze Weltreiche entstanden und wieder verschwanden und in der historische Epochen, die wir mit Begriffen wie »klassische Antike« oder »Mittelalter« belegen, aufeinander folgten, als wären sie einfach »sich bewegende Zeit – Zeit, die sich ungefähr so bewegt, wie sich ein Gletscher bewegt«. Doch das Thema lässt sich auch anders betrachten. In jeder Generation, selbst in Zeiten, in denen die Lebenserwartung sehr viel kürzer war als heute, gab es zumindest immer ein *paar* Menschen, die 100 Jahre (oder 5200 Wochen) alt wurden. Und als *diese* Leute geboren wurden, müssen immer noch ein paar der Menschen gelebt haben, die selbst gerade 100 Jahre alt geworden waren. Es ist also möglich, sich einer Kette von einhundertjährigen Lebensspannen vorzustellen, die sich lückenlos nach hinten in die Geschichte erstrecken und die zu Menschen gehörten, die wirklich gelebt haben und deren Namen wir wüssten, wenn die Geschichtsschreibung besser wäre und wir historische Zeugnisse von ihnen hätten.

Nun zum faszinierenden Teil dieses Arguments: Nach dieser Messweise ist das goldene Zeitalter der ägyptischen Pharaonen – eine Epoche, die den meisten von uns so vorkommt, als wäre sie unendlich weit von unserer eigenen entfernt – gerade einmal 35 Lebenszeiten entfernt. Jesus wurde vor etwa 20 Lebenszeiten geboren, und die Renaissance fand vor sieben solcher Lebenszeiten statt. Vor läppischen fünf Lebenszeiten saß Heinrich VIII. auf dem englischen Thron. Fünf! Und wenn man die gesamte menschliche Zivilisation mit diesen Lebensspannen abdecken will, kommt man auf 60, und das ist, wie Magee bemerkte, »ziemlich genau die Anzahl von Freunden, die ich in mein Wohnzimmer kriege, wenn ich zu einer Party einlade«.[5] Aus dieser Perspektive hat sich die menschliche Geschichte nicht in der Geschwindigkeit eines Gletschers entfaltet, sondern erinnert eher an das Blinzeln eines Auges. Woraus natürlich folgt, dass das eigene Leben in diesem größeren Zusammenhang nicht mehr gewesen sein wird als das kurze Aufflackern von etwas, das fast nichts ist, eines winzigen Punktes, von dem aus sich in beide Richtungen unfassbare Zeitspannen dehnen: die Vergangenheit und die Zukunft des Kosmos als Ganzem.

Es ist ganz normal, solche Gedanken beängstigend zu finden. Über die »enorme Gleichgültigkeit des Universums« nachzudenken, schreibt der ehemalige Bischof von Edinburgh, Richard Holloway, »kann sich so desorientierend anfühlen, als hätte man sich in einem dunklen Wald verirrt, oder so ängstigend, als würde man von Bord eines Schiffes ins Meer fallen, ohne dass es jemand mitbekommt«.[6] Aber aus einer anderen Perspektive sind solche Gedanken seltsam tröstlich. Man könnte es die »Dem-Kosmos-ist's-egal-Therapie« nennen: Was könnte, wenn einem alles zu viel wird, tröstlicher sein als die Vorstellung, dass all das von nichts kaum zu unterscheiden ist, jedenfalls, wenn man bereit ist, sich ein kleines bisschen rauszuzoomen? All die Sorgen, die ein normales Leben belasten – Beziehungsprobleme, Konkurrenz, Geldsorgen –, schrumpfen auf der Stelle zu absoluter Bedeutungslosigkeit zusammen. Genau wie Pandemien und Präsidentschaften: Der Kosmos wird fortbestehen, ruhig und unerschütterlich. Oder um den Titel eines Buches zu zitieren, das ich irgendwann einmal rezensiert habe: *The Universe Doesen't Give a Flying Fuck About You* (etwa: *Dem Universum bist du scheißegal*[7]). Wenn wir uns klarmachen, wie wenig unser Leben auf dem kosmischen Zeitstrahl zählt, kann es sich anfühlen, als würde uns eine riesige Last von den Schultern genommen – eine Last, die den meisten von uns als solche noch nicht einmal bewusst war.

Es lohnt sich, dieses Erleichterungsgefühl etwas genauer zu betrachten, weil es nämlich zeigt, dass die meisten von uns vorher offenbar *durchaus* mit dem Gefühl durch die Gegend liefen, für die Entwicklung des Universums ziemlich zentral zu sein; wäre das nicht der Fall, wäre es ja keine Erleichterung, daran erinnert zu werden, dass es in Wahrheit nicht zutrifft. Zudem ist dieses Phänomen weder auf Größenwahnsinnige beschränkt noch auf Menschen, die unter einem malignen Narzissmus leiden, sondern vielmehr etwas, das sehr viel mit dem Menschsein zu tun hat: Es ist der verständliche Hang, alles aus dem eigenen Blickwinkel zu beurteilen, sodass die wenigen Tausend Wochen, die *man selbst* zufälligerweise auf der Welt ist, einem unweigerlich so vorkommen müssen wie das Herzstück der Weltgeschichte, auf das alle früheren Zeiten geradewegs hinausgelaufen sind. Solche selbstbezogenen Urteile gehören zu einem Phänomen, das Psychologen »egozentrische Voreingenommenheit« nennen, und aus einer evolutionsbiologischen Perspektive sind sie hochgradig sinnvoll. Wenn wir einen realistischeren Sinn für die nackte Irrelevanz hätten, die wir im Zeitmaßstab des Universums haben, dann wären wir wahrscheinlich weniger motiviert, um unser Überleben zu kämpfen und unsere Gene weiterzugeben.

Denkbar ist außerdem, dass sich ein Leben, in dem die eigene historische Wichtigkeit derart unrealistisch überschätzt wird, sinnvoller anfühlt, weil man einfach alles mit einem Gefühl kosmischer Wichtigkeit tut – wie ungerechtfertigt das auch immer sein mag. Tatsächlich führt aber die Überbewertung der eigenen Existenz zu überzogenen Erwartungen an sich selbst. Die Latte hängt einfach viel zu hoch. Es wird suggeriert, dass nur zutiefst beeindruckende Taten als »gut genutzte Lebenszeit« zählen oder etwas, das wenigstens einen bleibenden Einfluss auf zukünftige Generationen hat – oder, was wirklich das Mindeste wäre, etwas, das (in den Worten des Philosophen Iddo Landau) »die Welt des Gewöhnlichen und Banalen transzendiert«.[8] Auf keinen Fall jedenfalls darf es etwas Durchschnittliches sein. Wenn das eigene Leben im größeren Zusammenhang tatsächlich so wichtig ist, wie man glaubt, wie könnte man sich *nicht* verpflichtet fühlen, etwas wirklich Bemerkenswertes damit anzufangen?

Das ist zumindest die Denkweise des Silicon-Valley-Tycoons, der »eine Kerbe im Universum hinterlassen« will, oder des Politikers, der darauf fixiert ist, Geschichte zu schreiben, oder der Romanautorin, die insgeheim denkt, dass ihr Werk nichts zählt, solange es nicht die literarischen Höhen und den öffentlichen Beifall des Werkes von Leo Tolstoi erreicht. Etwas weniger offensichtlich ist es aber auch die implizite Sichtweise derer, die niedergeschlagen den Schluss ziehen, dass ihr Leben durch und durch sinnlos ist und dass sie endlich damit aufhören müssen zu erwarten, dass es sich anders anfühlt. Was sie damit aber tatsächlich meinen, ist, dass sie einen Maßstab für Sinnerfülltheit übernommen haben, dem im wahrsten Sinne des Wortes niemand gerecht werden kann. »Wir stehen einem Stuhl nicht ablehnend gegenüber, weil man mit ihm kein Wasser für eine schöne Tasse Tee kochen kann«,[9] erklärt Landau: Ein Stuhl ist einfach kein Ding, das die Fähigkeit haben sollte, Wasser zu kochen, und insofern ist es kein Problem, dass er das nicht kann. »Genauso wenig plausibel ist es für die allermeisten Menschen, von sich selbst zu verlangen, dass sie ein Michelangelo, ein Mozart oder ein Einstein werden … Es hat in der gesamten Geschichte der Menschheit nur ein paar Dutzend solcher Leute gegeben.«[10] Anders gesagt, Sie werden höchstwahrscheinlich *keine* Kerbe im Universum hinterlassen. Und selbst Steve Jobs, von dem dieser Ausdruck stammt, hat das nicht wirklich geschafft, jedenfalls nicht, wenn wir uns strikt an unsere Kriterien halten: Vielleicht werden sich noch viele Generationen nach uns an das iPhone erinnern, was sicher mehr ist, als Sie oder ich auf die Reihe bekommen werden; doch von einem wahrhaft kosmischen Blickwinkel aus wird es genauso schnell vergessen sein wie alles andere auch.

Kein Wunder, dass man erleichtert ist, wenn man daran erinnert wird, wie unwichtig man ist: Man begreift plötzlich, dass man die ganze Zeit einen Maßstab an sich selbst angelegt hat, dem man beim besten Willen nicht gerecht werden konnte. Und diese Erkenntnis ist nicht einfach nur beruhigend, sondern auch befreiend, denn sobald die sinnvolle Nutzung der eigenen Lebenszeit nicht mehr von unrealistischen Erwartungen belastet ist, steht plötzlich wieder eine ganze Bandbreite von Tätigkeiten zur Verfügung, die sich dazu eignen, die eigene, begrenzte Zeit sinnvoll zu nutzen. Und man kann sich plötzlich fragen, ob nicht sogar einiges von dem, was man bisher mit seiner Zeit angestellt hat, viel sinnvoller ist, als man dachte – und ob man diese Tätigkeiten bis dato vielleicht einfach deshalb abgewertet hat, weil man glaubte, sie seien »nicht bedeutend« genug«.

Aus dieser Perspektive wird deutlich, dass die Zubereitung von gesunden Mahlzeiten für die eigenen Kinder genauso wichtig ist wie alles, was jemals wichtig sein könnte, selbst dann, wenn man dabei keinen Kochwettbewerb gewinnt; und dass der Roman, auch wenn man selbst kein Tolstoi ist, unbedingt geschrieben werden sollte, sobald er auch nur eine Handvoll Zeitgenossen bewegt oder unterhält. Oder dass buchstäblich jeder Beruf es wert ist, damit sein Arbeitsleben zu verbringen, solange er das Leben derjenigen, denen er dient, auch nur ein winziges bisschen besser macht. Und wenn wir aus der Coronapandemie nur gelernt haben, dass wir für die Bedürfnisse unserer Nachbarn etwas sensibler sein müssen, dann war die »große Pause« äußerst lehrreich für uns, egal, wie weit eine wirklich tiefgreifende Transformation der Gesellschaft noch immer weg ist.

Die »Dem-Kosmos-ist's-egal-Therapie« ist eine Einladung, der Wahrheit der eigenen Unwichtigkeit innerhalb des großen Ganzen ins Auge zu blicken. Und sie zu bejahen, soweit das irgendwie möglich ist. (Ist es im Rückblick nicht ziemlich lustig, dass man irgendwann einmal gedacht hat, es sei anders?) Dem erstaunlichen Geschenk von ein paar Tausend Wochen wirklich gerecht zu werden, bedeutet gerade nicht, sich vorzunehmen, »etwas Außergewöhnliches mit ihnen zu machen«. Es bedeutet das genaue Gegenteil, nämlich sich zu weigern, diese Zeit an einem abstrakten und überfordernden Maßstab der Außergewöhnlichkeit zu messen, demgegenüber man nicht anders als kläglich abschneiden kann. Stattdessen sollte man versuchen, seine Lebenszeit so zu nehmen, wie sie ist, und die eigene, eingebildete kosmische Bedeutung zugunsten der Erfahrung des Lebens, so, wie es ist, aufzugeben – des Lebens in seiner Konkretheit, Endlichkeit und Wunderbarkeit.

14

Die Leiden des Menschen

Die Fantasie hinter so vielen von unseren mit der Zeit zusammenhängenden Problemen ist in einem Buchtitel ausgedrückt, den ich im ersten Kapitel erwähne: *Master Your Time, Master Your Life* des Managergurus Brian Tracy. Der Grund, warum wir so sehr mit der Zeit zu kämpfen haben, liegt nämlich darin, dass wir permanent versuchen, sie zu meistern – sie ganz persönlich zu beherrschen und dadurch Kontrolle über unser Leben zu bekommen, mit dem Ziel, irgendwann auf der sicheren Seite zu sein – den Ereignissen nicht mehr so ausgeliefert.

Einige von uns kämpfen diesen Kampf, indem sie versuchen, so produktiv und effizient zu werden, dass sie nie wieder Schuldgefühle haben oder andere enttäuschen oder Angst bekommen, wegen schlechter Leistungen entlassen zu werden oder der Tatsache ins Auge blicken zu müssen, dass wir häufig sterben, ohne unsere ehrgeizigsten Ziele erreicht zu haben. Andere Menschen vermeiden es wiederum vollständig, sich überhaupt auf große Projekte oder nahe Beziehungen einzulassen, weil sie die Unsicherheit nicht ertragen können, die entsteht, wenn man seine Energie in etwas steckt, das gut ausgehen, aber auch scheitern kann. Wir verschwenden viel Lebenszeit mit dem Meckern über Verkehrsstaus und Kleinkinder, die die Frechheit besitzen, so lange zu brauchen, wie sie nun einmal brauchen, und uns dadurch daran erinnern, wie wenig wir in Wahrheit unsere Zeitpläne selbst bestimmen. Und wir rennen dem Traum hinterher, der hinter jeder Zeitmanagementfantasie steckt: bevor wir sterben, etwas zu erreichen, das für das Universum einen Unterschied macht, statt einfach nur von den nachfolgenden Äonen unter die Erde gewalzt zu werden.

Die Illusion, den eigenen Umgang mit der Zeit irgendwann in den Griff zu bekommen, ist jedoch etwas sehr Menschliches und Verzeihliches, denn die Wahrheit ist nicht gerade beruhigend: Der Kampf ist zum Scheitern verurteilt. Weil unsere Zeit so begrenzt ist, werden wir niemals so souverän sein, dass wir jede Anforderung bewältigen, die uns das Leben vor die Füße wirft, oder jedes Ziel erreichen, das uns wichtig vorkommt; stattdessen müssen wir immer wieder schwierige Entscheidung treffen. Und weil wir weder bestimmen noch genau voraussagen können, was mit der endlichen Portion Zeit, die wir *tatsächlich* zur Verfügung haben, genau passiert, werden wir niemals das Gefühl haben, die Ereignisse wirklich im Griff zu haben: vor Leiden gefeit zu sein – gerüstet und bereit für alles, was in unserem Leben so um die Ecke kommt.

Das provisorische Leben

Die tiefere Wahrheit, die hinter all diesen Schwierigkeiten steckt, lässt sich aus Heideggers zunächst etwas mysteriöser Aussage herauslesen, dass wir Zeit nicht *haben* oder *bekommen* – sondern Zeit *sind.* Wir können die Momente unseres Lebens niemals beherrschen oder kontrollieren, weil wir nichts anderes sind als diese Momente. Sie zu »meistern« würde erfordern, dass wir uns außerhalb ihrer befinden, getrennt von ihnen. »Die Zeit ist die Substanz, aus der ich gemacht bin. Die Zeit ist ein Fluß, der mich davonreißt, aber ich bin der Fluß; sie ist ein Tiger, der mich zerfleischt, aber ich bin der Tiger; sie ist ein Feuer, das mich verzehrt, aber ich bin das Feuer (…)«, schreibt Jorge Luis Borges.[1] Man kann sich schlecht an das Ufer des Flusses retten, wenn man selbst der Fluss ist. Entsprechend sind Unsicherheit und Verletzlichkeit der Normalzustand – weil in jedem Moment, der wir selbst *sind,* alles Mögliche passieren könnte, von einer dringenden E-Mail, die uns den Arbeitsplan für den Vormittag durcheinanderbringt, bis zu dem Todesfall, der uns bis in die Grundfesten erschüttert.

Ein Leben, das dem Versuch gewidmet ist, zeitliche Sicherheit zu erlangen, wo solche Sicherheit doch in Wahrheit niemals zu erreichen ist, wird sich letztendlich immer provisorisch anfühlen – als ob der Grund, aus dem man geboren wurde, für immer in der Zukunft läge, kurz hinter dem Horizont, und das Leben in all seiner Fülle erst in dem Augenblick beginnen könnte, in dem man es, wie Arnold Bennett einmal gesagt hat, »in einen betriebsfähigen Zustand gebracht hat«. Sobald ich klar Schiff gemacht habe, sagen Sie sich; sobald ich ein System gefunden habe, mit dem ich mich besser organisieren kann; sobald ich meinen Abschluss habe; sobald ich genug Berufserfahrung habe; sobald ich den Menschen meines Lebens gefunden habe; sobald ich Kinder habe; sobald die Kinder aus dem Haus sind; sobald die Revolution kommt und endlich soziale Gerechtigkeit herrscht – *dann* haben Sie endlich das Gefühl, alles unter Kontrolle zu haben, dann können Sie endlich ein bisschen entspannen und sich um den eigentlichen Sinn des Lebens kümmern. Bis dahin fühlt sich das Leben notwendigerweise an wie ein Kampf: manchmal wie ein aufregender Kampf, manchmal wie ein extrem ermüdender Kampf, jedenfalls immer ein Kampf um irgendeinen ominösen Augenblick der Wahrheit, der im Moment noch in der Zukunft liegt. Die Schweizer Psychologin und Märchenforscherin Marie-Louise von Franz beschrieb die außerweltliche Atmosphäre einer solchen Existenz so:

> Es handelt sich um die merkwürdige Einstellung bzw. Phantasie, daß irgendwann in der Zukunft das wirklich Richtige kommt, z.B. die richtige Frau oder die Erfüllung dessen, was man wirklich will. (…) Am meisten fürchtet sich ein solcher Mann davor, an etwas gebunden zu sein. Er hat schreckliche Angst davor, festgenagelt zu werden, vollständig in Raum und Zeit einzutreten und das menschliche Wesen zu sein, das er ist.[2]

»Vollständig in Raum und Zeit einzutreten« – oder auch nur teilweise, weil die meisten von uns gar nicht weiterkommen werden – bedeutet, ein Scheitern einzugestehen. Es bedeutet, Illusionen aufzugeben; zu akzeptieren, dass es immer zu viel zu tun gibt, dass sich schwierige Entscheidungen nicht vermeiden lassen und dass man die Welt nicht dazu bringen wird, sich genau in dem Tempo zu drehen, das einem genehm ist; dass man von gar nichts, am wenigsten von engen Beziehungen mit anderen Menschen, im Voraus garantieren kann, dass sie ein gutes Ende nehmen und niemals wehtun – und dass am Ende aus der Perspektive des Universums das alles sowieso nicht viel zählt.

Und was bekommt man dafür, dass man all das akzeptiert? Dass man wirklich *hier* ist. Dass man sich wirklich im Leben verankert. Dass man seine begrenzte Zeit verbringt, indem man sich auf ein paar Dinge konzentriert, die einem wirklich wichtig sind, wichtig in sich selbst, in diesem Augenblick. Vielleicht ist es doch gut, noch einmal explizit darauf hinzuweisen, dass ich hier nicht dagegen argumentieren möchte, sich auf langfristige Projekte wie die Ehe, das Elternsein, das Aufbauen einer Organisation oder die Reform des politischen Systems einzulassen, und ganz bestimmt nicht dagegen, endlich das Problem der Klimakrise anzugehen; all das ist enorm wichtig. Aber sogar diese Dinge zählen nur in dem Moment, in dem man in sie involviert ist, und es ist völlig egal, ob man bereits das erreicht hat, was der Rest der Welt als Ziel definieren würde. Denn das Jetzt ist alles, was wir bekommen.

Es ist sehr verlockend, sich vorzustellen, dass das Ende oder zumindest die Abschwächung unseres Kampfes um Zeit uns auch *glücklicher* machen würde. Ich glaube jedoch nicht, dass das stimmt. Unser endliches Leben ist voller schwieriger Endlichkeitsprobleme – überquellende E-Mail-Fächer, der Tod etc. –, und wenn man sich mit ihnen auseinandersetzt, hören sie deshalb noch lange nicht auf, sich wie Probleme anzufühlen, jedenfalls nicht vollständig. Der innere Frieden, um den es hier geht, findet auf einer höheren Ebene statt, nämlich in der Erkenntnis, dass die Unmöglichkeit, den Problemen der Endlichkeit auszuweichen, in sich selbst wiederum kein Problem darstellt. Das menschliche Leiden ist oft sehr schmerzhaft, aber, wie die Zen-Meisterin Charlotte Joko Beck es ausdrückt, *unerträglich* ist es nur, solange man glaubt, dass es dafür eine Heilung geben könnte.[3] Akzeptiere die Unvermeidlichkeit des Kummers, und plötzlich wird Freiheit möglich: Endlich kann man mit dem Leben weitermachen. Dieselbe Erkenntnis, die mich auf jener Parkbank in Brooklyn ereilte, hatte auch der französische Schriftsteller Christian Bobin, und zwar, wie er sich erinnert, in einem ähnlich banalen Augenblick: »Ich schälte gerade einen roten Apfel aus unserem Garten, als ich plötzlich verstand, dass das Leben mir nichts anderes schenken würde als eine Abfolge wunderbarer, unlösbarer Probleme – und mit diesem Gedanken schwappte ein Ozean des tiefen Friedens in mein Herz.«[4]

Fünf Fragen

Um all das ein bisschen konkreter zu machen, kann es sinnvoll sein, dem eigenen Leben die folgenden Fragen zu stellen. Es ist nicht schlimm, wenn die Antworten nicht sofort zur Verfügung stehen; denn frei nach einer berühmten Formulierung von Rainer Maria Rilke kommt es vielmehr darauf an, »die Fragen zu *leben*«.[5] Sie einfach nur ernsthaft zu stellen bedeutet schon, sich mit der eigenen Situation auseinanderzusetzen und anzufangen, das Beste aus seiner endlichen Zeit zu machen.

1. In welchen Lebensbereichen sind Sie momentan auf Bequemlichkeit aus, wo es eigentlich besser wäre, ein bisschen Unbequemlichkeit zu suchen?

Wer Projekte in Angriff nimmt, die ihm am Herzen liegen, wird fast nie das Gefühl haben, die eigene Zeit unter Kontrolle zu haben, gegen die schmerzhaften Übergriffe der Realität gefeit zu sein und der Zukunft zuversichtlich ins Auge blicken zu können. Es bedeutet, sich auf Abenteuer einzulassen, die scheitern könnten, unter anderem, weil man herausfindet, dass man nicht genügend Talent hat; es bedeutet, das Risiko einzugehen, sich lächerlich zu machen, schwierige Gespräche zu führen, andere zu enttäuschen und sich so tief auf Beziehungen einlassen, dass zusätzliches Leid – nämlich wenn den Menschen, die einem wichtig sind, etwas Schlimmes passiert – vorprogrammiert ist. Und schon deshalb tendieren wir ganz selbstverständlich dazu, Entscheidungen über den alltäglichen Umgang mit unserer Zeit zu treffen, die eher auf Vermeidung beruhen. Aufschieben, ablenken, sich nicht einlassen, vermeintlich klar Schiff machen, zu viele Projekte auf einmal annehmen: Das sind alles Methoden, mit denen man versucht, die Illusion aufrechtzuerhalten, dass man die Dinge im Griff hat. Auch ständige Sorge ist eine – subtilere – Methode zu genau diesem Zweck: Sie gibt einem auf düstere, aber tröstliche Weise das Gefühl, zumindest *irgendetwas* zu tun, um alles unter Kontrolle halten zu können.

Einem Rat von James Hollis zufolge sollte man sich bei jeder wichtigen Lebensentscheidung selbst fragen: »Macht mich diese Entscheidung größer oder kleiner?«[6] Mithilfe dieser Frage kann man dem Drang widerstehen, Entscheidungen nach dem Kriterium der Angstvermeidung zu treffen, und sie ermutigt uns, mit unseren tieferen Intentionen in Kontakt zu kommen. Wenn man zum Beispiel versucht zu entscheiden, ob man einen Job kündigen oder einen Partner verlassen oder sich eher noch einmal richtig reinhängen sollte, dann wird einen die Frage danach, was einen glücklicher machen würde, höchstwahrscheinlich dazu verleiten, der bequemeren Option den Vorrang zu geben, oder sie führt dazu, dass man völlig gelähmt und nicht in der Lage ist, eine Entscheidung zu treffen. Was man dagegen normalerweise intuitiv weiß, ist, ob das Verbleiben in einer Beziehung oder einem Job Herausforderungen bereithält, an denen man wachsen kann. Wann immer es Ihnen möglich ist, sollten Sie sich gegen die Bequemlichkeit und für die Unbequemlichkeit des inneren Wachstums entscheiden.

2. Ist der Maßstab, nach dem Sie Ihre eigene Produktivität und Leistungsfähigkeit beurteilen, zu hoch?

Eine häufige Folge der Wunschfantasie, irgendwann die eigene Zeit komplett im Griff zu haben, besteht darin, sich unerreichbare Ziele zu setzen – Ziele, die immer wieder in die Zukunft verschoben werden *müssen,* weil sie in der Gegenwart nicht erreicht werden können. Aber in Wahrheit ist es unmöglich, so effizient und gut organisiert zu sein, dass man auf eine endlose Zahl von Anforderungen reagieren kann. Genauso unmöglich ist es, »genügend Zeit« auf der Arbeit oder mit den Kindern zu verbringen, mit dem Sozialleben, dem Reisen oder dem politischen Engagement. Doch der Glaube daran, sich auf dem direkten Weg in ein solches Leben zu befinden und es schon bald erreicht zu haben, verschafft einem ein trügerisches Gefühl des Wohlbefindens.

Wie würde sich Ihr Umgang mit Ihrer Zeit verändern, wenn Sie tief drinnen wüssten, dass die Rettung niemals kommt – dass Ihre Maßstäbe schon immer unerreichbar waren und dass Sie es aus diesem Grund auch niemals schaffen werden, all die Dinge zu tun, für die Sie eigentlich gehofft hatten, irgendwann die Zeit zu finden? Vielleicht würden Sie nun gern einwenden, dass Sie ein spezieller Fall sind, dass Sie, in Ihrer besonderen Situation, zeitlich aber eben doch das Unmögliche möglich machen *müssen,* um eine Katastrophe abzuwenden. Vielleicht haben Sie Angst, gefeuert zu werden und Ihr Einkommen zu verlieren, wenn Sie Ihrer unglaublichen Arbeitslast nicht Herr werden. Aber das ist ein Missverständnis. Wenn die Leistungen, die Sie von sich verlangen, unmöglich sind, dann sind sie unmöglich, selbst wenn die Katastrophe droht – und dieser Tatsache ins Auge zu blicken kann nur hilfreich sein.

Es hat etwas Grausames, wie Iddo Landau bemerkte, sich selbst Maßstäbe zu setzen, die kein Mensch jemals erreichen könnte (und die an andere anzulegen den meisten von uns nicht einmal im Traum einfallen würde).[7] Viel humaner ist es, all diese Ansprüche möglichst umfassend aufzugeben. Lassen Sie Ihre viel zu hohen Maßstäbe fallen. Sammeln Sie sich dann ein paar sinnvolle Aufgaben aus den Trümmern, und fangen Sie noch heute an, sich ihnen zu widmen.

3. Inwiefern müssen Sie noch akzeptieren, dass Sie sind, wie Sie sind und nicht wie die Person, von der Sie denken, dass Sie sie sein müssten?

Ganz ähnlich wie das ständige Aufschieben der Konfrontation mit der Endlichkeit – mit der beängstigenden Wahrheit, *dass es das ist* – ist die Behandlung des eigenen Lebens als Reise zu dem Menschen, der man in den Augen der Gesellschaft, einer Religionsgemeinschaft oder der eigenen Eltern (egal, ob sie noch leben oder nicht) sein zu müssen glaubt. Wenn Sie sich erst einmal Ihr Existenzrecht verdient haben, so reden Sie sich ein, dann wird sich Ihr Leben nicht mehr so unsicher und unkontrollierbar anfühlen. In Zeiten politischer und ökologischer Krisen bekommt diese Einstellung häufig die Form des Glaubens, dass nur noch die Handlungen sinnvoll sind, die direkt – und rund um die Uhr – auf diese Krisen reagieren, und dass man sich völlig zu Recht schuldig und egoistisch fühlt, wenn man seine Zeit mit irgendetwas anderem verbringt.

Dieser ewige Versuch, die eigene Existenz in den Augen irgendwelcher äußeren Autoritäten zu rechtfertigen, wird oft bis weit ins Erwachsenenleben hinein fortgeführt. Doch »ab einem bestimmten Alter«, schreibt der Psychotherapeut Stephen Cope, »dämmert es uns dann doch plötzlich, dass es eigentlich niemanden so richtig *interessiert,* was wir mit unserem Leben machen. Für diejenigen unter uns, die bisher das Leben eines anderen gelebt und ihr eigenes gemieden haben, ist das eine zutiefst verunsichernde Erkenntnis: Außer mir selbst interessiert sich eigentlich niemand dafür.«[8] Der Versuch, sich sicherer zu fühlen, indem man sich eine Existenzberechtigung verschafft, stellt sich damit sowohl als vergeblich als auch als unnötig heraus. Vergeblich, weil sich das Leben sowieso immer unsicher und unkontrollierbar anfühlen wird. Und unnötig, weil es überhaupt gar keinen Grund gibt, mit dem Leben zu warten, bis man die Zustimmung von irgendjemand oder irgendetwas anderem erhalten hat. Wirklicher innerer Frieden und ein freudiges Freiheitsgefühl entstehen nicht, indem man sich die Zustimmung anderer Menschen organisiert, sondern indem man der Realität, dass eine solche Zustimmung, selbst wenn man sie hätte, einem kein Sicherheitsgefühl verschaffen würde, ein für alle Mal ins Auge schaut.

Ich bin davon überzeugt, dass man erst mit einer Haltung, in der man nicht mehr das Gefühl hat, sich seine Lebenswochen auf diesem Planeten verdienen zu müssen, das Wahrhaftigste und Beste mit diesen Wochen anfangen kann; wenn man nicht mehr unter dem Druck steht, eine ganz bestimmte Art von Mensch werden zu müssen, kann man sich mit seiner Persönlichkeit, seinen Stärken und Schwächen, den eigenen Talenten und der eigenen Begeisterung hier und jetzt auseinandersetzen und sich entsprechend verhalten. Vielleicht besteht Ihr persönlicher Beitrag zu einer Welt, die mit verschiedensten Krisen konfrontiert ist, nicht primär darin, sich politisch zu engagieren oder ein Mandat anzustreben, sondern darin, für eine ältere Verwandte zu sorgen oder Musik zu machen oder als Konditor zu arbeiten, wie mein bärenstarker Schwager aus Südafrika, den man auf den ersten Blick eher für einen Rugbyspieler halten würde, der aber beruflich komplizierte Gebilde aus Zuckerwatte und Buttercreme zaubert, die bei denen, die sie zu sich nehmen, kleine Explosionen der Freude auslösen. Die buddhistische Lehrerin Susan Piver weist darauf hin, dass es erstaunlicherweise radikal verunsichern kann, wenn man gefragt wird, womit man seine Zeit eigentlich gern verbringen *möchte*.[9] Zumindest aber sollte man es nicht für unmöglich halten, dass die Antwort auf diese Frage ein Indiz dafür sein könnte, womit man seine Zeit am besten verbringen sollte.

4. In welchen Bereichen Ihres Lebens halten Sie sich bis heute zurück, weil Sie das Gefühl haben, erst wirklich wissen zu müssen, was Sie da tun?

Es passiert leicht, dass man viele Jahre seines Lebens wie eine Generalprobe behandelt, weil man voraussetzt, dass man gerade dabei ist, sich die Fähigkeiten und Erfahrung anzueignen, durch die man dann später etwas perfekt beherrscht. Mir ist dagegen in meinem Erwachsenenleben immer wieder aufgefallen, dass es keine einzige Institution und keinen Lebenslauf gibt, in denen nicht permanent improvisiert würde. Als Jugendlicher dachte ich, dass die Zeitung, die bei uns auf dem Frühstückstisch lag, von Menschen gemacht worden sein müsse, die ganz genau wussten, was sie taten; dann bekam ich selbst einen Job bei einer Zeitung. Unbewusst verlagerte ich meine Fantasien über die Kompetenz anderer Menschen in einen anderen Bereich, unter anderem den der Regierung. Aber dann lernte ich ein paar Leute kennen, die dort tatsächlich arbeiteten – und die nach ein oder zwei Gläsern Wein eigentlich immer gestanden, dass ihr Job mehr oder weniger darin bestand, von Krise zu Krise zu taumeln und sich im Auto auf dem Weg zur Pressekonferenz plausibel klingende Begründungen für jene politischen Maßnahmen auszudenken, die auf eben dieser Pressekonferenz verkündet werden sollten. Selbst dann dachte ich noch, dass all das eher Ausdruck der tollpatschigen Mittelmäßigkeit ist, auf die wir Briten so stolz sind. Doch dann zog ich nach Amerika – und dort improvisieren sie auch alle, wie sich herausstellte. Die politischen Entwicklungen der letzten Jahre haben nur noch deutlicher gemacht, dass die Leute, die »an den Schalthebeln« sitzen, die Ereignisse in der Welt kein bisschen besser durchschauen als der Rest von uns.

Irgendwie läuten alle Alarmglocken, wenn man sich der Tatsache stellt, dass es sein könnte, dass sich das Gefühl, wirklich zu wissen, was man gerade tut, eigentlich nie einstellt, weder auf der Arbeit noch in der Ehe oder der Elternschaft, nirgends. Aber es ist auch befreiend, denn es beseitigt eine zentrale Ursache für die Unzulänglichkeitsgefühle und die Gehemmtheiten in genau diesen Bereichen: Wenn das Gefühl der vollkommenen Kontrolle über die Zeit niemals eintreten wird, dann kann man genauso gut sofort damit anfangen, sich voll und ganz in solche Aktivitäten zu stürzen – kühne Pläne in die Tat umzusetzen, die Vorsicht über Bord zu werfen. Mindestens genauso befreiend ist es, sich klarzumachen, dass alle anderen mit einem im selben Boot sitzen, ob es ihnen nun bewusst ist oder nicht.

5. Wie würden Sie Ihre Lebenszeit verbringen, wenn es Ihnen egal wäre, dass Ihre Taten auch Früchte tragen?

Ein letzter, ebenfalls sehr üblicher Versuch, die Zeit zu beherrschen, ist auf jene unausgesprochene Annahme zurückzuführen, die ich im achten Kapitel als Kausalkatastrophe beschrieben habe: die Vorstellung, dass der eigentliche Wert unserer Handlungen immer und ausschließlich nach ihren Resultaten beurteilt werden muss. Daraus folgt direkt, dass man seine Zeit mit Aktivitäten verbringen sollte, deren Resultate man höchstwahrscheinlich noch miterlebt. In seinem Dokumentarfilm *A Life's Work* zeigt der Filmemacher David Licata dagegen Menschen, die sich für einen anderen Weg entschieden haben, indem sie ihr Leben Projekten widmen, die mit großer Sicherheit nicht in ihrer eigenen Lebenszeit vollendet sein werden – wie zum Beispiel einen Vater und seinen Sohn, die sich vorgenommen haben, jeden einzelnen Baum in den verbleibenden Urwäldern der Welt zu katalogisieren, oder die Astronomin, die von ihrem Schreibtisch am SETI Institute in Kalifornien Radiowellen nach Anzeichen außerirdischen Lebens durchforstet.[10] Sie alle haben die glänzenden Augen von Menschen, die wissen, dass sie etwas tun, was wirklich wichtig ist, und die ihre Arbeit genau deshalb so mögen, weil sie sich gerade nicht davon überzeugen müssen, dass sich ihr eigener Beitrag noch zu ihren Lebzeiten als ausschlaggebend erweisen beziehungsweise Früchte tragen wird.

Und doch haben fast alle Arbeiten – einschließlich der Elternschaft oder der Stärkung des Zusammenhalts innerhalb der Gemeinde – die Eigenschaft, dass sie in der eigenen Lebenszeit nicht fertigzustellen sind. All diese Aktivitäten gehören nämlich immer in einen sehr viel größeren zeitlichen Zusammenhang und haben letztendlich einen Wert, der sich erst lange nach unserem Tod zeigen wird (oder vielleicht auch nie, angesichts der Tatsache, dass sich die Zeit ins Unendliche erstreckt). Auch insofern ist es vielleicht sinnvoll zu fragen: Welche Projekte – welche Akte der Großzügigkeit oder Fürsorge für die Welt, welche ehrgeizigen Pläne oder Investitionen in eine weit entfernte Zukunft – kämen Ihnen heute sinnvoll vor, wenn Sie sich damit abfinden könnten, dass Sie die Resultate nicht mehr erleben werden? Eigentlich sind wir alle mittelalterliche Steinmetze, die der Kathedrale ein paar Steine hinzufügen und dabei wissen, dass wir ihre Vollendung nicht erleben werden. Und trotzdem ist die Kathedrale es wert, gebaut zu werden.

Das Nächste und Nötigste

Am 15. Dezember 1933 antwortete Carl Jung einer Briefpartnerin, Frau R., die ihm zahlreiche Fragen darüber gestellt hatte, wie man ein richtiges Leben führt, und seine Antwort eignet sich bestens, um dieses Buch zu beenden. »Liebe Frau R.«, begann Jung. »Ihre Fragen sind unbeantwortbar, da Sie wissen wollen, wie man leben *soll.* Man lebt, wie man leben *kann.* Es gibt keinen einzigen bestimmten Weg (…). Wenn Sie das wollen, so gehen Sie am besten in die katholische Kirche, wo man Ihnen schon hü und hott sagt.« Dagegen sei der individuelle Weg »der Weg (…), der nirgends beschrieben ist, den man nicht im Voraus kennt und der einfach aus sich entsteht, wenn man einen Fuß vor den anderen setzt«. Sein einziger Rat für das Beschreiten dieses Weges war, »stillschweigend das Nächste und Nötigste« zu tun. »Solange man meint, man wisse noch nicht, was das sei, so hat man noch zu viel Geld, was erlaubt, nutzlos zu spekulieren. Wenn man aber mit Überzeugung das Nächste und Nötigste tut, tut man immer das schicksalsmäßig bedeutungsvolle.«[11] Eine modifizierte Version der Einsicht »Tue das Nächste und Beste« ist inzwischen bei den Anonymen Alkoholikern zu einem beliebten Slogan geworden, wenn es darum geht, mit klarem Verstand durch akute Krisen zu kommen. Doch eigentlich müssen wir sogar nur »das Nächste und Nötigste« hinbekommen – aber auch dafür haben wir keine objektive Methode, die uns sagt, in welche Richtung es geht.

Weil das aber alles ist, was Sie tun *können,* ist es glücklicherweise auch alles, was Sie tun *müssen.* Wenn Sie dieser Wahrheit ins Auge blicken – die Begrenztheit der menschlichen Lebenszeit wirklich umfassend annehmen –, dann werden Sie produktiver, erfolgreicher, hilfreicher für andere und glücklicher werden, als es jemals für Sie vorgesehen war. Und Ihr Leben, das für Sie erst nach und nach und im Rückblick Form annimmt, wird dem einzig vernünftigen Maßstab gerecht werden, der sagt, was es heißt, seine Zeit gut genutzt zu haben: Nicht, wie vielen Menschen Sie geholfen haben oder wie viel Sie geschafft haben, sondern ob Sie es – zur Freude Ihrer Mitmenschen – innerhalb der Grenzen Ihrer spezifischen historischen Zeit sowie Ihrer eigenen Lebenszeit und Ihrer besonderen Begabungen wirklich geschafft haben, sich ganz konkret jener großartigen Aufgabe oder verrückten kleine Sache zu widmen, für die Sie auf diese Welt gekommen sind.

Nachwort:

Jenseits der Hoffnung

Ein Problem lässt sich jedoch nicht leugnen: Wir haben es vermasselt. Vielleicht ist es Ihnen bereits aufgefallen.

Ein Zeitreisender aus dem alten Indien würde unsere heutige Ära, ohne zu zögern, als zum Kali Yuga gehörig identifizieren, jenem Zeitalter im Zyklus der Geschichte, in dem der hinduistischen Mythologie zufolge alles ins Wanken gerät: Regierungen stürzen, die Natur kollabiert, und ungewöhnliche Wetterereignisse häufen sich, Flüchtlinge strömen über die Grenzen, und Seuchen und dubiose Ideologien verbreiten sich in Windeseile über den ganzen Erdball. (All das steht fast wörtlich im *Mahabharata*, jenem 2000 Jahre alten, in Sanskrit verfassten Epos – die Ähnlichkeit zu meiner Twitter-Chronik ist entweder zufällig oder extrem unheimlich.) Woran die optimistischeren Berichterstatter uns gern erinnern, ist, dass die Menschen schon immer glaubten, in einer Endzeit zu leben, und dass es dieser Tage eigentlich auch ziemlich gute Nachrichten gibt: Die Säuglingssterblichkeit, die absolute Armut und die globale Ungleichheit sind rapide gesunken, während die Alphabetisierungsrate steigt und es heute so unwahrscheinlich ist wie noch nie, in einem Krieg getötet zu werden. Aber die Tage, in denen es in der Arktis fast 35 Grad warm wurde, sind eben auch Realität – genauso wie die Coronapandemie, gewaltige Flächenbrände und die Schlauchboote voller verzweifelter Menschen auf der Flucht. Um es so vorsichtig wie möglich auszudrücken: Im Moment ist es nicht besonders leicht, zuversichtlich zu bleiben.

Aber warum sollte man sich dann auch noch mit dem Thema Zeitmanagement beschäftigen? Man könnte meinen, dass es wirklich kaum etwas Irrelevanteres gebe. Das liegt jedoch meiner Ansicht nach (und wie ich versucht habe, in diesem Buch zu verdeutlichen) einfach an der Engstirnigkeit der meisten konventionellen Zeitmanagementratgeber. Sobald man den Fokus etwas erweitert, wird offensichtlich, warum die Frage nach der Nutzung unserer Zeit in Phasen der Angst und der Dunkelheit eine neue Dringlichkeit bekommt: Erfolg oder Scheitern im Umgang mit diesen Herausforderungen kann letztendlich komplett auf die Frage heruntergebrochen werden, wie wir die Stunden nutzen, die uns täglich zur Verfügung stehen. Der Ausdruck »Zeitmanagement« mag sich in diesem Zusammenhang banal anhören. Doch andererseits ist dieses banale Leben – das, was *jetzt* stattfindet, genau in diesem Augenblick – alles, worauf wir zurückgreifen können.

Der Umweltaktivist Derrick Jensen, der die radikale Gruppe »Deep Green Resistance« gegründet hat, wird öfter gefragt, wie er es hinbekomme, die Hoffnung zu behalten, wenn doch alles eigentlich so düster aussehe.[1] Er antwortet darauf, dass er gar keine Hoffnung mehr *habe* und dass das seiner Ansicht nach auch die richtige Haltung sei. Hoffnung solle uns als »Leuchtfeuer in der Dunkelheit« dienen, so Jensen. In Wirklichkeit sei sie ein Fluch. Auf ein bestimmtes Resultat zu *hoffen* bedeute, seinen Glauben auf etwas zu richten, das außerhalb der eigenen Person liege sowie außerhalb des gegenwärtigen Augenblicks – auf die Regierung zum Beispiel oder auf Gott oder die nächste Generation von Aktivistinnen und Aktivisten oder einfach auf »die Zukunft« –, und dieses Etwas werde es am Ende schon richten. Wie die nordamerikanische buddhistische Nonne Pema Chödrön sagt, ist das eine Einstellung zum Leben, die so tut, als wäre jederzeit »ein Kindermädchen« zu Stelle, »auf das man sich verlassen könnte«.[2] Manchmal kann diese Haltung berechtigt sein: Wenn ich zu einer Operation ins Krankenhaus muss, dann bleibt mir nichts anderes übrig, als zu hoffen, dass der Chirurg sein Handwerk versteht; einfach weil ich selbst so gut wie gar nichts ausrichten kann. Doch es gibt auch Fälle, in denen Hoffnung dazu dient, die eigenen Handlungsmöglichkeiten zu verleugnen – was auf Jensens Gebiet, dem Umweltaktivismus, bedeutet, dass man seine Handlungsfähigkeit an genau die Mächte abgibt, die man eigentlich bekämpfen wollte.

»Viele Leute sagen, sie hofften, dass die heute herrschende Zivilisation nicht die Welt zerstört«, sagt Jensen, doch indem sie das so ausdrücken, »nehmen sie immer schon an, dass die Zerstörung weitergeht, zumindest auf kurze Sicht, und zeigen, dass sie nicht mehr daran glauben, aktiv etwas ändern zu können«. Dagegen sei das Aufgeben der Hoffnung eine Wiederaneignung der eigenen Handlungsfähigkeit. Und an diesem Punkt, so Jensen, »wird ›Hoffnung‹ überflüssig. Wir machen uns einfach an die Arbeit. Wir sorgen dafür, dass die Lachse überleben. Wir sorgen dafür, dass die Präriehunde überleben. Wir sorgen dafür, dass die Grizzlybären überleben … Wenn wir aufhören zu hoffen, dass die furchtbare Situation, in der wir uns befinden, sich irgendwie von selbst lösen wird, wenn wir aufhören zu hoffen, dass vielleicht immerhin nicht alles noch schlimmer wird, dann sind wir endlich frei – wahrhaft frei –, um ernsthaft an einer Lösung zu arbeiten.«

Dieses Buch ist in gewisser Weise ein weit ausholendes Argument für das ermächtigende Potenzial, das darin liegt, die Hoffnung aufzugeben. Die eigenen Grenzen zu bejahen bedeutet, dass man die Hoffnung aufgibt, dass man mit dem richtigen Verfahren und ein bisschen mehr Engagement in der Lage wäre, die grenzenlosen Erwartungen anderer zu erfüllen, jedes seiner ehrgeizigen Ziele zu erfüllen, in jeder Rolle zu reüssieren und jedem guten Zweck und jeder humanitären Krise die Aufmerksamkeit zu schenken, die sie verlangen. Es bedeutet, die Hoffnung aufzugeben, irgendwann alles unter Kontrolle zu haben, irgendwann sicher sein zu können, dass man zukünftig von schmerzhaften Erfahrungen verschont bleibt. Und es bedeutet, wenn möglich, die allergrößte Hoffnung aufzugeben, die hinter alldem steht, die Hoffnung, dass *es das einfach noch nicht gewesen sein kann* – als wäre dies nur die Generalprobe und als würde der Tag, an dem man sich den Dingen wirklich gewachsen fühlt, erst noch kommen.

Was bei Chödrön »sich mit der Hoffnungslosigkeit anfreunden« heißt, bedeutet im Kern, dass man endlich erkennt, dass die Dinge eben *nicht* gut ausgehen werden. Natürlich sind sie schon jetzt nicht mehr gut – auf der Ebene des Planeten und auch auf individueller Ebene nicht. Das arktische Eis schmilzt schon jetzt. Die Pandemie hat Millionen von Menschen das Leben gekostet und die Wirtschaft zerstört. Die Frage, wie ungeeignet man für das amerikanische Präsidentenamt sein und trotzdem im Weißen Haus landen kann, ist definitiv beantwortet. Tausende von Arten sind schon ausgestorben. In einem Artikel in der *New York Times* über Großstädter, die sich beibringen lassen, wie man in der Wildnis mithilfe von Rehfleisch und Beeren überlebt, wurde eine Frau mit den Worten zitiert: »Die Leute sagen: ›Oje, wenn erst mal die Apokalypse kommt …‹ Was reden die? Sie ist doch längst da.«[3] Unsere Welt *ist* schon zerbrochen. Und was für den Zustand der Zivilisation gilt, gilt auch für Ihr eigenes Leben, von dem schon immer klar war, dass es sich niemals zu Perfektion und absoluter Sicherheit entwickeln würde. Und Ihre 4000 Wochen sind schon vom ersten Tag an immer weniger geworden.

Doch all das ist in Wirklichkeit eine Offenbarung: Wenn man es sich auch nur ansatzweise zu eigen macht, führt es nicht zu Verzweiflung, sondern zu einem Motivationsschub. Man erkennt, dass die schreckliche Möglichkeit, die man sein Leben lang voller Anspannung abgewehrt hat, weil es einem zu schwierig vorkam, sie zu durchleben, schon längst eingetreten ist – und dass man bist jetzt trotz allem immer noch lebendig und da ist. »Die Hoffnung aufzugeben ist eine Bestätigung, der Anfang vom Anfang«, sagt Chödrön.[4] Man erkennt endlich, dass man das Gefühl der umfassenden Sicherheit, dem man früher so verzweifelt hinterhergerannt ist, überhaupt nicht braucht. Das ist eine Befreiung. Sobald man sich nicht mehr selbst überzeugen muss, dass das Leben *nicht* extrem unsicher und voller Tragödien ist, hat man die Freiheit, sich auf das zu konzentrieren, was man beitragen kann. Und sobald man sich nicht mehr davon überzeugen muss, dass man *alles* tut, was getan werden muss, hat man die Freiheit, sich für *wenige* Aufgaben zu entscheiden, die einem wirklich wichtig sind.

Trotzdem: Das Argument, dass man nicht stirbt, wenn man die Hoffnung aufgibt, kann, wie Jensen betont, auch so geführt werden, dass man in gewisser Hinsicht eben doch stirbt. Was stirbt, ist die angstgetriebene, kontrollsüchtige, egomanische Version des Ich – jene Seite, die so intensiv damit beschäftigt ist, was andere Menschen über einen denken, oder damit, andere Menschen nicht zu enttäuschen oder nicht zu sehr aus der Reihe zu tanzen, aus Angst, dass die Mächtigen einen später dafür bestrafen. Man entdeckt, schreibt Jensen, dass »das zivilisierte Ich gestorben ist. Das gemachte, fabrizierte, geprägte, geformte Ich ist gestorben. Das Opfer ist gestorben.« Und das Ich, das übrig bleibt, ist viel lebendiger als zuvor. Handlungsbereiter, aber auch freudiger, denn es zeigt sich, dass die Offenheit gegenüber der bedrückenden Realität einen gleichzeitig dafür öffnet, auch die guten Dinge mehr an sich heranzulassen, und zwar so, wie sie sind, anstatt sie nur dafür zu missbrauchen, sich selbst gut zuzureden. Man lernt, das Leben im Sinne von George Orwell zu schätzen, der Anfang 1946 auf einem Streifzug durch das vom Krieg gezeichnete London die Turmfalken beobachtete, die über den trostlosen Schatten der Gaswerke nach Beute Ausschau hielten, oder die Kaulquappen, die im Abwassergraben neben der Straße tanzten, und der später über dieses Erlebnis schrieb: »Der Frühling ist da, sogar in London N1, und sie können einen nicht davon abhalten, ihn zu genießen.«[5]

Die durchschnittliche menschliche Lebensspanne ist absurd, erschreckend, beleidigend kurz. Aber das ist kein Grund zu permanenter Verzweiflung oder für panische Vorsätze, unbedingt das meiste aus dieser begrenzten Zeit zu machen. Es ist ein Grund für Erleichterung. Man darf aufgeben, was schon immer unmöglich war: der optimierte, unendlich fähige, emotional unangreifbare, vollkommen autarke Mensch zu werden, der man offiziell zu sein hat. Und in dem Moment kann man die Ärmel hochkrempeln und anfangen, an dem zu arbeiten, was wundervollerweise eben doch möglich ist.

Zehn Tipps für den Umgang mit der eigenen Endlichkeit

In diesem Buch plädiere ich dafür, die Wahrheit über unsere begrenzte Zeit und die begrenzte Kontrolle über diese Zeit zu akzeptieren – nicht nur, weil es die Wahrheit ist und man sich ihr stellen sollte, sondern auch, weil man daraus Kraft schöpfen kann. Wenn man sich mehr auf die Realität einlässt, wie sie tatsächlich ist, kann man mehr von dem erreichen, was wichtig ist, und sich dabei erfüllter fühlen. Zusätzlich zu den Anregungen im Text folgen nun zehn weitere Techniken, wie man diese Philosophie der Begrenzung im Alltag umsetzen kann.

1. Definieren Sie den Umfang Ihrer Produktivität

Viele Ratschläge zum Erledigen von Dingen versprechen implizit, dass sie dabei helfen, *alles* Wichtige zu erledigen – doch das ist unmöglich, und wenn man sich darum bemüht, hat man nur noch mehr zu tun (siehe Kapitel 2). Besser, man geht davon aus, dass schwierige Entscheidungen unvermeidlich sind, und konzentriert sich darauf, sie bewusst und gut zu treffen. Jede Strategie zur Begrenzung der laufenden

Arbeit ist hier hilfreich (Kapitel 4), aber die vielleicht einfachste ist, zwei Aufgabenlisten zu führen, eine »offene« und eine »geschlossene«. Auf die offene Liste gehört alles, was zu tun ist, und sie wird zweifellos albtraumhaft lang. Zum Glück ist es nicht Ihre Aufgabe, sie abzuarbeiten: Übertragen Sie stattdessen Aufgaben aus der offenen Liste in die geschlossene, eine Liste mit einer festen Anzahl von Einträgen, maximal zehn. Es gilt die Regel, dass Sie keine neue Aufgabe hinzufügen können, bevor nicht eine andere erledigt ist. (Möglicherweise benötigen Sie noch eine dritte Liste für Aufgaben, die in der Warteschleife liegen, bis sich jemand anderes bei Ihnen meldet.) Sie werden nie alle Aufgaben auf der offenen Liste abarbeiten können – aber das würden Sie sowieso nie schaffen, und auf diese Weise werden Sie zumindest viele Dinge erledigen, die Ihnen wirklich am Herzen liegen.

Eine ergänzende Strategie besteht darin, für Ihre tägliche Arbeit feste *Zeitgrenzen* festzulegen. Soweit es Ihre Arbeitssituation zulässt, sollten Sie im Voraus entscheiden, wie viel Zeit Sie der Arbeit widmen werden – beispielsweise könnten Sie sich vornehmen, um 8:30 Uhr mit der Arbeit zu beginnen und sie spätestens um 17:30 Uhr zu beenden –, und dann alle anderen zeitbezogenen Entscheidungen im Lichte dieser vorab definierten Grenzen treffen. »Sie können eine beliebige Anzahl von Stunden mit dem füllen, was Sie als produktive Arbeit empfinden«, schreibt Cal Newport, der diesen Ansatz in seinem Buch *Konzentriert arbeiten* erforscht. »Wenn Ihr primäres Ziel jedoch darin besteht, zu tun, was nötig ist, damit Sie um 17:30 Uhr fertig sind, werden Sie sich der Einschränkungen Ihrer Zeit bewusst und sind motivierter, sie sinnvoll zu nutzen.«[1]

2. Eins nach dem anderen

Nach derselben Logik sollten Sie sich jeweils auf ein großes Projekt *konzentrieren* (oder höchstens ein Arbeitsprojekt und ein Nicht-Arbeitsprojekt) und es zu Ende bringen, bevor Sie sich dem nächsten Projekt zuwenden. Es ist zwar verlockend zu versuchen, die Angst vor zu vielen Aufgaben oder Ambitionen dadurch zu lindern, dass man alles zugleich in Angriff nimmt, doch auf diese Weise werden Sie kaum Fortschritte machen; üben Sie sich stattdessen darin, diese Angst schrittweise besser zu ertragen, indem Sie bewusst alles aufschieben, was Sie können, außer eben einer Sache. Bald wird die Genugtuung über den Abschluss wichtiger Projekte die Angst wettmachen – und da Sie immer mehr davon zu Ende bringen, haben Sie ohnehin weniger Grund zur Sorge. Natürlich wird es nicht möglich sein, alles zu vertagen – Sie können nicht aufhören, Rechnungen zu bezahlen, E-Mails zu beantworten oder die Kinder zur Schule zu bringen –, aber diese Vorgehensweise sorgt zumindest dafür, dass Sie Ihre wirklich wichtigen, großen Projekte in Angriff nehmen und sich nicht mit Zweitrangigem aufhalten, um Ihre Angst zu lindern.

3. Entscheiden Sie im Voraus, wo Sie scheitern

Es ist unvermeidlich, dass Sie in bestimmten Bereichen zu wenig leisten, einfach weil Ihre Zeit und Energie begrenzt sind. Doch der große Vorteil von *strategischer* Minderleistung – also dass Sie im Voraus ganze Lebensbereiche benennen, in denen Sie keine Spitzenleistungen erbringen werden – besteht darin, dass Sie Ihre Zeit und Energie effizienter einsetzen. Ist die Möglichkeit des Scheiterns von vornherein einkalkuliert, wird Sie dessen Eintreten nicht aus der Ruhe bringen. »Wenn Sie nicht alles schaffen, schämen Sie sich und geben auf«, sagt der Autor Jon Acuff. Aber wenn Sie »im Voraus entscheiden, welche Dinge Sie in den Wind schreiben wollen … nehmen Sie sich das Schamgefühl«. Ein ungepflegter Rasen oder eine nicht aufgeräumte Küche sind weniger beunruhigend, wenn man »Rasenpflege« oder »Ordnung in der Küche« als Ziele ausgewählt hat, denen man null Energie widmen möchte.

Ob Sie nun Ihre Projekte hübsch nacheinander angehen oder ein Scheitern einplanen – es gibt dennoch vieles, was Sie nicht unter den Tisch fallen lassen können, wenn Sie Ihren Lebensunterhalt verdienen, gesund bleiben oder ein zuverlässiger Partner und Elternteil sein wollen. Aber selbst in diesen wichtigen Bereichen gibt es Möglichkeiten, *zyklisch zu versagen:* Sie können sich zum Beispiel vornehmen, in den nächsten zwei Monaten bei der Arbeit nur das Nötigste zu tun, während Sie sich auf Ihre Kinder konzentrieren, oder Sie können Ihre Fitnessziele vorübergehend aufgeben, während Sie sich dem Wahlkampf widmen. Anschließend richten Sie Ihre Energie auf das, was Sie vernachlässigt haben. Auf diese Weise ersetzen Sie das Streben nach einer »Work-Life-Balance« durch eine bewusste Form des Ungleichgewichts, die von der Zuversicht getragen wird, dass die Rollen, in denen Sie momentan zu wenig leisten, bald wieder ins Rampenlicht rücken werden.

4. Richten Sie Ihr Augenmerk auf das, was Sie bereits erledigt haben, und nicht nur darauf, was noch zu erledigen ist

Da das Bestreben, alles zu erledigen, per Definition endlos ist (Kapitel 2), kann man leicht verzagen und sich selbst Vorwürfe machen: Man fühlt sich erst dann gut, wenn alles erledigt ist – das ist freilich nie der Fall, also kann man sich auch nie gut fühlen. Das Problem liegt zum Teil in der wenig hilfreichen Annahme, dass man jeden Morgen mit einer Art »Produktivitätsschuld« beginnt, die man durch harte Arbeit abtragen muss, in der Hoffnung, dass man am Abend einen Nullsaldo erreicht. *Führen Sie als Gegenstrategie eine »Erledigt-Liste«,* die am Morgen zunächst leer ist und die Sie dann nach und nach mit allem füllen, was Sie im Laufe des Tages bewältigen. Jeder Eintrag ist eine weitere aufmunternde Erinnerung daran, dass Sie den Tag damit hätten verbringen können, nichts auch nur im Entferntesten Konstruktives zu tun – und schauen Sie, was Sie stattdessen getan haben! (Wenn Sie sich in einer ernsthaften psychischen Krise befinden, legen Sie die Messlatte für das, was als Leistung zählt, niedriger: Es braucht ja niemand zu erfahren, dass Sie »Zähne geputzt« oder »Kaffee gekocht« auf die Liste gesetzt haben.) Dies ist jedoch keine bloße Trostübung: Es gibt überzeugende Belege für die motivierende Wirkung von »kleinen Erfolgen«. Die wahrscheinliche Folge davon, dass Sie Ihre kleinen Erfolge auf diese Weise würdigen, ist also, dass Sie mehr davon erreichen – und obendrein weniger kleine Erfolge.

5. Bündeln Sie Ihr Engagement

Die sozialen Medien sind eine riesige Maschine, die uns dazu verführt, unsere Zeit mit den falschen Dingen zu verbringen (Kapitel 5). Gleichzeitig sind sie aber auch eine Maschine, die uns dazu bringt, uns um *viel zu viele Dinge* zu sorgen, selbst wenn diese unbestreitbar sinnvoll sind. Heutzutage sind wir einem nicht enden wollenden Strom von Grausamkeiten und Ungerechtigkeiten ausgesetzt, von denen jede einzelne vielleicht einen berechtigten Anspruch auf unsere Zeit und unsere wohltätigen Spenden hat, die aber in ihrer Gesamtheit mehr sind, als ein einzelner Mensch jemals wirksam angehen könnte. (Schlimmer noch: Die Logik der Aufmerksamkeitsökonomie zwingt Kampagnenmacher dazu, jede Krise, die sie in den Blick rücken, als absolut vorrangig darzustellen. Keine moderne Fundraising-Organisation würde im Traum daran denken, ihr Anliegen als viert- oder fünftwichtigstes Problem darzustellen.)

Sobald man die hier wirkenden Mechanismen erkannt hat, fällt es einem leichter, sich seine Engagements in Wohltätigkeit, Vereinsleben und Politik bewusst auszusuchen: zu entscheiden, dass man seine Freizeit in den nächsten Jahren damit verbringt, Lobbyarbeit für eine Gefängnisreform zu leisten und in einer örtlichen Essensausgabe zu helfen – nicht, weil Brände im Amazonasgebiet oder das Schicksal von Flüchtlingen keine Rolle spielen, sondern weil man begriffen hat, dass man seine begrenzten Kapazitäten für persönliches Engagement bündeln muss, um etwas zu bewirken.

6. Nutzen Sie langweilige und einseitige Technologien

Digitale Ablenkungen sind deshalb so verführerisch, weil sie eine Fluchtmöglichkeit in ein Reich zu bieten scheinen, in dem die lästigen menschlichen Beschränkungen nicht gelten: Anders als bei wichtiger Arbeit braucht man sich dort nie zu langweilen oder in seiner Handlungsfreiheit eingeschränkt zu fühlen (Kapitel 6). Sie können dieses Problem jedoch bekämpfen, indem Sie Ihre Geräte so langweilig wie möglich machen – erstens, indem Sie Apps für soziale Medien und sogar E-Mails entfernen (wenn Sie sich trauen), und zweitens, indem Sie den Bildschirm von farbig auf schwarz-weiß umstellen. (Derzeit findet sich diese Option auf dem iPhone unter Einstellungen > Eingabehilfen > Eingabehilfen-Verknüpfung > Farbfilter). »Die Umstellung auf Graustufen macht mich nicht plötzlich zu einem anderen Menschen, aber ich habe mehr Kontrolle über mein Telefon, das jetzt wie ein Werkzeug und nicht mehr wie ein Spielzeug aussieht«, schreibt die Technikjournalistin Nellie Bowles in der *New York Times.* Außerdem sollte man nach Möglichkeit Geräte wählen, die nur einem einzigen Zweck dienen, wie etwa den Kindle-Reader, auf dem es mühsam und umständlich ist, etwas anderes zu tun, als zu lesen. Wenn Musikstreaming und soziale Medien nur einen Klick oder eine Wischbewegung entfernt lauern, ist es unmöglich, ihnen zu widerstehen, wenn bei der Tätigkeit, auf die man sich zu konzentrieren versucht, der erste Anflug von Langeweile oder gar ein Problem auftritt.

7. Suchen Sie Neues im Alltäglichen

Offenbar gibt es eine Möglichkeit, das lähmende Gefühl, dass sich die Zeit mit zunehmendem Alter beschleunigt, zu mildern oder sogar umzukehren: Je weniger Wochen uns noch bleiben, desto schneller scheinen wir sie zu verlieren (Einleitung). Die wahrscheinlichste Erklärung für dieses Phänomen ist, dass unser Gehirn das Verstreichen der Jahre danach bemisst, wie viele Informationen wir in einem bestimmten Zeitraum verarbeiten. Die Kindheit ist mit einer Fülle neuer Erfahrungen verbunden, sodass wir sie als ewig in Erinnerung behalten; wenn wir jedoch älter werden, wird das Leben routinierter – wir bleiben an denselben wenigen Wohnorten, denselben wenigen Beziehungen und Arbeitsplätzen hängen –, und die Neuartigkeit nimmt ab. »Mit jedem weiteren Jahr, das Erfahrungen […] in automatische Routine verwandelt, glätten sich die Tage und Wochen in der Erinnerung zu inhaltslosen Einheiten, und die Jahre bleiben stehen und fallen in sich zusammen«, schrieb William James.

Der Standardratschlag, um dem entgegenzuwirken, lautet, das Leben mit neuen Erfahrungen vollzustopfen, und das funktioniert auch. Dadurch kann sich aber ein anderes Problem verschlimmern: die »existenzielle Überforderung« (Kapitel 2). Außerdem ist das Ganze in der Praxis oft schwer umsetzbar. Wenn Sie einen Job oder Kinder haben, wird ein Großteil Ihres Lebens zwangsläufig etwas routinemäßig ablaufen, und die Gelegenheiten für Reisen zu exotischen Fernzielen sind möglicherweise begrenzt. Eine Alternative, erklärt Shinzen Young, bestehe darin, jedem noch so alltäglichen Moment *mehr Aufmerksamkeit* zu schenken: Neuartigkeit findet man nicht, indem man radikal andere

Dinge tut, sondern indem man noch tiefer in das Leben eintaucht, das man bereits hat. Erleben Sie das Leben mit doppelter Intensität, und »Ihre Lebenserfahrung wird *doppelt so erfüllend* sein wie jetzt« – und jeder Lebensabschnitt wird dann als doppelt so lang in Erinnerung bleiben. Meditation hilft hier. Das gilt aber auch für ungeplante Spaziergänge, um zu sehen, wohin sie führen, für einen anderen Weg zur Arbeit, für die Fotografie, die Vogelbeobachtung, das Zeichnen in der Natur, das Führen eines Tagebuchs oder das »Ich sehe was, das du nicht siehst«-Spiel mit einem Kind: alles, was Ihre Aufmerksamkeit stärker auf das lenkt, was Sie im Hier und Jetzt tun.

8. Werden Sie zum »Beziehungsforscher«

Der Wunsch, den Ablauf der eigenen Zeit zuverlässig zu kontrollieren, verursacht zahlreiche Probleme in Beziehungen, wo er sich nicht nur in offenem »Kontrollverhalten« äußert, sondern auch in Bindungsangst, der Unfähigkeit zuzuhören, Langeweile und dem Wunsch nach so viel persönlicher Souveränität über die eigene Zeit, dass man bereichernde Gemeinschaftserlebnisse verpasst (Kapitel 12). Ein brauchbarer Ansatz, um sich hier etwas zu lockern, stammt von dem Vorschulpädagogen Tom Hobson, obwohl er, wie dieser betont, keineswegs auf Interaktionen mit kleinen Kindern beschränkt ist: Versuchen Sie, in schwierigen oder langweiligen Augenblicken bewusst eine Haltung der Neugier einzunehmen, bei welcher Ihr Ziel nicht darin besteht, ein bestimmtes Ergebnis zu erzielen oder Ihren Standpunkt vollständig zu erklären, sondern, wie Hobson es ausdrückt, »herauszufinden, wer dieser Mensch ist, mit dem wir zusammen sind«. Neugier ist eine Haltung, die sich gut für die inhärente Unberechenbarkeit des Lebens mit anderen eignet, weil sie stets befriedigt wird, wenn diese sich auf die eine oder andere Weise verhalten – wohingegen die Haltung, ein bestimmtes Ergebnis zu erwarten, jedes Mal frustriert, wenn die Dinge nicht so laufen, wie man es will.

Sie könnten sogar versuchen, diese Haltung gegenüber allem und jedem einzunehmen, wie die Selbsthilfeautorin Susan Jeffers in ihrem Buch *Embracing Uncertainty* vorschlägt. Nicht zu wissen, was als Nächstes kommt – und das ist die Situation, in der Sie sich im Hinblick auf die Zukunft immer befinden –, ist eine ideale Gelegenheit, die Neugier (die *Frage*, was als Nächstes passieren könnte) der Sorge (die *Hoffnung,* dass eine bestimmte Sache als Nächstes passiert, und die Befürchtung, dass es nicht passieren könnte) vorzuziehen, wann immer Sie können.

9. Seien Sie spontan großzügig

Ich arbeite definitiv noch an der Lebenseinstellung, die der Meditationslehrer Joseph Goldstein vorschlägt (und praktiziert): Wann immer man einen großzügigen Impuls verspürt – Geld zu spenden, sich bei einem Freund zu melden, eine E-Mail zu schreiben, in der man jemandes Arbeit lobt –, sollte man diesem Impuls *sofort nachgeben,* anstatt es auf später zu verschieben. Wenn wir einem solchen Drang nicht nachgeben, geschieht das selten aus Boshaftigkeit oder weil wir Zweifel daran hegen, dass der potenzielle Empfänger es verdient hat. Weit häufiger liegt es an einer Haltung, die in unserem Bestreben gründet, die Kontrolle über unsere Zeit zu behalten. Wir reden uns ein, dass wir uns der Sache zuwenden werden, wenn unsere dringende Arbeit erledigt ist oder wir genug Freizeit haben, um sie wirklich gut zu erledigen; oder dass wir erst etwas länger nach den besten Empfängern für unsere wohltätigen Spenden recherchieren sollten, bevor wir eine Spende tätigen, und so weiter und so fort. Doch die einzigen Spenden, die zählen, sind die, die man tatsächlich tätigt. Und auch wenn Ihr Kollege ein nett formuliertes Lob vielleicht mehr zu schätzen weiß als ein hastig formuliertes, so ist Letzteres doch weitaus besser als das, was wirklich passieren wird, wenn Sie es aufschieben, nämlich dass Sie nie dazu kommen, diese Nachricht zu senden. Das Ganze erfordert eine gewisse Anstrengung, doch dafür wird, wie Goldstein feststellt, das eigene Ego unmittelbar belohnt, denn großzügige Handlungen führen zuverlässig dazu, dass man sich viel glücklicher fühlt.

10. Üben Sie sich im Nichtstun

»Ich habe entdeckt, dass das ganze Unglück der Menschen von einer einzigen Tatsache herrührt: dass sie nicht ruhig in ihrer eigenen Kammer bleiben können«, schrieb Blaise Pascal. Wenn es darum geht, die 4000 Wochen gut zu nutzen, ist die Fähigkeit zum Nichtstun unverzichtbar, denn wenn man das Unbehagen darüber, nicht zu handeln, nicht ertragen kann, ist die Wahrscheinlichkeit wesentlich höher, dass man schlechte Entscheidungen für seine Zeit trifft, nur um sich als Handelnder zu fühlen – Entscheidungen wie der stressige Versuch, Aktivitäten zu beschleunigen, die sich nicht beschleunigen lassen (Kapitel 10), oder das Gefühl, jeden Moment damit verbringen zu müssen, im Dienste zukünftiger Ziele produktiv zu sein, wodurch die Befriedigung auf einen Zeitpunkt verschoben wird, der niemals eintritt (Kapitel 8).

Technisch gesehen ist es unmöglich, überhaupt nichts zu tun: Solange Sie am Leben sind, atmen Sie ständig, nehmen irgendeine Körperhaltung ein und so weiter. Sich darin zu üben, »nichts zu tun«, bedeutet also in Wahrheit, dem Drang zu widerstehen, die eigene Erfahrung oder die Menschen und Dinge in seiner Umgebung zu manipulieren – die Dinge so sein zu lassen, wie sie sind. Young lehrt eine »Nichtstun-Meditation«, bei der die Anweisungen darin bestehen, sich einfach einen Wecker zu stellen (anfangs wahrscheinlich nur auf fünf oder zehn Minuten), sich auf einen Stuhl zu setzen und dann nicht mehr zu versuchen, *etwas* zu tun. Jedes Mal, wenn Sie bemerken, dass Sie etwas tun – auch wenn Sie denken oder sich auf Ihre Atmung konzentrieren oder sonst etwas –, hören Sie damit auf. (Wenn Sie bemerken, dass Sie sich innerlich dafür kritisieren, dass Sie etwas tun, dann denken Sie ebenfalls, also hören Sie auch damit auf.) Hören Sie so lange auf, bis der Wecker abgelaufen ist. »Nichts ist schwieriger zu tun als nichts«, sagt die Autorin und Künstlerin Jenny Odell. Darin besser zu werden bedeutet jedoch, die eigene Autonomie wiederzuerlangen – sich nicht mehr von dem Versuch leiten zu lassen, der Realität im Hier und Jetzt auszuweichen, sich zu beruhigen und bessere Entscheidungen für das kurze Leben zu treffen, das einem zur Verfügung steht.

Dank

Dieses Buch hat seine Zeit gebraucht. Ich bin all denen, die das zugelassen und es im Entstehungsprozess auf unterschiedliche, wertvolle Weise begleitet haben, zutiefst dankbar. Und ich verzeihe hiermit sämtlichen Freunden, die nicht müde wurden zu betonen, wie lustig sie es fanden, dass ein Buch über die Endlichkeit so viel Zeit brauchte (und ja, ein bisschen lustig fand ich es auch, jedenfalls die ersten drei, vier Male …).

Dieses Projekt wäre ohne meine außergewöhnliche Agentin Tina Bennett unter Garantie im Sande verlaufen. Ich danke ihr nicht nur für ihren professionellen Rat und die Unerschütterlichkeit, mit der sie hinter mir stand, sondern auch für viele der Einsichten, die in dem Buch verhandelt werden. Ich hatte außerdem das große Glück, mit Tracy Fisher von der Agentur *WME* zusammenarbeiten zu dürfen, sowie mit ihrer Londoner Kollegin Matilda Forbes Watson. Unter den zahlreichen Menschen von *Farar, Straus and Giroux,* denen ich Dank schulde, möchte ich hier besonders meinen Lektor Eric Chinski erwähnen, der (außer dass er eine enorme Geduld an den Tag legte) meinen Text unglaublich verbessert und mich immer wieder motiviert hat, meine Ideen klarer zum Ausdruck zu bringen;

aber auch Julia Ringo, die die fummeligen späteren Phasen des Lektorats mit so viel Sachverstand bewältigt hat. Dank auch an Lottchen Shivers und ihre Kolleginnen und Kollegen aus der Werbeabteilung sowie an Judy Kiviat, Maureen Klier, Christine Paik und Chris Peterson. Stuart Williams von *The Bodley Head* steuerte während des Lektorats überaus wertvolle Anmerkungen bei. Dass sie alle dem Buch trotz der Schul- und Büroschließungen während der Coronapandemie so viel Zeit und Aufmerksamkeit schenkten, erfüllt mich mit großer Dankbarkeit.

Mit einigen der Themen, die hier diskutiert werden, habe ich mich zunächst in anderen Zusammenhängen beschäftigt, in denen ich mit so talentierten Menschen zusammenarbeiten durfte wie Melissa Denes, Paul Laity, Ruth Lewy, Jonathan Shainin und David Wolf von *The Guardian;* mit Zan Boag von der Zeitschrift *New Philosopher;* und mit Peter McManus von der *BBC.* Die Gespräche mit Lila Cecil, Jon Krop, Robin Parmiter und Rachel Sherman haben wesentlich dazu beigetragen, dass diese Ideen die Form eines Buches annehmen konnten. Die folgenden Menschen unterstützten mich im Laufe meiner Recherche großzügig mit ihrer Klugheit: Jessica Abel, Jim Benson, Stephanie Brown, Carl Cederström, James Hollis, Derrick Jensen, der inzwischen verstorbene Robert Levine, Geoff Lye, Antina von Schnitzler, María Martinón Torres, Jennifer Roberts, Michael Taft, Rebecca Wragg Sykes und Shinzen Young. Ashley Tuttle stellte mir im entscheidenden Moment einen wundervollen Arbeitsplatz zur Verfügung, und ich hatte das große Glück, den Rest des Buches im Co-Working-Space *Brooklyn Creative League* zu Ende schreiben zu dürfen, wo Neil Carlson und Erin Carney eine herzliche, unterstützende Bürogemeinschaft gegründet haben. Sehr dankbar bin ich auch Kenneth Folk und Maxson McDowell für ihre Freundschaft und die guten Gespräche.

Während ich dieses Buch geschrieben habe, habe ich eine zeitliche Schwelle überschritten: Ich kenne Emma Brockes nun schon länger, als dass ich sie nicht kenne. Ich bin sehr froh darüber, und auch darüber, dass nun auch unsere Kinder befreundet sind. Viele Gespräche mit ihr – unter anderem welche, in denen sie mich von metaphorischen Felsvorsprüngen wegargumentierte – sind in dieses Buch eingegangen. Zutiefst dankbar bin ich außerdem meinen Eltern Steven Burkeman und Jane Gibbins, meinen Freunden aus York, meiner Schwester Hannah mit Alton, Layla und Ethan; außerdem Jeremy, Julia, Mari und Merope Mills und June Chaplin sowie der Crawford-Montandon-Familie.

Um Heather Chaplins Rolle in meinem Leben zu beschreiben, reichen ein paar Sätze nicht aus, aber ich möchte trotzdem erwähnen, wie dankbar ich für ihre Liebe, ihre Partnerschaft, ihren Humor und ihre Ehrlichkeit bin – und für die vielen Opfer, die sie für dieses Buch gebracht hat. Unser Sohn Rowan wurde geboren, nicht lange, nachdem ich begonnen hatte, daran zu arbeiten. Die Behauptung, dass dieses Ereignis dazu beigetragen hätte, seine Fertigstellung zu beschleunigen, wäre, gelinde gesagt, nicht ganz richtig, aber die alles verändernde Erfahrung, Rowan kennenzulernen, ist aus dem Buch mit Sicherheit herauszulesen. Euch beiden gilt meine grenzenlose Liebe.

Meine geliebte Großmutter Erica Burkeman, deren Kindheitsflucht aus Nazideutschland ich im 7. Kapitel beschrieben habe, starb im Jahr 2019 im Alter von 96 Jahren. Ich weiß nicht, ob sie dieses Buch gelesen hätte, aber sie hätte unter Garantie jedem, dem sie begegnet wäre, erzählt, dass ich es geschrieben habe.

Anmerkungen

Einleitung: Am Ende sind wir alle tot

1 Zwei Jahrzehnte nach dem Tod von Jeanne Calment stellten zwei russische Forscher die verblüffende Behauptung auf, dass »Jeanne« in Wirklichkeit Yvonne, Jeannes Tochter, war, die nach dem Tod ihrer Mutter Jahre zuvor deren Identität angenommen hatte. Den endgültigen Bericht über die Kontroverse – die inzwischen weitgehend zugunsten der ursprünglichen Version der Ereignisse entschieden wurde – findet man in: Lauren Collins, »Living Proof«, *New Yorker,* 17. und 24. Februar 2020.

2 Siehe etwa: Bryan Hughes und Siegfried Hekimi, »Many Possible Maximum Lifestyle Trajectories«, *Nature* 546 (2017), E8-E9.

3 Seneca, »De Brevitate Vitae«, in: Seneca, *Das Leben ist kurz,* Ditzingen: Reclam 2020, S. 7.

4 Thomas Nagel, »The Absurd«, *Journal of Philosophy* 68 (1971), S. 716–727.

5 Siehe Jonathan Gershuny, »Busyness as the Badge of Honor for the New Superordinate Working Class«, *Social Research* 72 (2005), S. 287–315.

6 Anina Vercruyssen u.a., »The Effect of Busyness on Survey Participation: Being Too Busy or Feeling Too Busy to Cooperate?«, *International Journal of Social Research Methodology* 17 (2014), S. 357–371.

7 Siehe James Williams, *Stand Out of Our Light: Freedom and Resistance in the Attention Economy* (Cambridge: Cambridge University Press, 2018).

8 Fredrick Matzner, zitiert in Matt Simon, »Why Life During a Pandemic Feels So Surreal«, *Wired,* 31. März 2020, verfügbar

unter www.wired.com/story/why-life-during-a-pandemic-feels-so-surreal/.

9 Edward T. Hall, *The Dance of Life: The Other Dimension of Time* (New York: Anchor, 1983), S. 84.

10 Malcolm Harris, *Kids These Days: The Making of Millennials* (New York: Back Bay Books, 2018), S. 76.

11 David Allen, *Getting Things Done: The Art of Stress-Free Productivity* (New York: Penguin, 2015), S. 3, 11. Deutsche Ausgabe: *Wie ich die Dinge geregelt kriege – Selbstmanagement für den Alltag* (München: Piper, 2007).

12 John Maynard Keynes, »Economic Possibilities for Our Grandchildren« (1930), Download von www.econ.yale.edu/smith/econ116a/keynes1.pdf. Deutsche Fundstelle z.B.: https://kritisches-netzwerk.de/sites/default/files/John_Maynard_Keynes_Wirtschaftliche_Moeglichkeiten_fuer_unsere_Enkelkinder_1928.pdf.

13 Charles Eisenstein, *The More Beautiful World Our Hearts Know Is Possible* (Berkeley, CA: North Atlantic Books, 2013), S. 2.

14 Marilynne Robinson, *The Givenness of Things: Essays* (New York: Farrar, Straus and Giroux, 2015), S. 4.

1 Die Begrenztheit des Lebens akzeptieren

1 Siehe Ángel Sánchez-Crespo, »Killer in the Rye: St. Anthony's Fire«, *National Geographic,* 27. November 2018, verfügbar unter www.nationalgeographic.com/history/magazine/2018/11–12/ergotism-infections-medieval-europe/.

2 Lewis Mumford, *Technics and Civilization* (Chicago: University of Chicago Press, 2010), S. 15.

3 E.P. Thompson, »Time, Work-Discipline, and Industrial Capitalism«, *Past and Present* 38 (1967), S. 81.

4 Richard Rohr, »Living in Deep Time«, *On Being*-Podcast, verfügbar unter https://soundcloud.com/onbeing/richard-rohr-living-in-deep-time.

5 Gary Eberle, *Sacred Time and the Search for Meaning* (Boston: Shambhala, 2002), S. 7.

6 Ebenda, S. 8.

7 C.G. Jung mit Anelia Jaffé, *Erinnerungen, Träume, Gedanken* (Zürich und Düsseldorf: Walter Verlag, 1962), S. 259.

8 Thompson, »Time, Work-Discipline, and Industrial Capitalism«, S. 81. Ich habe die Schreibweise hier modernisiert.

9 Friedrich Nietzsche, *Die fröhliche Wissenschaft* (Leipzig: Verlag

E.W. Fritzsch, 1887), http://www.nietzschesource.org/#eKGWB/FW.

10 Es handelt sich um *Master Your Time, Master Your Life: The Breakthrough System to Get More Results, Faster, in Every Area of Your Life* von Brian Tracy (New York: TarcherPerigee, 2016).

11 Mumford, *Technics and Civilization,* S. 14.

12 Bruce Tift, *Already Free: Buddhism Meets Psychotherapy on the Path of Liberation* (Boulder: Sounds True, 2015), S. 152.

13 Friedrich Nietzsche, *Unzeitgemäße Betrachtungen* (Schloss-Chemnitz: Ernst Schmeitzner, 1874), S. 55.

14 Richard Bach, *Illusions: The Adventures of a Reluctant Messiah* (New York: Delta, 1998), S. 48.

15 Morten Svenstrup, *Towards a New Time Culture,* übers. v. Peter Holm-Jensen (Kopenhagen: Autor, 2013), S. 8; siehe auch: https://www.academia.edu/5476409/Towards_a_New_Time_Culture_Conceptual_and_Perceptual_Tools.

16 Anne Helen Petersen, »How Millennials Became the Burnout Generation«, *BuzzFeed,* 5. Januar 2019, abrufbar unter: www.buzzfeednews.com/article/annehelenpetersen/millennials-burnout-generation-debt-work.

17 Charles Garfield Lott Du Cann, *Teach Yourself to Live* (London: Teach Yourself, 2017), loc. 107 von 2101, Kindle.

2 Die Effizienzfalle

1 Zu den Wechselwirkungen zwischen »Zeitarmut« und wirtschaftlicher Armut siehe beispielsweise Andrew S. Harvey und Arun K. Mukhopadhyay, »When Twenty-Four Hours Is Not Enough: Time Poverty of Working Parents«, *Social Indicators Research* 82 (2007), S. 57–77. Das Empfinden von (und die Klagen über) Vielbeschäftigung ist bei den Besserverdienenden allerdings noch stärker ausgeprägt: Siehe Daniel Hammermesh, *Spending Time: The Most Valuable Resource* (New York: Oxford University Press, 2018).

2 Daniel Markovits, »How Life Became an Endless, Terrible Competition«, *The Atlantic,* September 2019, abrufbar unter: www.theatlantic.com/magazine/archive/2019/09/meritocracys-miserable-winners/594760/.

3 Sämtliche Zitate aus diesem Werk sind der unpaginierten Transkription von *Project Gutenberg* entnommen, verfügbar unter: www.gutenberg.org/files/2274/2274-h/2274-h.htm.

4 Ruth Schwartz Cowan, »The Invention of Housework: The Early

Stages of Industrialization«, in: *More Work for Mother: The Ironies of Household Technology from the Open Hearth to the Microwave* (London: Free Association, 1989), S. 40–68.

5 C. Northcote Parkinson, »Parkinson's Law«, *The Economist*, 19. November 1955, verfügbar unter: www.economist.com/news/1955/11/19/parkinsons-law.

6 Hartmut Rosa, *Social Acceleration: A New Theory of Modernity*, übers. v. Jonathan Trejo-Mathys (New York: Columbia University Press, 2015). Deutsche Ausgabe: *Beschleunigung: die Veränderung der Zeitstrukturen in der Moderne* (Frankfurt am Main: Suhrkamp, 2005).

7 Jonathan Trejo-Mathys, »Translator's Introduction«, in: Rosa, *Social Acceleration*, xxi.

8 Jim Benson, persönliches Gespräch.

9 Alexis Ohanian, *Without Their Permission: How the 21st Century Will Be Made, Not Managed* (New York: Business Plus, 2013), S. 159.

10 Tim Wu, »The Tyranny of Convenience«, *New York Times*, 18. Februar 2018.

11 Sylvia Keesmaat, »Musings on an Inefficient Life«, *Topology*, 16. März 2017, verfügbar unter: www.topologymagazine.org/essay/throwback/musings-on-an-inefficient-life/.

12 Ebenda.

3 Der Endlichkeit begegnen

1 Martin Heidegger, Gesamtausgabe, Bd. 2, *Sein und Zeit* (Frankfurt: Vittorio Klostermann, 1977).

2 Ebenda, S. 147.

3 Ebenda, S. 334.

4 Hierzu auch: Martin Heidegger, zitiert in Richard Polt, *Heidegger: An Introduction* (Ithaca, NY: Cornell University Press, 1999), S. 1.

5 Sarah Bakewell, *At the Existentialist Café: Freedom, Being, and Apricot Cocktails* (New York: Other Press, 2016), S. 51.

6 Zitiert in Martin Hägglund, *This Life: Secular Faith and Spiritual Freedom* (New York: Pantheon Books, 2019), S. 4.

7 Marion Coutts, *The Iceberg: A Memoir* (New York: Black Cat, 2014), loc. 23 von 3796, Kindle.

8 Richard Rohr, *Falling Upward: A Spirituality for the Two Halves of Life* (San Francisco: Jossey-Bass, 2011), S. 117.

9 Eine Paraphrase von Jack Gilberts Gedicht »A Brief for the

Defense«, erschienen in *Collected Poems* (New York: Knopf, 2014), S. 213.

10 Bruce Ballard, Rezension von »Heidegger's Moral Ontology by James Reid«, *Review of Metaphysics* 73 (2020), S. 625 f.

11 Paul Sagar, »On Going On and On and On«, *Aeon,* 3. September 2018, verfügbar unter: aeon.co/essays/theres-a-big-problem-with-immortality-it-goes-on-and-on.

12 Sämtliche Zitate von David Cain in diesem Kapitel stammen aus »Your Whole Life Is Borrowed Time«, *Raptitude,* 13. August 2018, verfügbar unter: www.raptitude.com/2018/08/your-whole-life-is-borrowed-time.

4 Gekonnt aufschieben

1 Gregg Krech, *The Art of Taking Action: Lessons from Japanese Psychology* (Monkton, VT: ToDo Institute, 2014), S. 19.

2 Stephen R. Covey, *First Things First* (New York: Free Press, 1996), S. 88. Deutsche Ausgabe: *Der Weg zum Wesentlichen* (Frankfurt: Campus, 1994).

3 Die Zitate von Jessica Abel stammen aus »How to Escape Panic Mode and Embrace Your Life-Expanding Projects«, zugänglich unter: jessicaabel.com/pay-yourself-first-life-expanding-projects/.

4 Jim Benson und Tonianne DeMaria Barry, *Personal Kanban: Mapping Work, Navigating Life* (Scotts Valley, CA: CreateSpace, 2011), S. 39. *Personal Kanban: Planung von Aufgaben, Projekten und Terminen mit dem Kanban-Board* (Heidelberg: dpunkt.verlag, 2013).

5 Die Geschichte über die angeblichen Ursprünge dieser Story und Buffetts Kommentar, dass er sich an nichts dergleichen erinnern könne, ist nachzulesen in Ruth Umoh, »The Surprising Lesson This 25-Year-Old Learned from Asking Warren Buffett an Embarrassing Question«, CNBC, *Make It*, 5. Juni 2018, verfügbar unter: www.cnbc.com/2018/06/05/warren-buffetts-answer-to-this-question-taught-alex-banayan-a-lesson.html.

6 Elizabeth Gilbert schreibt diesen Satz »einer klugen älteren Frau« zu, in einem Facebook-Post vom 4. November 2015, abrufbar unter: www.facebook.com/GilbertLiz/posts/how-many-times-in-your-life-have-you-needed-to-say-thisand-do-you-need-to-say-it/915704835178299/.

7 Costica Bradatan, »Why Do Anything? A Meditation on Procrastination«, *New York Times,* 18. September 2016.

8 Neben den Originalbriefen, wiedergegeben in *Letters to Felice*,

Hg. Erich Heller und Jürgen Born (New York: Schocken, 1973), stützt sich meine Darstellung von Kafkas Beziehung zu Felice Bauer auf Eleanor Bass, »Kafka Was a Terrible Boyfriend«, *Lit-Hub,* 14. Februar 2018, verfügbar unter: lithub.com/kafka-was-a-terrible-boyfriend; und Rafia Zakaria, »Franz Kafka's Virtual Romance: A Love Affair by Letters as Unreal as Online Dating«, *The Guardian books blog,* 12. August 2016, verfügbar unter: www.theguardian.com/books/booksblog/2016/aug/12/franz-kafkas-virtual-world-romance-felice-bauer.

9 Deutsche Fundstelle: https://www.kafka-prag.de/franz-kafka/kafka-und-die-frauen/felice-bauer.

10 Morris Dickstein, »A Record of Kafka's Love for a Girl and Hate for Himself«, *New York Times,* 30. September 1973.

11 Henri Bergson, *Time and Free Will: An Essay on the Immediate Data of Consciousness,* übers. v. F. L. Pogson (Mineola, NY: Dover, 2001), S. 9. Erstveröffentlichung als *Essai sur les données immédiates de la conscience* (Paris, 1889); aktuelle deutsche Ausgabe: *Zeit und Freiheit* (Hamburg: Felix Meiner Verlag, 2006).

12 Bergson, *Time and Free Will,* S. 10.

13 Robert E. Goodin, *On Settling* (Princeton, NJ: Princeton University Press, 2012), S. 65.

14 Daniel Gilbert und Jane Ebert, »Decisions and Revisions: The Affective Forecasting of Changeable Outcomes«, *Journal of Personality and Social Psychology* 82 (2002), S. 503–514.

5 Das Wassermelonen-Problem

1 Chelsea Marshall, James Harness und Edd Souaid, »This Is What Happens When Two BuzzFeed Employees Explode a Watermelon«, *BuzzFeed,* 8. April 2016, verfügbar unter: www.buzzfeed.com/chelseamarshall/watermelon-explosion.

2 »In Online First, ›Exploding Watermelon‹ Takes the Cake«, *Phys.org,* 8. April 2016, verfügbar unter: phys.org/news/2016-04-online-watermelon-cake.html.

3 Tasneem Nashrulla, »We Blew Up a Watermelon and Everyone Lost Their Freaking Minds«, *BuzzFeed,* 8. April 2016, verfügbar unter www.buzzfeednews.com/article/tasneemnashrulla/we-blew-up-a-watermelon-and-everyone-lost-their-freaking-min.

4 Zitiert in Jane Porter, »You're More Biased Than You Think«, *Fast Company,* 6. Oktober 2014, verfügbar unter: www.fastcompany.com/3036627/youre-more-biased-than-you-think.

5 Seneca, *Das Leben ist kurz*, Ditzingen: Reclam 2020, S. 9.
6 Viktor Frankl, *Der Mensch auf der Suche nach Sinn* (Stuttgart: Klett, 1972). Siehe auch: … *trotzdem Ja zum Leben sagen. Drei Vorträge* (Wien: Deuticke, 1946).
7 Mary Oliver, *Upstream: Selected Essays* (New York: Penguin, 2016), loc. 166 von 1669, Kindle.
8 Zitiert in »Full Q&A: Zucked Author Roger McNamee on Recode Decode«, *Vox,* 11. Februar 2019, verfügbar unter: www.vox.com/podcasts/2019/2/11/18220779/zucked-book-roger-mcnamee-decode-kara-swisher-podcast-mark-zuckerberg-facebook-fb-sheryl-sandberg.
9 Zitiert in James Williams, *Stand Out of Our Light* (Cambridge: Cambridge University Press, 2018), S. xii.
10 T.S. Eliot, »Burnt Norton«, in: *Four Quartets* (Boston: Mariner, 1968), S. 5.
11 Zum Beispiel in Bianca Bosker, »The Binge Breaker«, *The Atlantic,* November 2016, verfügbar unter: www.theatlantic.com/magazine/archive/2016/11/the-binge-breaker/501122/.

6 Die Lust der Ablenkung

1 Meine Darstellung der Geschichte von Steve/Shinzen Young und sämtliche Zitate von Young stammen aus meinem Interview mit ihm und aus Shinzen Young, *The Science of Enlightenment: How Meditation Works* (Boulder: Sounds True, 2016).
2 Mary Oliver, *Upstream: Selected Essays*, loc. 305 von 1669, Kindle.
3 Ebenda, loc. 302.
4 Krech, *The Art of Taking Action,* S. 71.
5 Tift, *Already Free,* S. 152.
6 James Duesterberg, »Killing Time«, *The Point Magazine,* 29. März 2020, verfügbar unter: thepointmag.com/politics/killing-time/.
7 Siehe etwa John Tarrant, »You Don't Have to Know«, *Lion's Roar,* 7. März 2013, abrufbar unter: www.lionsroar.com/you-dont-have-to-know-tales-of-trauma-and-transformation-march-2013/.

7 Man hat nie wirklich Zeit

1 Douglas Hofstadter, *Gödel, Escher, Bach: An Eternal Golden Braid* (New York: Basic Books, 1999), S. 152.
2 *The Onion,* 22. September 2012, verfügbar unter: www.theonion.com/dad-suggests-arriving-at-airport-14-hours-early-1819573933.
3 David Cain, »You Never Have Time, Only Intentions«, *Raptitude,*

23. Mai 2017, verfügbar unter: www.raptitude.com/2017/05/you-never-have-time-only-intentions.

4 Blaise Pascal, *Pensées,* übers. v. W. F. Trotter (Mineola, NY: Dover, 2018), S. 49.

5 Simone de Beauvoir, *All Said and Done,* übers. v. Patrick O'Brian (New York: Putnam, 1974), S. 1. Originalausgabe: *Tout compte fait* (Paris: Gallimard, 1972); deutsch: *Alles in allem* (Reinbek: Rowohlt, 1976).

6 Stephen Mitchell, *Tao Te Ching: A New English Version* (New York: Harper Perennial Modern Classics, 2006), S. 92.

7 Zitiert in Shaila Catherine, »Planning and the Busy Mind«, Transkript verfügbar unter: www.imsb.org/teachings/written-teachings-articles-and-interviews/planning-and-the-busy-mind-2.

8 Matthäus 6,34 (Lutherbibel 2017), Fundstelle: https://www.bibleserver.com/LUT/Matth%C3%A4us6%2C34.

9 Zitiert in Bhava Ram, *Deep Yoga: Ancient Wisdom for Modern Times* (Coronado, CA: Deep Yoga, 2013), S. 76.

10 Zitiert in Catherine, »Planning and the Busy Mind«.

8 Immer schon im Hier und Jetzt

1 Steve Taylor, *Back to Sanity* (London: Hay House, 2012), S. 61.

2 Tara Brach im persönlichen Gespräch.

3 Alan Watts, »From Time to Eternity«, *Eastern Wisdom, Modern Life: Collected Talks 1960–1969* (Novato, CA: New World Library, 2006), S. 109–110.

4 Robert A. LeVine und Sarah LeVine, *Do Parents Matter? Why Japanese Babies Sleep Soundly, Mexican Siblings Don't Fight, and American Families Should Just Relax* (New York: Public Affairs, 2016), S. x.

5 Adam Gopnik, »The Parenting Paradox«, *New Yorker,* 29. Januar 2018.

6 Tom Stoppard, *The Coast of Utopia* (New York: Grove Press, 2007), S. 223.

7 Sam Harris, »The Last Time«, ein Gespräch, verfügbar unter www.wakingup.com.

8 Siehe beispielsweise den Happy Planet Index: happyplanetindex.org; und John Helliwell, Richard Layard und Jeffrey Sachs (Hrsg.), *World Happiness Report 2013* (New York: UN Sustainable Development Solutions Network, 2013).

9 M. Cathleen Kaveny, »Billable Hours and Ordinary Time: A Theological Critique of the Instrumentalization of Time in Professional Life«, *Loyola University of Chicago Law Journal* 33 (2001), S. 173–220.
10 John Maynard Keynes, »Wirtschaftliche Möglichkeiten für unsere Enkelkinder«, 1930, S. 144, heruntergeladen von: https://www.attac.de/fileadmin/user_upload/Kampagnen/jenseits-des-wachstums/Keynes%20Enkelkinder.pdf.
11 Robert M. Pirsig, *Zen oder die Kunst ein Motorrad zu warten,* übers. v. Rudolf Hermstein (Frankfurt a. M.: Fischer Taschenbuch Verlag, 1987), S. 361.
12 Thich Nhat Hanh, *The Miracle of Mindfulness,* übers. v. Mobi Ho (Boston: Beacon, 1999), S. 3.
13 George Loewenstein et al., »Does Increased Sexual Frequency Enhance Happiness?«, *Journal of Economic Behavior and Organization* (2015), S. 206–218.
14 Jay Jennifer Matthews, *Radically Condensed Instructions for Being Just as You Are* (Scotts Valley, CA: CreateSpace, 2011), S. 27, Hervorhebung von mir.

9 Die Wiederentdeckung der Ruhe

1 Tony Schwartz, »Relax! You'll Be More Productive,« *New York Times,* 10. Februar 2013.
2 Walter Kerr, zitiert nach Staffan Linder, *The Harried Leisure Class* (New York: Columbia University Press, 1970), S. 4.
3 Siehe beispielsweise J.H. Ausuble und A. Gruebler, »Working Less and Living Longer: Long-Term Trends in Working Time and Time Budgets«, *Technological Forecasting and Social Change* 50 (1995), S. 113–131.
4 Daniel Hamermeshs Forschung wird bei Allana Akhtar diskutiert: »Wealthy Americans Don't Have Enough Time in the Day to Spend Their Money, and It's Stressing Them Out«, *Business Insider,* 26. Juni 2019, abrufbar unter: markets.businessinsider.com/news/stocks/how-the-desire-for-status-symbols-leads-to-stress-2019-6-1028309783.
5 Juliet Shor, *The Overworked American* (New York: Basic Books, 1992), S. 47.
6 Zitiert nach ebenda, S. 43.
7 Livia Gershon, »Clocking Out«, *Longreads,* Juli 2018, abrufbar unter: longreads.com/2018/07/11/clocking-out/.

8 Paul Lafargue, *The Right To Be Lazy* (1883), abrufbar unter: www.marxists.org/archive/lafargue/1883/lazy/.

9 Simone de Beauvoir, *The Ethics of Ambiguity* (New York: Open Road, 2015), S. 146.

10 Alle Zitate von Danielle Steel nach Samantha Leach, »How the Hell Has Danielle Steel Managed to Write 179 Books?«, *Glamour,* 9. Mai 2019, abrufbar unter: www.glamour.com/story/danielle-steel-books-interview.

11 C.K. Hsee et al., »Idleness Aversion and the Need for Justifiable Busyness«, *Psychological Science* 21 (2010), S. 926–930.

12 Max Weber, *Die protestantische Ethik und der Geist des Kapitalismus,* Studienausgabe Bd. 18 (Tübingen: Mohr Siebeck, 2021).

13 Dieser Gedanke stammt von David Zahl, *Seculosity: How Career, Parenting, Technology, Food, Politics, and Romance Became Our New Religion and What to Do About It* (Minneapolis: Fortress Press, 2019), S. 106 f.

14 Thomas Wolfe, *Schau heimwärts,* aus dem amerikanischen Englisch von Irma Wehrli (Zürich: Manesse, 2016), S. 5.

15 Judith Shulevitz, »Bring Back the Sabbath«, *New York Times,* 2. März 2003.

16 Walter Brueggemann, *Sabbath as Resistance: Saying No to the Culture of Now* (Louisville, KY: Westminster John Knox Press, 2014), S. xiv.

17 John Gray, *Straw Dogs: Thoughts on Humans and Other Animals* (New York: Farrar, Straus and Giroux, 2002), S. 195.

18 Kieran Setiya: *Midlife Crisis. Eine philosophische Gebrauchsanweisung,* aus dem Englischen von Volker Oldenburg (Berlin: Insel Verlag, 2019), S. 158.

19 Zitiert nach ebenda, S. 155.

20 Steve Flint und Craig Tiley, »In My Heart, and in My Soul: Sir Rod Stewart on His Lifelong Love of Model Railways«, *Railway Modeler,* Dezember 2019.

21 Karen Rinaldi, »(It's Great to) Suck at Something«, *New York Times,* 28. April 2017.

10 Die Ungeduldsspirale

1 S. Farzad Ahmadi et al., »Latent Heat of Traffic Moving from Rest«, *New Journal of Physics* 19 (2017), abrufbar unter https://iopscience.iop.org/article/10.1088/1367-2630/aa95f0.

2 Siehe Kit Eaton, »How One Second Could Cost Amazon

$1.6 Billion in Sales«, *Fast Company,* 15. März 2012, abrufbar unter www.fastcompany.com/1825005/how-one-second-could-cost-amazon-16-billion-sales.
3 Hugh McGuire, »Why Can't We Read Anymore?«, *Medium,* 22. April 2015, abrufbar unter medium.com/@hughmcguire/why-can-t-we-read-anymore-503c38c131fe.
4 Tim Parks, »Reading: The Struggle«, *New York Review of Books, NYR Daily* blog, 10. Juni 2014, abrufbar unter www.nybooks.com/daily/2014/06/10/reading-struggle/.
5 Sämtliche Zitate von Stephanie Brown stammen entweder aus meinem Interview mit ihr oder aus Stephanie Brown, *Speed: Facing Our Addiction to Fast and Faster – and Overcoming Our Fear of Slowing Down* (New York: Berkley, 2014).
6 James Gleick, *Faster: The Acceleration of Just About Everything* (New York: Pantheon, 1999), S. 12.
7 Die zwölf Schritte der Anonymen Alkoholiker sind abrufbar unter https://www.anonyme-alkoholiker.de/downloads/Zwölf-Schritte.pdf.

11 Im Bus sitzen bleiben

1 Alle Zitate von Jennifer Roberts stammen aus meinem Interview mit Roberts und aus Jennifer Roberts, »The Power of Patience«, *Harvard Magazine,* November–Dezember 2013, abrufbar unter https://harvardmagazine.com/2013/11/the-power-of-patience.
2 Robert Grudin, *Time and the Art of Living* (Cambridge: Harper and Row, 1982), S. 125.
3 Alle Zitate von M. Scott Peck stammen aus »Problemlösen und Zeit«, in: *Der wunderbare Weg: Eine neue spirituelle Psychologie* (München: Wilhelm Goldmann Verlag, 2004), S. 37–40.
4 Robert Boice, *How Writers Journey to Comfort and Fluency: A Psychological Adventure* (Westport, CT: Praeger, 1994), S. 33.
5 Die schriftliche Fassung der Rede »Finding Your Own Vision«, die Minkkinen im Jahr 2004 vor den Absolventen der New England School of Photography gehalten hat und in der er diese Theorie skizziert, ist abrufbar unter jamesclear.com/great-speeches/finding-your-own-vision-by-arno-rafael-minkkinen.

12 Die Einsamkeit des digitalen Nomaden

1 Alle Zitate von Mario Salcedo stammen aus Lance Oppenheim, »The Happiest Guy in the World«, *New York Times,* 1. Mai 2018,

abrufbar unter www.nytimes.com/2018/05/01/opinion/cruise-caribbean-retirement.html.

2 Scott Adams, *How to Fail at Almost Everything and Still Win Big: Kind of the Story of My Life* (New York: Portfolio, 2013), S. 173.

3 Mark Manson, »The Dark Side of the Digital Nomad«, abrufbar unter markmanson.net/digital-nomad.

4 Terry Hartig et al., »Vacation, Collective Restoration, and Mental Health in a Population«, *Society and Mental Health* 3 (2013), S. 221–236.

5 Cristobal Young und Chaeyoon Lim, »Time as a Network Good: Evidence from Unemployment and the Standard Workweek«, *Sociological Science* 1 (2014), S. 10–27.

6 Clive Foss, »Stalin's Topsy-Turvy Work Week«, *History Today,* September 2004. Ich habe mich hier außerdem bedient bei Judith Shulevitz, »Why You Never See Your Friends Anymore«, *The Atlantic,* November 2019.

7 E.G. Richards, *Mapping Time: The Calendar and Its History* (Oxford: Oxford University Press, 2000), S. 278.

8 Zitiert nach Shulevitz, »Why You Never See Your Friends Anymore«.

9 William H. McNeill, *Keeping Together in Time: Dance and Drill in Human History* (Cambridge, MA: Harvard University Press, 1995), S. 2.

10 Siehe Jay Schulkin und Greta Raglan, »The Evolution of Music and Human Social Capability«, *Frontiers in Neuroscience* 8 (2014), S. 292.

11 Manuel Varlet und Michael J. Richardson, »What Would Be Usain Bolt's 100-Meter Sprint World Record Without Tyson Gay? Unintentional Interpersonal Synchronization Between the Two Sprinters«, *Journal of Experimental Psychology: Human Perception and Performance* 41 (2015), S. 36–41.

12 Betty Bailey und Jane Davidson, »Effects of Group Singing and Performance for Marginalized and Middle-Class Singers«, *Psychology of Music* 33 (2005), S. 269–303.

13 Stacy Horn, »Ode to Joy«, *Slate,* 25. Juli 2013, abrufbar unter slate.com/human-interest/2013/07/singing-in-a-choir-research-shows-it-increases-happiness.html.

14 Hannah Arendt, *Elemente und Ursprünge totaler Herrschaft* (München, Zürich: Piper, 1986), S. 575.

13 Die »Dem-Kosmos-ist's-egal-Therapie«

1 In James Hollis, *Finding Meaning in the Second Half of Life: How to Finally, Really Grow Up* (New York: Gotham, 2005), S. 2.
2 Die Bibel nach der Übersetzung Martin Luthers, Altes Testament, Der Prediger Salomo (Kohelet), 2, 11 (Stuttgart: Deutsche Bibelgesellschaft, 1985).
3 Alle Zitate von Julio Vincent Gambuto stammen aus »Prepare for the Ultimate Gaslighting«, *Medium,* 10. April 2020, abrufbar unter forge.medium.com/prepare-for-the-ultimate-gaslighting-6a8ce3f0a0e0.
4 Bryan Magee, *Ultimate Questions* (Princeton, NJ: Princeton University Press, 2016), S. 1 f.
5 Magee, *Ultimate Questions,* S. 2.
6 Richard Holloway, *Looking in the Distance* (Edinburgh: Canongate, 2005), S. 13.
7 Johnny Truant, *The Universe Doesn't Give a Flying Fuck About You,* Amazon Digital Services, 2014. Kindle.
8 Iddo Landau, *Finding Meaning in an Imperfect World* (New York: Oxford University Press, 2017), S. 31.
9 Ebenda, S. 39.
10 Ebenda.

14 Die Leiden des Menschen

1 Jorge Luis Borges, »Neue Widerlegung der Zeit«, in: *Im Labyrinth* (Frankfurt a. M: Fischer Taschenbuch Verlag, 2003), S. 243.
2 Marie-Louise von Franz, *Puer aeternus: Ewiger Jüngling und kreativer Genius,* aus dem Englischen von Waltraut Körner (Küstnach ZH: Verlag Stiftung für Jung'sche Psychologie, 2002), S. 10.
3 Zitiert nach Joan Tollifson, *Death: The End of Self-Improvement* (Salisbury, UK: New Sarum Press, 2019), S. 60.
4 Christian Bobin zitiert nach Christophe André, *Looking at Mindfulness: Twenty-Five Paintings to Change the Way You Live* (New York: Blue Rider, 2011), S. 256.
5 Rainer Maria Rilke, *Briefe an einen jungen Dichter,* hrsg. von Erich Unglaub (Göttingen: Wallstein Verlag, 2021), S. 33.
6 James Hollis, *What Matters Most: Living a More Considered Life* (New York: Gotham, 2009), S. 13.
7 Landau, *Finding Meaning in an Imperfect World,* S. 40 f.
8 Stephen Cope, *The Great Work of Your Life: A Guide for the Journey to Your True Calling* (New York: Bantam, 2015), S. 37.

9 Susan Piver, »Getting Stuff Done by Not Being Mean to Yourself«, 20. August 2010, abrufbar unter openheartproject.com/getting-stuff-done-by-not-being-mean-to-yourself.
10 David Licata, *A Life's Work* (2019), bei alifesworkmovie.com.
11 C.G. Jung: *Briefe: Erster Band 1906–1945*, hrsg. von Aniel Jaffé und Gerhard Adler (Ostfildern: Patmos Verlag, 2012), S. 177 f.

Nachwort: Jenseits der Hoffnung

1 Alle Zitate aus Derrick Jensen stammen aus »Beyond Hope«, *Orion*, https://orionmagazine.org/article/beyond-hope/.
2 Pema Chödrön, *Wenn alles zusammenbricht* (München: Goldmann, 2001), S. 68.
3 Nellie Bowles, »Fleeing Babylon for a Wild Life«, *New York Times,* 5. März 2020.
4 Chödrön, *Wenn alles zusammenbricht,* S. 74.
5 George Orwell, »Some Thoughts on the Common Toad« Erstveröffentlichung in *Tribune,* April 12, 1946, verfügbar unter https://www.orwellfoundation.com/the-orwell-foundation/orwell/essays-and-other-works/some-thoughts-on-the-common-toad/

Zehn Tipps für den Umgang mit der eigenen Endlichkeit

1 Cal Newport, *Konzentriert arbeiten: Regeln für eine Welt voller Ablenkungen* (München: Redline, 2017)

Register

A
Abel, Jessica 87 f.
Achtsamkeit 155
Achtstundentag 167
Acuff, Jon 270
Adams, Scott 215
Ägyptische Pharaonen 238
Alkoholismus 191–195
Allen, David 18 f.
Allen, Woody 80
Angst 135, 191, 193–196, 269
Angst, etwas zu verpassen 44, 64, 84
Antidepressiva 216 f.
Antike 12, 46, 106, 164
Arendt, Hannah 229
Aristoteles 164
Atelische Handlung 178–180
Aufmerksamkeitsökonomie 110, 112, 115, 272
Auschwitz 109
Autokraten 228 f.

B
Bach, Richard 45
Ballard, Bruce 79
Barry, Tonianne DeMaria 90
Basisinitiativen 228
Bauer, Felice 95 f.
Beck, Charlotte Joko 249
Bennett, Arnold 51–53, 247
Benson, Jim 62, 90
Bergpredigt 138
Bergson, Henri 97 f., 101
Bobin, Christian 250
Boice, Robert 206 f.
Bolt, Usain 224
Borges, Jorge Luis 247
Bowles, Nellie 273
Bradatan, Costica 93 f.
Branson, Richard 182
Brod, Max 95
Brown, Stephanie 190–193, 195 f.
Brueggemann, Walter 175
Buch Prediger Salomo 232
Buddhismus 91, 117, 125, 138, 255, 263
Buffett, Warren 91
Burn-out 17, 46

C
Cain, David 81, 83, 133
Calment, Jeanne 11
Calvinismus 170

Chödrön, Pema 263–265
Cope, Stephen 254
Copley, John Singleton 200
Coronapandemie 16, 228, 233 f., 242
Coutts, Marion 78
Covey, Stephen 86
Crowley, Ambrose 34

D

Danforth Avenue Schießerei 81, 83
Daodejing 137, 186
de Beauvoir, Simone 136, 168
Deep Green Resistance 262
Degas, Edgar 201
de Graaf, John 162
Dickstein, Morris 96
Digitale Ablenkung 122–124, 273
Digitale Nomaden 215 f.
Dreaver, Jim 138
Duesterberg, James 123

E

Eberle, Gary 32
Ebert, Jane 102
Egozentrische Voreingenommenheit 239
Eigenzeit 45
Einsamkeit 65, 215
Eisenstein, Charles 21
Elternschaft 144–146
Entschleunigung 199
Ewiges Leben 76 f., 138

F

fika 219
Floyd, George 229
Foss, Clive 219
Frankfurt, Harry 113
Frankl, Viktor 109
Franz, Marie-Louise von 248
Freiheit, gemeinschaftlich, individuell 226, 228 f.
Freizeit 19, 161–167
Fünftagewoche 220 f., 227

G

Gambuto, Julio Vincent 234 f.
Gay, Tyson 224
Geduld 197, 199, 203, 205 f., 208
Gemäldebetrachtungsübung 198, 200
Gilbert, Daniel 102 f.
Gilbert, Elizabeth 92
Gleichnis von den Steinen im Glas 86
Gleick, James 194
Glück 151
Goldstein, Joseph 140, 276
Goodin, Robert 99
Gopnik, Adam 148
grand vacances 218
Gray, John 176
Großzügigkeit 276 f.
Grudin, Robert 202

H

Hägglund, Martin 76 f.
Hall, Edward T. 17, 29
Harris, Malcolm 18
Harris, Sam 150
Harris, Tristan 116
Hartig, Terry 216 f.
Heidegger, Martin 71–75, 79, 134, 246
Hinduistische Mythologie 261
Hobbys 181 f.
Hobson, Tom 275

Hoffnung 262–265
Hofstadter, Douglas 129 f.
Hofstadters Gesetz 129 f.
Hollis, James 231, 251
Holloway, Richard 238
Horn, Stacy 225

I

Industrielle Revolution 33, 166

J

James, William 274
Jeffers, Susan 276
Jensen, Derrick 262 f., 266
Jesus 138, 238
Jobs, Steve 241
Jung, Carl 32, 258

K

Kafka, Franz 94–97
Kapitalismus 19, 151, 153, 163, 170 f., 175
Kausalkatastrophe 148
Kaveny, Cathleen 152 f.
Keesmaat, Sylvia 67–69
Kerr, Walter 163
Keynes, John Maynard 19, 154
Krech, Gregg 85, 120
Krishnamurti, Jiddu 138 f.

L

Lafargue, Paul 167
Landau, Iddo 240 f., 253
Langeweile 121 f.
Larin, Yuri 220
Lesen 189 f.
Licata, David 257
Lott Du Cann, Charles Garfield 46
Lye, Geoff 82 f.

M

Magee, Bryan 237
Mahabharata 261
Manson, Mark 215
Markovits, Daniel 50
Matthews, Jay Jennifer 159
McGuire, Hugh 189
McNamee, Roger 112
McNeill, William 222 f., 229
Meditation 275, 278
Menschheitsgeschichte 237 f.
Minkkinen, Arno 208 f.
Mittelalter 27, 30 f., 165
Möglichkeitsschock 234
Multitasking 35
Mumford, Ambrose 34, 36
Mumford, Lewis 29, 33
Musik 223

N

Nagel, Thomas 12
Neinsagen 226
Netzwerk-Gut 213
Newport, Cal 268
Nhat Hanh, Thich 157
Nichtstun 277 f.
Nietzsche, Friedrich 35, 42

O

Odell, Jenny 278
Ohanian, Alexis 66
OkCupid 60
Oliver, Mary 110, 120
Oppenheim, Lance 212
Orwell, George 266

P

Parabel über den Busbahnhof von Helsinki 208 f.
Parkinson, C. Northcote 54

Parkinsonsches Gesetz 54
Parks, Tim 190
Pascal, Blaise 135, 277
Peck, M. Scott 203 f.
Petersen, Anne Helen 46
Pilkington, James 166
Pirsig, Robert 155
Piver, Susan 255
Pomodoro-Technik 38
Project Time Off 162
Protestantische Arbeitsethik 170
Provisorisches Leben 247

R

Renaissance 238
Richards, E.G. 221
Rilke, Rainer Maria 250
Rinaldi, Karen 183
Roberts, Jennifer 198–200, 209
Robinson, Marilynne 21, 37
Rohr, Richard 31, 79
Rosa, Hartmut 58

S

Sabbat 173–176, 218
Sabbatfahrstuhl 173
Salcedo, Mario 211 f.
Scarry, Richard 49
Scheitern 42, 248, 262, 270
Schopenhauer, Arthur 179 f.
Schwartz Cowan, Ruth 54
Schweden 216–218
Seneca 12, 108
Setiya, Kieran 178 f., 181
Shawopa, Geshe 138
Shulevitz, Judith 173 f., 220, 227
Silicon Valley 64, 112, 116, 120, 190 f.
Singen 225
Sisyphos 55
Sowjetunion 219 f.
Stalin, Josef 220
Steel, Danielle 169
Stein von Rosette 142
Stewart, Rod 182
Stoppard, Tom 149
Synchronität 213, 216, 221–225, 229

T

Take Back Your Time 161 f.
Taoismus 137, 186
Taylor, Frederick Winslow 220
Taylor, Steve 142
Telische Handlung 179
Theresienstadt 131
Tift, Bruce 40, 122
Torpfostenverschiebung 55
Tracy, Brian 245
Trejo-Mathys, Jonathan 58
Tuktoyaktuk 156

U

Uhren 27, 31, 33 f.
Unerreichbare Maßstäbe 241 f., 252 f.
Ungeduld 186–189

V

Veränderung zweiter Ordnung 196, 202
Vorherbestimmung 170 f.

W

Wandern 177 f.
Wassermelonen-Problem 105 f.
Watts, Alan 144
Weber, Max 170
Wilson, Timothy 107
Wu, Tim 67

Y

Young, Shinzen (Steve) 117–119, 124 f., 274, 278

Z

Zeitverschwendung 168

Zwölf-Punkte-Programm der Anonymen Alkoholiker 191